해법 중학 국어

독해에 강한

어휘 DNA

깨우기

실력

해법 중학 국어

어휘 DNA 깨우기

퀴즈로 쉽고 재미있게 615개 어휘를 익히고, 단계별 문제를 통해 독해로 나아간다!

1단계 빠르게 체크하기

2단계 꼼꼼히 확인하기

3단계 문맥으로 소화하기

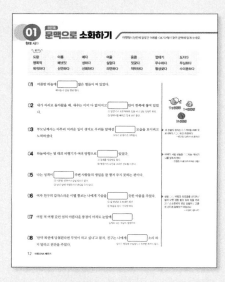

- 중학교 3학년 9종 국어 교과서, 고1 학평에 나온 필수 어휘와 필수 개념어를 퀴즈로 구성했어요.
- 반의어, 동일 한자가 사용된 어휘, 헷갈릴 만한 어휘가 오답으로 제시돼요.
- 제시된 뜻에 알맞은 어휘를 3분 안에 빠르게 선택해 보세요.

- 1단계의 정답을 확인하고, 정답과 오답을 비교하면서 어휘를 꼼꼼히 학습해 보세요.
- 한자의 음훈, 추가 어휘(유: 유의어, 반: 반의어, 관: 관용어, 속: 속담, 참: 참고 어휘), 도움말도 확인해 보세요.

- 주어진 문장의 빈칸에 들어갈 알맞은 어휘를 써넣어 보세요.
- 문맥을 통해 앞에서 배운 어휘의 의미를 확실하게 이해할 수 있어요.

퀴즈로 쉽고 재미있게, 빠르고 확실하게 615개 어휘를 공부하는 어휘서

이 책은 매일 10분씩, 28일 완성으로 퀴즈로 쉽고 재미있게 615개 어휘를 학습할 수 있도록 구성한 교재예요. '지루한 어휘 학습은 가라!' 국어사전을 공부하듯 지루한 어휘 학습은 이제 그만! 퀴즈로 쉽고 재미있게, 빠르고 확실하게 어휘 실력을 향상해 보세요.

어휘 학습을 통한 독해력 향상을 도모하는 어휘서

이 책은 중학 9종 교과서와 고1 학평 등 다양한 지문으로 구성된 독해 문제로 배운 어휘를 복습하고, 독해력을 향상할 수 있게 구성했어요. 엄선된 독해 지문을 통해 어휘력도 키우고, 실전 어휘 문제 유형도 확인해 보세요.

복습하기	독해 더하기	수능 맛보기

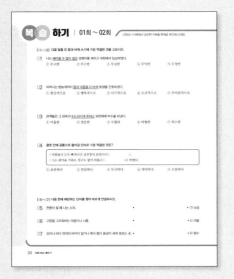

- 다양한 유형의 확인 문제로 앞에서 배운 어휘를 복습해 보세요.
- 퍼즐, 사다리타기 등의 재미 유형으로 지루하지 않게 구성했어요.

- 학습한 어휘를 바탕으로 하여 독해 문제를 구성했어요.
- 앞에서 배운 어휘가 실전 독해 문제에서 어떻게 출제되는지 확인해 보세요.

- 모의 평가와 수능의 기출 문제 유형을 알기 쉽고 간결하게 정리했어요.
- 문제 유형 파악을 위한 기본 개념을 이해하고, 대표 기출 문제를 풀어 보며 수능에 어휘 문제가 어떻게 출제되는지 살짝 미리 살펴보세요.

어휘 DNA 깨우기의 차례

일러두기

이 책에 실린 어휘의 뜻풀이는 기본적으로 국립국어원의 〈표준국어대사전〉을 따랐으나, 학습자 수준을 고려할 때 〈표준국어대사전〉의 뜻풀이가 어려운 경우에는 이해에 도움을 주고자 국립국어원의 〈한국어기초사전〉을 참고하여 풀이하였음을 밝힙니다.

어휘 28일 **완성 계획표**

✎ 계획표에 따라 공부한 날짜를 써 가면서 학습하세요. 자신의 학습 목표와 수준, 공부 시간 등을 고려하여 하루에 2회씩 진도를 나간다면 15일 만에도 끝낼 수 있습니다.

대단원	소단원	공부한 날짜	
		28일 완성	15일 완성
I. 문학 필수 어휘 – 시	01 현대 시에서 나오는 어휘(1)	월 일	월 일
	02 현대 시에서 나오는 어휘(2)	월 일	
	복습하기		
	03 고전 시가에서 나오는 어휘	월 일	월 일
	04 시 필수 개념어	월 일	
	복습하기	월 일	
	독해 더하기, 수능 맛보기		
II. 문학 필수 어휘 – 소설	05 현대 소설에서 나오는 어휘(1)	월 일	월 일
	06 현대 소설에서 나오는 어휘(2)	월 일	
	복습하기		
	07 고전 소설에서 나오는 어휘	월 일	월 일
	08 소설 필수 개념어	월 일	
	복습하기	월 일	
	독해 더하기, 수능 맛보기		월 일
III. 비문학 필수 어휘 – 인문, 사회	09 철학 제재 관련 어휘	월 일	월 일
	10 심리학, 역사 제재 관련 어휘	월 일	
	복습하기	월 일	
	독해 더하기		월 일
	11 법 제재 관련 어휘	월 일	월 일
	12 경제 제재 관련 어휘	월 일	
	복습하기	월 일	
	독해 더하기, 수능 맛보기		월 일
IV. 비문학 필수 어휘 – 과학,기술,예술	13 물리 제재 관련 어휘	월 일	월 일
	14 생물 제재 관련 어휘	월 일	
	복습하기	월 일	
	독해 더하기		월 일
	15 화학, 지구 과학 제재 관련 어휘	월 일	월 일
	16 기술, 예술 제재 관련 어휘	월 일	
	복습하기	월 일	
	독해 더하기, 수능 맛보기		월 일
V. 문법 필수 개념어 & 한자성어	17 문법 필수 개념어(1)	월 일	월 일
	18 문법 필수 개념어(2)	월 일	
	복습하기	월 일	
	19 한자성어(1)	월 일	월 일
	20 한자성어(2)	월 일	
	복습하기	월 일	
	독해 더하기, 수능 맛보기		

I

문학 필수 어휘
– 시

현대 시(1)

제한 시간: 3분

아래에서 가운데에 풀이된 뜻에 해당하는 어휘를 골라 ○표 하세요.

1 눈짓 | 눈을 움직여서 상대편에게 어떤 뜻을 전달하거나 암시하는 동작. | 배냇짓

2 삭막하다 | ① 고요하고 쓸쓸하다.
② 의지할 데 없이 외롭다. | 적막하다

3 에다 | ① 칼 따위로 도려내듯 베다.
② 마음을 몹시 아프게 하다. | 일다

4 육중하다 | ① 다소 큰 물건이 보기보다 제법 무겁다.
② 사람이 점잖고 무게가 있다. | 묵직하다

5 의연하다 | 의지가 굳세어서 끄떡없다. | 의젓하다

6 도지다 | 나아지거나 나았던 병이 도로 심해지다. | 성하다

7 짓궂다 | 모양이나 상태가 매우 거칠고 험하다. | 험상궂다

너무 깊이 생각하지 말고,
빠르게 풀어 보자.

8 | 아름 | 두 팔을 둥글게 모아서 만든 둘레. | 움큼

9 | 도랑 | 강이나 바다 따위의 바닥이 얕거나 폭이 좁아 물살이 세게 흐르는 곳. | 여울

10 | 선회하다 | 둘레를 빙글빙글 돌다. | 선연하다

11 | 껍질 | ① 달걀이나 조개 따위의 겉을 싸고 있는 단단한 물질. ② 알맹이를 빼내고 겉에 남은 물건. | 껍데기

12 | 무심하다 | 헤아릴 수 없을 만큼 많다. | 무수하다

13 | 실없다 | 말이나 행동에 진실성이나 뚜렷한 목적이 없다. | 수더분하다

14 | 맹목적 | 주관이나 원칙이 없이 덮어놓고 행동하는. 또는 그런 것. | 헌신적

2단계
꼼꼼히 확인하기

1단계 퀴즈의 정답은 아래에서 **초록색으로 표시**했습니다.
오답의 어휘와 뜻풀이까지 꼼꼼하게 확인해 보세요.

현대 시(1)

1

눈짓

눈을 움직여서 상대편에게 어떤 뜻을 전달하거나 암시하는 동작.

ㅂㄴㅈ

갓난아이가 자면서 웃거나 눈, 코, 입 따위를 쫑긋거리는 짓.

2

삭막하다   쓸쓸할 삭 索, 사막 막 漠

① 쓸쓸하고 막막하다. ② 잊어버리어 생각이 아득하다.

ㅈㅁ하다   고요할 적 寂, 쓸쓸할 막 寞

① 고요하고 쓸쓸하다. ② 의지할 데 없이 외롭다.

3

ㅇㄷ

① 칼 따위로 도려내듯 베다.
② 마음을 몹시 아프게 하다.

일다

① 없던 현상이 생기다.
② 희미하거나 약하던 것이 왕성하여지다.

😊 '겉으로 부풀거나 위로 솟아오르다.'의 의미로도 쓰여. 예 보풀이 일다.

4

육중하다   몸 육 肉, 무거울 중 重

투박하고 무겁다.

ㅁㅈ하다

① 다소 큰 물건이 보기보다 제법 무겁다.
② 사람이 점잖고 무게가 있다.

5

ㅇㅇ하다   굳셀 의 毅, 그러할 연 然

의지가 굳세어서 끄떡없다.

의젓하다

말이나 행동 따위가 점잖고 무게가 있다.

6

ㄷㅈㄷ

나아지거나 나았던 병이 도로 심해지다.

성하다

① 물건이 본디 모습대로 멀쩡하다. ② 몸에 병이나 탈이 없다.

7

짓궂다

장난스럽게 남을 괴롭고 귀찮게 하여 달갑지 아니하다.

ㅎㅅㄱㄷ   험할 험 險, 형상 상 狀

모양이나 상태가 매우 거칠고 험하다.

😊 '-궂다'는 일부 명사나 어근에 붙어 '그러한 상태가 심함'의 뜻을 더하고 형용사를 만드는 접미사야. 예 심술궂다, 앙살궂다

8 　아름

두 팔을 둥글게 모아서 만든 둘레.

😊 의존 명사로 쓰일 때에는 둘레의 길이나, 한 아름 안에 들 만한 분량을 세는 단위로 쓰여.

ㅇ ㅋ

손으로 한 줌 움켜쥘 만한 분량을 세는 단위.

9 　도랑

매우 좁고 작은 개울.

🔒 도랑 치고 가재 잡는다: 한 가지 일로 두 가지 이익을 봄을 비유적으로 이르는 말.

ㅇ ㅇ

강이나 바다 따위의 바닥이 얕거나 폭이 좁아 물살이 세게 흐르는 곳.

10 　**ㅅ ㅎ 하다**　돌 선 旋, 돌 회 回

둘레를 빙글빙글 돌다.

선연하다　뚜렷할 선 鮮, 그럴 연 然

실제로 보는 것같이 생생하다.

11 　**ㄲ ㅈ**

물체의 겉을 싸고 있는 단단하지 않은 물질.

㉮ 귤 껍질, 사과 껍질, 양파 껍질

껍데기

① 달걀이나 조개 따위의 겉을 싸고 있는 단단한 물질.
② 알맹이를 빼내고 겉에 남은 물건.

㉮ 달걀 껍데기, 굴 껍데기

12 　무심하다　없을 무 無, 마음 심 心

① 아무런 생각이나 감정 따위가 없다.
② 남의 일에 걱정하거나 관심을 두지 않다.

ㅁ ㅅ 하다　없을 무 無, 셀 수 數

헤아릴 수 없을 만큼 많다.

13 　**ㅅ ㅇ ㄷ**　열매 실 實

말이나 행동에 진실성이나 뚜렷한 목적이 없다.

수더분하다

성질이 까다롭지 아니하여 순하고 무던하다.

14 　**ㅁ ㅁ ㅈ**　눈 멀 맹 盲, 눈 목 目, 어조사 적 的

주관이나 원칙이 없이 덮어놓고 행동하는. 또는 그런 것.

헌신적　바칠 헌 獻, 몸 신 身, 어조사 적 的

몸과 마음을 바쳐 있는 힘을 다하는. 또는 그런 것.

빈칸 답 ❶배냇짓 ❷적막 ❸에다 ❹묵직 ❺의연 ❻도지다 ❼험상궂다 ❽움큼 ❾여울 ❿선회 ⓫껍질 ⓬무수 ⓭실없다 ⓮맹목적

아래에서 빈칸에 알맞은 어휘를 <보기>에서 찾아 문맥에 맞게 쓰세요.

현대 시(1)

보기

도랑	아름	에다	여울	움큼	껍데기	도지다
맹목적	배냇짓	성하다	실없다	짓궂다	무수하다	무심하다
묵직하다	선연하다	선회하다	의연하다	적막하다	험상궂다	수더분하다

01 여름밤 하늘에 [   ] 많은 별들이 떠 있었다.
헤아릴 수 없을 만큼 많다.

02 내가 자리로 돌아왔을 때, 새우는 이미 다 없어지고 [   ] 만이 한쪽에 쌓여 있었다.
① 달걀이나 조개 따위의 겉을 싸고 있는 단단한 물질.
② 알맹이를 빼내고 겉에 남은 물건.

▶ 달걀 □□□? 조개 □□□?
호두 □□□?

03 부모님께서는 아무리 어려운 일이 생겨도 우리들 앞에선 [   ] 모습을 보이려고 노력하셨다.
의지가 굳세어서 끄떡없다.

▶ 새 진물이 번지는가 / 개미들 바삐 오르내려도 / ○○하고 의젓하다
– 유안진, 〈상처가 더 꽃이다〉

04 하늘에서는 몇 대의 비행기가 여러 방향으로 [   ] 있었다.
① 둘레를 빙글빙글 돌다.
② 항공기가 곡선을 그리듯 진로를 바꾸다.

▶ 어쩌다 서울 하늘을 ○○하는 제비가 나를 멈추게 한다
– 반칠환, 〈나를 멈추게 하는 것들〉

05 나는 성격이 [   ] 주변 사람들의 생일을 잘 챙겨 주지 못하는 편이다.
① 아무런 생각이나 감정 따위가 없다.
② 남의 일에 걱정하거나 관심을 두지 않다.

06 여자 친구의 갑작스러운 이별 통보는 나에게 가슴을 [   ] 듯한 아픔을 주었다.
① 칼 따위로 도려내듯 베다.
② 마음을 몹시 아프게 하다.

▶ 살을 ○○ 바람과 외로움을 견디며 / 봄이 오면 정말 좋은 일이 있을 거라고 / 스스로에게 했던 말들이 / 그를 못 견디게 들볶았기 때문이다
– 이상국, 〈봄나무〉

07 어릴 적 여행 갔던 섬의 아름다운 풍경이 아직도 눈앞에 [   ].
실제로 보는 것같이 생생하다.

08 '만약 복권에 당첨된다면 무엇이 하고 싶냐'고 묻자, 친구는 나에게 [   ] 소리 하지 말라고 핀잔을 주었다.
말이나 행동에 진실성이나 뚜렷한 목적이 없다.

09 엄마의 생신 날, 아빠는 꽃을 한 [   ] 사 와 엄마에게 안겨 주셨다.

① 두 팔을 모아서 만든 둘레.
② 둘레의 길이를 나타내는 단위.
③ (수량을 나타내는 말 뒤에 쓰여) 두 팔을 둥글게 모아 만든 둘레 안에 들 만한 분량을 세는 단위.

10 아무도 없는 산장에서 혼자 보낸 며칠은 매우 [   ].

① 고요하고 쓸쓸하다.
② 의지할 데 없이 외롭다.

11 컴퓨터 게임을 두 시간째 하고 있는 나를 보자 엄마의 표정이 [   ] 변해 갔다.

모양이나 상태가 매우 거칠고 험하다.

주관이나 원칙이 없이 덮어놓고 행동하는. 또는 그런 것.

12 나는 어려서는 부모님을 따라 [   ] (으)로 종교를 믿었지만, 고등학생이 되면서 부터 종교에 대해 비판적인 입장이 되었다.

13 다 나은 줄 알았는데 요 며칠 새 다시 기침을 하는 것을 보니 감기가 [   ] 것 같다.

① 나아지거나 나았던 병이 도로 심해지다.
② 가라앉았던 노여움이 다시 생기다.
③ 없어졌던 것이 되살아나거나 다시 퍼지다.

▶ 상처 ○○는 이들에게는 부적(符籍)으로 보이는가
　　　　　　– 유안진, 〈상처가 더 꽃이다〉

14 스케이트보드를 타면서부터 내 무릎은 하루도 [   ] 날이 없었다.

① 물건이 본디 모습대로 멀쩡하다.
② 몸에 병이나 탈이 없다.

15 여행을 위해 필요한 것들을 다 챙기니 배낭이 너무 [   ] 것 같다.

① 다소 큰 물건이 보기보다 제법 무겁다.
② 사람이 점잖고 무게가 있다.

16 [   ] 은/는 얕아 보였지만 강 안쪽은 꽤 깊어 발이 닿지 않을 것 같았다.

강이나 바다 따위의 바닥이 얕거나 폭이 좁아 물살이 세게 흐르는 곳.

▶ 나는 당신을 안으면 깊으나 옅으나 급한 ○○이나 건너갑니다
　　　　　　– 한용운, 〈나룻배와 행인〉

• 맞힌 개수 (　　　) / 16문항

12개 이상	다음 회차로 넘어가도 되겠어요!
8개 ~11개	[문맥으로 소화하기] 한 번만 더 읽고 갈까요?
7개 이하	전체를 복습하고 넘어가야겠어요.

02 1단계 빠르게 체크하기

⏰ 제한 시간: 3분

아래에서 가운데에 풀이된 뜻에 해당하는 어휘를 골라 ○표 하세요.

현대 시(2)

1. 폐광 | 건축이나 토목에 쓸 돌을 캐거나 떼어 내는 곳. | 채석장

2. 포성 | 대포를 쏠 때에 나는 소리. | 뇌성

3. 이상 | 고향을 그리워하는 마음이나 시름. | 향수

4. 성자 | 지혜와 덕이 매우 뛰어나 길이 우러러 본받을 만한 사람. | 은자

5. 사상 | 어떠한 사물에 대하여 가지고 있는 구체적인 사고나 생각. | 시상

6. 성마르다 | 몸이 마르고 낯빛이나 살색이 핏기가 전혀 없다. | 파리하다

7. 인적 | 사람이 있음을 알 수 있게 하는 소리나 기색. | 인기척

⑧ | 여정 | 여행의 과정이나 일정. | 여독 |

⑨ | 수월하다 | 남보다 두드러지게 뛰어나다. | 탁월하다 |

⑩ | 오롯하다 | 후미져서 무서움을 느낄 만큼 고요하다. | 호젓하다 |

⑪ | 설핏 | 잠깐 나타나거나 떠오르는 모양. | 자못 |

⑫ | 반어 | 어떤 사실의 앞뒤, 또는 두 사실이 이치상 어긋나서 서로 맞지 않음을 이르는 말. | 모순 |

⑬ | 분신 | 하나의 주체에서 갈라져 나온 것. | 자아 |

⑭ | 유랑민 | 망하여 없어진 나라의 백성. | 망국민 |

2단계
꼼꼼히 확인하기

1단계 퀴즈의 정답은 아래에서 **초록색으로 표시**했습니다.
오답의 어휘와 뜻풀이까지 꼼꼼하게 확인해 보세요.

현대 시(2)

1

폐광   폐할 폐 廢, 쇳돌 광 鑛

광산에서 광물을 캐내는 일을 중지함. 또는 그 광산.

ㅊ ㅅ ㅈ   캘 채 採, 돌 석 石, 마당 장 場

건축이나 토목에 쓸 돌을 캐거나 떼어 내는 곳.

2

ㅍ ㅅ   대포 포 砲, 소리 성 聲

대포를 쏠 때에 나는 소리.

뇌성   우레 뇌 雷, 소리 성 聲

천둥이 칠 때 나는 소리. =천둥소리.

3

ㅇ ㅅ   다스릴 이 理, 생각 상 想

생각할 수 있는 범위 안에서 가장 완전하다고 여겨지는 상태.

凹 현실(現實): 현재 실제로 존재하는 사실이나 상태.

향수   시골 향 鄕, 시름 수 愁

고향을 그리워하는 마음이나 시름.

4

ㅅ ㅈ   성스러울 성 聖, 사람 자 者

지혜와 덕이 매우 뛰어나 길이 우러러 본받을 만한 사람. =성인.

은자   숨을 은 隱, 사람 자 者

산야에 묻혀 숨어 사는 사람. 또는 벼슬을 하지 않고 숨어 사는 사람. =은인.

5

ㅅ ㅅ   생각 사 思, 생각 상 想

어떠한 사물에 대하여 가지고 있는 구체적인 사고나 생각.

시상   시 시 詩, 생각할 상 想

시를 짓기 위한 착상이나 구상.

6

성마르다   성품 성 性

참을성이 없고 성질이 조급하다.

ㅍ ㄹ하다

몸이 마르고 낯빛이나 살색이 핏기가 전혀 없다.

7

ㅇ ㅈ   사람 인 人, 자취 적 跡

사람의 발자취. 또는 사람의 왕래.

인기척   사람 인 人

사람이 있음을 알 수 있게 하는 소리나 기색.

참 발기척: 보이지 않는 곳에 누군가 있음을 알 수 있게 하는 발소리나 기색.

8 ○ ㅈ　나그네 여 旅, 단위 정 程

여행의 과정이나 일정.

여독　나그네 여 旅, 독 독 毒

여행으로 말미암아 생긴 피로나 병.

9 **수월하다**

① 까다롭거나 힘들지 않아 하기가 쉽다.
② 말이나 태도 따위가 아주 예사롭다.

ㅌ ○ 하다　높을 탁 卓, 넘을 월 越

남보다 두드러지게 뛰어나다.

10 **오롯하다**

모자람이 없이 온전하다.

ㅎ ㅈ 하다

후미져서 무서움을 느낄 만큼 고요하다.

11 **설핏**

잠깐 나타나거나 떠오르는 모양.

유 언뜻: 생각이나 기억 따위가 문득 떠오르는 모양.

ㅈ ㅁ

생각보다 매우.

12 **반어**　돌이킬 반 反, 말씀 어 語

표현의 효과를 높이기 위하여 실제와 반대되는 뜻의 말을 하는 것.

예 못난 사람을 보고 '잘났어.'라고 함.

ㅁ ㅅ　창 모 矛, 방패 순 盾

어떤 사실의 앞뒤, 또는 두 사실이 이치상 어긋나서 서로 맞지 않음을 이르는 말.

😊 중국 초나라의 상인이 창과 방패를 팔면서 창은 어떤 방패로도 막지 못하는 창이라 하고 방패는 어떤 창으로도 뚫지 못하는 방패라 한 데서 유래해.

13 ㅂ ㅅ　나눌 분 分, 몸 신 身

하나의 주체에서 갈라져 나온 것.

자아　스스로 자 自, 나 아 我

① 자기 자신에 대한 인식이나 생각.
② 세상에 대한 인식이나 행동의 주체가 되는 자기.

14 ○ ㄹ ㅁ　흐를 유 流, 물결 랑 浪, 백성 민 民

일정한 거처 없이 이리저리 떠돌아다니는 백성.

망국민　망할 망 亡, 나라 국 國, 백성 민 民

망하여 없어진 나라의 백성.

빈칸 답 ❶채석장 ❷포성 ❸이상 ❹성자 ❺사상 ❻파리 ❼인적 ❽여정 ❾탁월 ❿호젓 ⓫자못 ⓬모순 ⓭분신 ⓮유랑민

아래에서 빈칸에 알맞은 어휘를 <보기>에서 찾아 문맥에 맞게 쓰세요.

현대 시(2)

보기

뇌성	모순	분신	설핏	성자	사상	여독
여정	은자	폐광	포성	향수	망국민	유랑민
인기척	채석장	성마르다	수월하다	탁월하다	파리하다	호젓하다

01 인부들은 [   ]에서 분리한 바윗덩어리를 적당한 크기로 잘라 운반하였다.

석재(石材)로 쓸 돌을 캐거나 떠 내는 곳.

▶ 성북동 메마른 골짜기에는 / 조용히 앉아 콩알 하나 찍어 먹을 / 널찍한 마당은커녕 가는 데마다 / ○○○ 포성이 메아리 쳐서

– 김광섭, 〈성북동 비둘기〉

02 산 위의 별장은 아무도 쓰지 않아 음산하고 [   ].

① 후미져서 무서움을 느낄 만큼 고요하다.
② 매우 홀가분하여 쓸쓸하고 외롭다.

▶ 이 마을도 비었습니다 / 국도에서 지방도로 접어들어도 ○○하지 않았습니다

– 유안진, 〈빨래꽃〉

03 목욕을 하고 따뜻한 차를 마시니 오랜 여행의 [   ]이/가 풀리는 듯했다.

여행으로 말미암아 생긴 피로나 병.

04 아버지께서 헛기침으로 [   ]을/를 내며 방으로 들어오셨다.

사람이 있음을 알 수 있게 하는 소리나 기색.

05 유학 시절, 기숙사 앞 바닷가의 파도 소리는 내게 고향에 대한 [   ]을/를 불러일으켰다.

고향을 그리워하는 마음이나 시름.

06 일제에 국권을 빼앗기고 난 뒤에는 [   ]의 한과 일제에 대한 저항적 성격이 담긴 노래가 크게 유행하였다.

망하여 없어진 나라의 백성.

07 머릿속을 [   ] 스치는 생각이 하나 있었다.

① 해의 밝은 빛이 약해진 모양.
② 잠깐 나타나거나 떠오르는 모양.
③ 풋잠이나 얕은 잠에 빠져든 모양.

▶ 온 마을이 꽃밭이었습니다 / 골목길에 ○○ 빨래 입은 사람들은 더욱 꽃이었습니다

– 유안진, 〈빨래꽃〉

08 은퇴하신 선생님께서는 고향에 내려가 [   ](으)로 남은 일생을 사셨다.

산아에 묻혀 숨어 사는 사람. 또는 벼슬을 하지 아니하고 숨어 사는 사람.

09 그날 밤에 울린 두 발의 [   ]은/는 전쟁의 시작을 알리는 소리였다.

대포를 쏠 때에 나는 소리.

▶ 널찍한 마당은커녕 가는 데마다 / 채
석장 ○○이 메아리 쳐서
– 김광섭, 〈성북동 비둘기〉

10 수많은 경쟁자 중에서 그를 채용한 이유는 그의 능력이 [   ] 때문이다.

남보다 두드러지게 뛰어나다.

11 옛 [   ]들의 가르침 중에는 지금 우리가 본받아 따를 만한 것이 많다.

지혜와 덕이 매우 뛰어나 길이 우러러 본받을 만한 사람.

▶ 예전에는 사람을 ○○처럼 보고 / 사
람 가까이 / 사람과 같이 사랑하고 /
사람과 같이 평화를 즐기던 / 사랑과
평화의 새 비둘기는
– 김광섭, 〈성북동 비둘기〉

12 며칠 새 몹시 앓았다는 그는 [   ] 앙상한 모습으로 나타났다.

몸이 마르고 낯빛이나 살색이 핏기가 전혀 없다.

▶ 나도 길다랗고 ○○한 명태다
– 백석, 〈멧새 소리〉

13 환경을 중시한다면서 쓰레기 분리 배출을 하지 않는 것은 [   ]된 행동이다.

어떤 사실의 앞뒤, 또는 두 사실이 이치상 어긋나서 서로 맞지 않음을 이르는 말.

14 나는 여행 내내 카메라를 들고 모든 [   ]을/를 기록하려 노력했다.

여행의 과정이나 일정.

15 매일매일의 일상을 꼼꼼히 기록한 일기장은 내 [   ](이)나 다름없다.

하나의 주체에서 갈라져 나온 것.

분신술!

16 그 작가의 작품에는 개인의 삶과 역사는 뗄 수 없는 관계를 맺고 있다는 [   ]이/
가 담겨 있다.

어떠한 사물에 대하여 가지고 있는 구체적인 사고나 생각.

• 맞힌 개수 (   ) / 16문항

12개 이상	다음 회차로 넘어가도 되겠어요!
8개 ~ 11개	[문맥으로 소화하기] 한 번만 더 읽고 갈까요?
7개 이하	전체를 복습하고 넘어가야겠어요.

교재 8~19쪽에서 공부한 어휘를 문제로 확인해 보세요.

[01~03] 다음 밑줄 친 말과 바꿔 쓰기에 가장 적절한 것을 고르시오.

01 나는 헤아릴 수 없이 많은 경쟁자를 제치고 대회에서 입상하였다.
① 무고한   ② 무수한   ③ 무심한   ④ 무익한   ⑤ 무정한

02 어머니는 밤늦게까지 몸과 마음을 다 바쳐 동생을 간호하셨다.
① 헌신적으로   ② 맹목적으로   ③ 이기적으로   ④ 조건적으로   ⑤ 무비판적으로

03 관객들은 그 감독의 두드러지게 뛰어난 표현력에 박수를 보냈다.
① 미흡한   ② 열등한   ③ 수월한   ④ 탁월한   ⑤ 특수한

04 괄호 안에 공통으로 들어갈 단어로 가장 적절한 것은?

> • 사람들이 모두 빠져나간 공연장의 분위기가 (   ).
> • 그는 찾아올 가족도 친구도 없어 외롭고 (   )고 하였다.

① 요란하다   ② 번잡하다   ③ 부산하다   ④ 적막하다   ⑤ 오롯하다

[05~07] 다음 뜻에 해당하는 단어를 찾아 바르게 연결하시오.

05 천둥이 칠 때 나는 소리.   • ㉠ 뇌성

06 고향을 그리워하는 마음이나 시름.   • ㉡ 여울

07 강이나 바다 따위의 바닥이 얕거나 폭이 좁아 물살이 세게 흐르는 곳. •   • ㉢ 향수

[08~10] 다음 문장의 괄호 안에 들어갈 알맞은 단어를 고르시오.

08 그의 등장으로 고요한 마을에 파문이 (일었다 / 아렸다).

09 복권에 당첨되고 말겠다는 민준이의 꿈은 (실없어 / 열없어) 보일 만큼 황당했다.

10 속으로는 시험에 떨어질까 봐 노심초사했지만, 사람들 앞에서는 (의연하게 / 의아하게) 보이려 애썼다.

11 다음 ㉠~㉢에 들어갈 말을 순서대로 가장 적절하게 묶은 것은?

> • 나는 잘 익은 감자의 (㉠)을/를 벗기고 호호 불어 맛있게 먹었다.
> • (㉡) 드문 산길에서 토끼를 만난 나는 소스라치게 놀라고 말았다.
> • 그는 성격이 (㉢) 쉽게 화를 내고 변덕을 잘 부리는 편이라 친구가 별로 없다.

① 껍질 인적 성말라서
② 껍질 인적 파리해서
③ 껍질 인기척 성말라서
④ 껍데기 인적 성말라서
⑤ 껍데기 인기척 파리해서

12 제시된 뜻풀이를 참고하여 다음 십자말풀이를 완성하시오.

	1		2	
3				
	4			
7				5
		6		

가로 열쇠

2. 자기 자신에 대한 인식이나 생각.
3. 지혜와 덕이 매우 뛰어나 길이 우러러 본받을 만한 사람.
4. 나아지거나 나았던 병이 도로 심해지다.
6. 갓난아이가 자면서 웃거나 눈, 코, 입 따위를 쫑긋거리는 짓.

세로 열쇠

1. 산야에 묻혀 사는 사람. 또는 벼슬을 하지 않고 숨어 사는 사람.
2. 생각보다 매우.
5. 눈을 움직여서 상대편에게 어떤 뜻을 전달하거나 암시하는 동작.
7. 두 팔을 둥글게 모아 만든 둘레의 길이, 혹은 그 안에 들 만한 분량을 세는 단위.

1. 백골 | 죽은 사람의 몸이 썩고 남은 뼈. | 모골

2. 삼가다 | 신(神)이나 윗사람을 잘 모시어 받들다. | 섬기다

3. 생사 | 삶과 죽음을 아울러 이르는 말. | 흥망

4. 야광명월
夜光明月 | 밤에 밝게 빛나는 달. | 풍월주인
風月主人

5. 여의다 | ① 부모나 사랑하는 사람이 죽어서 이별하다.
② 멀리 떠나보내다. | 여위다

6. 일편단심
一片丹心 | 한 조각의 붉은 마음이라는 뜻으로,
진심에서 우러나오는 변치 않는 마음을 이르는 말. | 일심동체
一心同體

7. 홍진 | 티끌과 흙을 통틀어 이르는 말. | 진토

⑧ 군은   임금을 그리워함.   연군

⑨ 기약하다
期約   때를 정하여 약속하다.   기원하다
祈願

⑩ 무심하다   모든 것이 덧없다.   무상하다

⑪ 복위   왕이나 왕비를 그 자리에서 몰아냄.   폐위

⑫ 유배   오형(五刑) 가운데 죄인을 귀양 보내던 일.   낙향

⑬ 절절하다   몹시 애처롭고 슬프다.   애절하다

⑭ 회유   어루만지고 잘 달래어 시키는 말을 듣도록 함.   회포

2단계

꼼꼼히 확인하기

1단계 퀴즈의 정답은 아래에서 **초록색으로 표시**했습니다.
오답의 어휘와 뜻풀이까지 꼼꼼하게 확인해 보세요.

고전 시가

1 **ㅂ ㄱ** 흰 백 白, 뼈 골 骨

죽은 사람의 몸이 썩고 남은 뼈.

😊 '백골난망(白骨難忘)'은 죽어서 백골이 되어도 잊을 수 없다는 뜻으로, 남에게 큰 은덕을 입었을 때 고마움을 나타내는 말이야.

모골 털 모 毛, 뼈 골 骨

털과 뼈를 아울러 이르는 말.

📖 모골이 송연하다: 끔찍스러워서 몸이 으쓱하고 털끝이 쭈뼛해지다.

2 **삼가다**

몸가짐이나 언행을 조심하다.

ㅅ ㄱ ㄷ

신(神)이나 윗사람을 잘 모시어 받들다.

3 **생사** 날 생 生, 죽을 사 死

삶과 죽음을 아울러 이르는 말.

ㅎ ㅁ 일어날 흥 興, 망할 망 亡

잘되어 일어남과 못되어 없어짐.

😊 '흥망성쇠(興亡盛衰)'는 '흥하고 망함과 성하고 쇠함.'을 뜻해.

4 **야광명월** 밤 야 夜, 빛 광 光, 밝을 명 明, 달 월 月

밤에 밝게 빛나는 달.

😊 '청풍명월(淸風明月)'은 '맑은 바람과 밝은 달.'을 뜻해.

ㅍ ㅇ ㅈ ㅇ 바람 풍 風, 달 월 月, 주인 주 主, 사람 인 人

맑은 바람과 밝은 달 등의 아름다운 자연을 즐기는 사람.

5 **ㅇ ㅇ ㄷ**

① 부모나 사랑하는 사람이 죽어서 이별하다.
② 멀리 떠나보내다.

여위다

몸의 살이 빠져 파리하게 되다.

📖 야위다: 몸의 살이 빠져 조금 파리하게 되다.

6 **일편단심** 하나 일 一, 조각 편 片, 붉을 단 丹, 마음 심 心

한 조각의 붉은 마음이라는 뜻으로, 진심에서 우러나오는 변치 않는 마음을 이르는 말.

ㅇ ㅅ ㄷ ㅊ 하나 일 一, 마음 심 心, 같을 동 同, 몸 체 體

한마음 한 몸이라는 뜻으로, 서로 굳게 결합함을 이르는 말.

7 **홍진** 붉을 홍 紅, 티끌 진 塵

① 거마(車馬)가 일으키는 먼지.
② 번거롭고 속된 세상을 비유적으로 이르는 말.

ㅈ ㅌ 티끌 진 塵, 흙 토 土

티끌과 흙을 통틀어 이르는 말.

8 **ㄱ ㅇ** 　임금 군 君, 은혜 은 恩

임금의 은혜.

연군 　그리워할 연 戀, 임금 군 君

임금을 그리워함.

9 **기약하다** 　기약할 기 期, 맺을 약 約

때를 정하여 약속하다.

ㄱ ㅇ 하다 　빌 기 祈, 바랄 원 願

바라는 일이 이루어지기를 빌다.

㊤ 기도(祈禱)하다: 인간보다 능력이 뛰어나다고 생각하는 어떠한 절대적 존재에
　게 빌다.

10 **무심하다** 　없을 무 無, 마음 심 心

① 아무런 생각이나 감정 등이 없다.
② 남의 일에 걱정하거나 관심을 두지 않다.

ㅁ ㅅ 하다 　없을 무 無, 항상 상 常

모든 것이 덧없다.

☺ '인생무상(人生無常)'은 '인생이 덧없음.'을 뜻해.

11 **ㅂ ㅇ** 　돌아올 복 復, 자리 위 位

폐위되었던 제왕이나 후비(后妃)가 다시 그 자리에 오름.

폐위 　폐할 폐 廢, 자리 위 位

왕이나 왕비를 그 자리에서 몰아냄.

12 **ㅇ ㅂ** 　흐를 유 流, 나눌 배 配

오형(五刑) 가운데 죄인을 귀양 보내던 일.

☺ '귀양'은 예전에 죄인을 먼 시골이나 섬으로 보내 제한된 곳에서만 살게 하
　던 형벌이야. 귀양살이를 소재로 하거나 귀양지에서 지은 가사 작품을 '유배
　가사(流配歌辭)'라고 해.

낙향 　떨어질 낙 落, 시골 향 鄕

시골로 거처를 옮기거나 이사함.

13 **절절하다** 　끊을 절 切, 끊을 절 切

매우 간절하다.

ㅇ ㅈ 하다 　슬플 애 哀, 끊을 절 切

몹시 애처롭고 슬프다.

14 **ㅎ ㅇ** 　품을 회 懷, 부드러울 유 柔

어루만지고 잘 달래어 시키는 말을 듣도록 함.

회포 　품을 회 懷, 안을 포 抱

마음속에 품은 생각이나 정(情).

빈칸 답 ❶백골 ❷섬기다 ❸흥망 ❹풍월주인 ❺여의다 ❻일심동체 ❼진토 ❽군은 ❾기원 ❿무상 ⓫복위 ⓬유배 ⓭애절 ⓮회유

아래에서 빈칸에 알맞은 어휘를 <보기>에서 찾아 문맥에 맞게 쓰세요.

고전 시가

> **보기**
>
> | 모골 | 백골 | 복위 | 생사 | 연군 | 유배 | 폐위 |
> | 홍진 | 회유 | 회포 | 흥망 | 삼가다 | 섬기다 | 여위다 |
> | 여의다 | 기원하다 | 무상하다 | 무심하다 | 애절하다 | 야광명월 | 일편단심 |

01 임금은 죄인을 외딴섬으로 [   ] 보냈다.

오형(五刑) 가운데 죄인을 귀양 보내던 일.

02 이 시조의 화자는 [   ]이/가 밤에도 밝게 빛나는 것처럼, 임금을 향한 자신의 충성심이 어떤 상황에서도 변하지 않을 것임을 말하고자 했다.

밤에 밝게 빛나는 달.

▶ ○○○○이 밤인들 어두우랴
– 박팽년, 〈까마귀 눈비 맞아〉

03 충신들은 망해 가는 고려 왕조에 대한 [   ]을/를 지키다가 목숨을 잃고 말았다.

한 조각의 붉은 마음이라는 뜻으로, 진심에서 우러나오는 변치 않는 마음을 이르는 말.

▶ 임 향한 ○○○○이야 변할 줄이 있으랴
– 박팽년, 〈까마귀 눈비 맞아〉

04 충성스러운 마음으로 임금을 [   ] 것은 신하의 당연한 도리이다.

신(神)이나 윗사람을 잘 모시어 받들다.

▶ 어버이 사라실 제 ○길 일란 다하여라 / 지나간 후면 애닯다 어찌하리
– 정철, 〈훈민가〉

05 인류의 역사에서 수많은 왕조의 [   ]이/가 반복되어 왔다.

잘되어 일어남과 못되어 없어짐.

06 수양 대군은 단종의 왕위를 **빼앗고** 왕이 되었지만, 박팽년은 두 임금을 섬길 수 없다는 신념으로 단종 [   ] 운동을 펼쳤다.

폐위되었던 제왕이나 후비(后妃)가 다시 그 자리에 오름.

07 그들은 오랜만에 만나 [   ]을/를 푸느라 밤늦은 줄도 모르고 이야기했다.

마음속에 품은 생각이나 정(情).

08 이 시조의 화자는 자신을 두고 떠난 임이 다시 돌아오기를 간절히 [   ] 있다.

바라는 일이 이루어지기를 빌다.

09 그는 [ ] 표정으로 창밖만 바라보고 있다.
　　　　① 아무런 생각이나 감정 등이 없다.
　　　　② 남의 일에 걱정하거나 관심을 두지 않다.

10 이 시조의 화자는 사랑하는 임과 이별한 후 느끼는 비통한 심정을 [ ] 표현하
고 있다.
　　　　　　　　　　　　　　　　　　　　　　　　　　　　몹시 애처롭고 슬프다.

11 이 시조의 화자는 멀리 떨어진 유배지에 있는 단종을 그리워하는 [ ]의 마음을
드러내고 있다.
　　　　　　　　　　　　　　　　　　　　　　　임금을 그리워함.

12 그는 [ ]을/를 피해 시골에서 조용히 살았다.
　　　　① 거마(車馬)가 일으키는 먼지.
　　　　② 번거롭고 속된 세상을 비유적으로 이르는 말.

13 아버지와 단둘이 살고 있는 그는 어린 나이에 어머니를 [ ].
　　　　　　　　　　　　　　　　　　① 부모나 사랑하는 사람이 죽어서 이별하다.
　　　　　　　　　　　　　　　　　　② 딸을 시집보내다.
　　　　　　　　　　　　　　　　　　③ 멀리 떠나보내다.

▶ 천만리 머나먼 길에 고운 님 ○○옵고
　　　　　　　　　　　　　　– 왕방연, 〈천만리 머나먼 길에〉

14 이 몸이 죽어 [ ]이/가 되더라도 그분이 내게 베풀어 주신 은혜를 결코 잊지 않
을 것이다. 　죽은 사람의 몸이 썩고 남은 뼈.

▶ ○○이 진토되어 넋이라도 있고 없고
　　　　　　　　　　　　　　– 정몽주, 〈이 몸이 죽고 죽어〉

15 궁전이 폐허가 된 모습을 보니 모든 것이 [ ] 것처럼 느껴졌다.
　　　　　　　　　　　　　　① 모든 것이 덧없다.
　　　　　　　　　　　　　　② 일정하지 않고 늘 변하는 데가 있다.

16 그는 병이 위중하여 [ ]의 기로를 헤매고 있다.
　　　　　　　　　　　　삶과 죽음을 아울러 이르는 말.

▶ ○○ 길은 / 예 있으매 머뭇거리고,
　　　　　　　　　　　　　　– 월명사, 〈제망매가〉

• 맞힌 개수 ( ) / 16문항

12개 이상	다음 회차로 넘어가도 되겠어요!
8개 ~11개	[문맥으로 소화하기] 한 번만 더 읽고 갈까요?
7개 이하	전체를 복습하고 넘어가야겠어요.

시 필수 개념어

❶ 심미적 체험 / 어떤 대상을 감상하고 지각하고 즐기는 경험. / 간접적 체험

❷ 숭고미 / 우스꽝스러운 상황이나 익살에서 느끼는 아름다움. / 골계미

❸ 비장미 / 일이 뜻대로 되지 않아 슬프면서도 씩씩하게 받아들이는 데서 느끼는 아름다움. / 우아미

❹ 비평 / 사물의 옳고 그름, 아름다움과 추함 등을 분석하여 가치를 논함. / 비판

❺ 외재적 관점 / 작품의 소재, 구조, 표현 등 내적 요소를 중심으로 작품을 해석하는 방법. / 내재적 관점

❻ 반영론적 관점 / 문학 작품을 시대 현실의 반영으로 간주하는 작품 해석의 관점. / 효용론적 관점

❼ 절대론적 관점 / 문학 작품을 작가의 경험, 감정, 의식, 가치관, 사고방식의 표현으로 간주하여 해석하는 관점. / 표현론적 관점

⑧ 　감각　　　　시를 읽을 때 독자의 마음속이나 머릿속에　　　심상
　　　　　　　　　떠오르는 영상이나 느낌.

⑨ 공감각적 심상　대상을 인식하기 위한 감각을 다른 종류의　　복합적 심상
　　　　　　　　　감각으로 전이(轉移)하여 표현하는 심상.

⑩ 　점층법　　　감탄사나 감탄 조사 등을 이용하여　　　　　　영탄법
　　　　　　　　　감정을 강하게 표현하는 방법.

⑪ 　도치법　　　같거나 비슷한 문장 구조를 짝을 맞추어　　　　대구법
　　　　　　　　　나란히 배열하는 표현 방법.

⑫ 　관조　　　　고요한 마음으로 사물이나 현상을　　　　　　　자조
　　　　　　　　　관찰하거나 비추어 봄.

⑬ 　의지　　　　의심을 품음. 또는 마음속에 품고 있는 의심.　　회의

⑭ 　체념　　　　희망을 버리고 아주 단념함.　　　　　　　　　초월

04 **2단계 꼼꼼히 확인하기** / 1단계 퀴즈의 정답은 아래에서 **초록색으로 표시**했습니다.
오답의 어휘와 뜻풀이까지 꼼꼼하게 확인해 보세요.

시 필수 개념어

1 심미적 체험 살필 심 審, 아름다울 미 美, 어조사 적 的

어떤 대상을 감상하고 지각하고 즐기는 경험.

😊 우리는 문학 작품을 읽으며 숭고미, 우아미, 비장미, 골계미 등을 느끼는 심미적 체험을 할 수 있어.

간접적 체험 사이 간 間, 이을 접 接, 어조사 적 的

다른 사람의 경험이나 사물의 모습 등을 통하여 어떤 일을 자신이 직접 겪은 것처럼 느끼는 경험.

2 숭고미 높을 숭 崇, 높을 고 高, 아름다울 미 美

뜻이 깊고 훌륭하다는 느낌을 주는 아름다움.

ㄱ ㄱ ㅁ 익살스러울 골 滑, 맞을 계 稽, 아름다울 미 美

우스꽝스러운 상황이나 익살에서 느끼는 아름다움.

3 ㅂ ㅈ ㅁ 슬플 비 悲, 씩씩할 장 壯, 아름다울 미 美

일이 뜻대로 되지 않아 슬프면서도 씩씩하게 받아들이는 데서 느끼는 아름다움.

우아미 넉넉할 우 優, 고울 아 雅, 아름다울 미 美

수준이 높고 기품이 있다는 느낌을 주는 아름다움.

4 ㅂ ㅍ 따질 비 批, 평할 평 評

사물의 옳고 그름, 아름다움과 추함 등을 분석하여 가치를 논함.

비판 따질 비 批, 판가름할 판 判

현상이나 사물의 옳고 그름을 판단하여 밝히거나 잘못된 점을 지적함.

5 외재적 관점 바깥 외 外, 있을 재 在, 어조사 적 的

작가의 삶, 사회·문화적 배경, 독자에게 주는 의미 등 외적 요소를 중심으로 작품을 해석하는 방법.

😊 외재적 관점에는 반영론적 관점, 효용론적 관점, 표현론적 관점이 있어.

내재적 관점 안 내 內, 있을 재 在, 어조사 적 的

작품의 소재, 구조, 표현 등 내적 요소를 중심으로 작품을 해석하는 방법.

6 반영론적 관점 돌이킬 반 反, 비출 영 映, 논할 론 論

문학 작품을 시대 현실의 반영으로 간주하는 작품 해석의 관점.

효용론적 관점 효과 효 效, 쓸 용 用, 논할 론 論

문학 작품이 독자에게 어떻게 받아들여지고 어떤 영향을 줄 것인지를 중심으로 작품을 해석하는 관점.

7 절대론적 관점 끊을 절 絶, 대할 대 對, 논할 론 論

작품의 소재, 구조, 표현 등 내적 요소를 중심으로 작품을 해석하는 방법.

표현론적 관점 겉 표 表, 나타날 현 現, 논할 론 論

문학 작품을 작가의 경험, 감정, 의식, 가치관, 사고방식의 표현으로 간주하여 해석하는 관점.

😊 절대론적 관점은 내재적 관점과 같은 말이라고 보면 돼.

8 감각 — 느낄 감 感, 깨달을 각 覺

눈, 코, 귀, 혀, 살갗을 통하여 바깥의 어떤 자극을 알아차림.

○○ (人 人) — 마음 심 心, 모양 상 象

시를 읽을 때 독자의 마음속이나 머릿속에 떠오르는 영상이나 느낌.

☺ 우리는 시를 읽으며 눈(시각), 코(후각), 귀(청각), 혀(미각), 살갗(촉각)의 자극이 없이도 이와 관련된 생각이나 느낌을 떠올릴 수 있어.

---

9 공감각적 심상 — 함께 공 共, 느낄 감 感, 깨달을 각 覺, 어조사 적 的

대상을 인식하기 위한 감각을 다른 종류의 감각으로 전이(轉移)하여 표현하는 심상.

㉠ '달콤한 바람': 촉각으로 알아차릴 수 있는 대상인 '바람'을 '달콤하다'는 미각적 심상으로 표현함.

복합적 심상 — 겹칠 복 複, 합할 합 合, 어조사 적 的

두 가지 이상의 감각을 나란히 늘어놓은 심상.

㉠ '푸른 하늘 시원한 바람': 시각적 심상('푸른 하늘')과 촉각적 심상('시원한 바람')을 늘어놓음.

---

10 (ㅈ ㅊ ㅂ) — 점점 점 漸, 층 층 層, 법 법 法

뜻이 점점 강해지거나, 커지거나, 높아지거나, 넓어지게 표현하는 방법.

㉠ 눈은 살아 있다 / 떨어진 눈은 살아 있다 / 마당 위에 떨어진 눈은 살아 있다

영탄법 — 읊을 영 咏, 탄식할 탄 歎, 법 법 法

감탄사나 감탄 조사 등을 이용하여 감정을 강하게 표현하는 방법.

㉠ 아아, 늬는 산(山)새처럼 날아갔구나!

---

11 (ㄷ ㅊ ㅂ) — 거꾸로 도 倒, 둘 치 置, 법 법 法

말의 차례를 바꾸어 쓰는 표현 방법.

㉠ 나는 아직 기다리고 있을 테요, 찬란한 슬픔의 봄을

대구법 — 짝 대 對, 글귀 구 句, 법 법 法

같거나 비슷한 문장 구조를 짝을 맞추어 나란히 배열하는 표현 방법.

㉠ 콩 심은 데 콩 나고, 팥 심은 데 팥 난다

---

12 관조 — 볼 관 觀, 비출 조 照

고요한 마음으로 사물이나 현상을 관찰하거나 비추어 봄.

(ㅈ ㅈ) — 스스로 자 自, 비웃을 조 嘲

자기를 비웃음.

---

13 의지 — 뜻 의 意, 뜻 지 志

어떠한 일을 이루고자 하는 마음.

(ㅎ ㅇ) — 품을 회 懷, 의심 의 疑

의심을 품음. 또는 마음속에 품고 있는 의심.

---

14 체념 — 살필 체 諦, 생각 념 念

희망을 버리고 아주 단념함.

(ㅊ ㅇ) — 넘을 초 超, 넘을 월 越

어떠한 한계나 표준을 뛰어넘음.

빈칸 답 ❷골계미 ❸비장미 ❹비평 ❽심상 ❿점충법 ⓫도치법 ⓬자조 ⓭회의 ⓮초월

04 3단계 문맥으로 소화하기

아래에서 빈칸에 알맞은 어휘를 <보기>에서 찾아 문맥에 맞게 쓰세요.

시 필수 개념어

┌─ 보기 ─┐

관조	비평	심상	의지	자조	초월
회의	골계미	대구법	도치법	숭고미	점층법
내재적 관점	심미적 체험	공감각적 심상	반영론적 관점	표현론적 관점	효용론적 관점

01 평론가는 그의 작품에 대하여 예리한 [   ]을/를 했다.

　　　　　사물의 옳고 그름, 아름다움과 추함 등을 분석하여 가치를 논함.

02 나는 작품 외적인 요소를 배제하고 [   ]에서 이 시를 해석했어.

　　　　　작품의 소재, 구조, 표현 등 내적 요소를 중심으로 작품을 해석하는 방법.

문학 작품을 시대 현실의 반영으로 간주하는 작품 해석의 관점.

03 [   ]에서 볼 때, 일제 강점기에 쓰인 이 시의 주제는 조국 광복에 대한 염원이라고 해석할 수 있어.

04 나는 [   ]에서 이 시를 해석하기 위해 작가의 생애에 관한 자료를 찾아보았어.

문학 작품을 작가의 경험, 감정, 의식, 가치관, 사고방식의 표현으로 간주하여 해석하는 관점.

05 나는 시를 읽고 얻은 깨달음을 정리해 보았는데, 이것은 [   ]에서 작품을 감상한

거야.　　　　　문학 작품이 독자에게 어떻게 받아들여지고 어떤 영향을 줄 것인지를 중심으로 작품을 해석하는 관점.

06 나는 명상을 통해 지난 삶을 돌아보고 [   ]하는 시간을 가졌다.

　　　　　고요한 마음으로 사물이나 현상을 관찰하거나 비추어 봄.

07 삶과 죽음은 [   ]적인 신의 영역일 것이다.

　　　　　어떠한 한계나 표준을 뛰어넘음.

08 나는 현실에 안주하려는 삶의 방식에 [   ] 을/를 품게 되었다.

의심을 품음. 또는 마음속에 품고 있는 의심.

09 이 작품은 시각적 [   ] 을/를 통해 아침 풍경을 그려 내고 있다.

시를 읽을 때 독자의 마음속이나 머릿속에 떠오르는 영상이나 느낌.

10 '푸른 종소리'는 청각을 시각화하여 표현한 [   ] 이다.

대상을 인식하기 위한 감각을 다른 종류의 감각으로 전이(轉移)하여 표현하는 심상.

11 독자는 문학 작품을 감상하는 과정에서 감동이나 깨달음을 얻으며 아름다움을 느끼는 [   ] 을/를 할 수 있다.

어떤 대상을 감상하고 지각하고 즐기는 경험.

12 이 고전 작품은 비참한 상황을 우스꽝스럽게 표현하여 [   ] 을/를 잘 느낄 수 있다.

우스꽝스러운 상황이나 익살에서 느끼는 아름다움.

13 '열은 백을 당하고, 백은 천을 당하며, 천은 만을 당하고'는 [   ] 이/가 사용된 표현이다.

뜻이 점점 강해지거나, 커지거나, 높아지거나, 넓어지게 표현하는 방법.

14 '범은 죽어서 가죽을 남기고, 사람은 죽어서 이름을 남긴다.'는 [   ] 이/가 사용된 표현이다.

같거나 비슷한 문장 구조를 짝을 맞추어 나란히 배열하는 표현 방법.

• 맞힌 개수 (   ) / 14문항

12개 이상	다음 회차로 넘어가도 되겠어요!
8개 ~11개	[문맥으로 소화하기] 한 번만 더 읽고 갈까요?
7개 이하	전체를 복습하고 넘어가야겠어요.

교재 22~33쪽에서 공부한 어휘를 문제로 확인해 보세요.

[01~04] 다음 문장의 괄호 안에 들어갈 알맞은 단어를 고르시오.

01 신하는 임금을 일편단심으로 (삼가야 / 섬겨야) 한다.

02 그는 이번 일을 성사시키려는 강한 (의지 / 회의)를 보였다.

03 나는 성격이 (무상해서 / 무심해서) 주변 사람들 일에 관심이 없다.

04 그는 오랫동안 병을 앓아서 얼굴이 홀쭉하게 (여위고 / 여의고) 두 눈은 퀭하였다.

05 다음 ㉠~㉢에 들어갈 말을 순서대로 가장 적절하게 묶은 것은?

> • 무서운 이야기를 듣고 나는 (㉠)이/가 오싹해졌다.
> • 그는 벼슬을 버리고 (㉡)을/를 한 후에 시골에서 조용히 여생을 보냈다.
> • 그는 어차피 이루어질 수 없는 사랑이라면 하루라도 빨리 (㉢) 편이 낫다고 생각했다.

① 진토   복위   기약하는   ② 진토   복위   기원하는   ③ 모골   복위   체념하는
④ 모골   낙향   체념하는   ⑤ 생사   낙향   기약하는

06 제시된 뜻풀이를 참고하여 다음 십자말풀이를 완성하시오.

	2			3	4
1					
		5			
7					

가로 열쇠

1. 매우 간절하다.
3. 임금을 그리워함.
5. 한마음 한 몸이라는 뜻으로, 서로 굳게 결합함을 이르는 말.
7. 마음속에 품은 생각이나 정.

세로 열쇠

2. 몹시 애처롭고 슬프다.
4. 임금의 은혜.
5. 한 조각의 붉은 마음이라는 뜻으로, 진심에서 우러나오는 변치 않는 마음을 이르는 말.
7. 어루만지고 잘 달래어 시키는 말을 듣도록 함.

[07~10] 다음 개념에 해당하는 설명을 찾아 바르게 연결하시오.

07 절대론적 관점 •

• ㉠ 문학 작품을 시대 현실의 반영으로 간주하는 작품 해석의 관점.

08 반영론적 관점 •

• ㉡ 작품의 소재, 구조, 표현 등 내적 요소를 중심으로 작품을 해석하는 방법.

09 표현론적 관점 •

• ㉢ 문학 작품을 작가의 경험, 감정, 의식, 가치관, 사고방식의 표현으로 간주하여 해석하는 관점.

10 효용론적 관점 •

• ㉣ 문학 작품이 독자에게 어떻게 받아들여지고 어떤 영향을 줄 것인지를 중심으로 작품을 해석하는 관점.

[11~13] 다음 예시와 관련 있는 표현 방법을 〈보기〉에서 찾아 쓰시오.

보기			
대구법	도치법	영탄법	점층법

11 아아, 보고 싶은 그대 얼굴. ➡ (   )

12 나는 잊을 수 없어요, 그대의 미소를. ➡ (   )

13 낮말은 새가 듣고, 밤말은 쥐가 듣는다. ➡ (   )

[14~16] 주어진 뜻을 참고하여, 다음 예문의 괄호 안에 들어갈 단어를 〈보기〉의 글자들을 조합하여 만드시오.

보기								
조	망	초	의	자	관	희	지	조	월

14 자기를 비웃음.

例 이 시의 화자는 권력자에게는 반항하지 못하고 힘없는 자에게만 반항하는 자신의 모습을 (   )한다.

15 어떠한 한계나 표준을 뛰어넘음.

例 죽음을 집에 돌아가는 것처럼 표현한 것에서, 죽음에 대한 화자의 (   )적인 태도가 드러난다.

16 고요한 마음으로 사물이나 현상을 관찰하거나 비추어 봄.

例 이 시의 화자는 자신의 감정을 드러내지 않고, (   )적인 태도로 비 오는 풍경을 담담하게 묘사한다.

[1~3] 다음을 읽고, 물음에 답하시오.

✏ 지문 이해

가

해제 고통을 이겨 낸 상처가 꽃보다 더 아름답다는 (   )적인 발상이 드러나는 시이다.

주제 꽃보다 더 아름답고 고귀한 (   )

나

해제 왕위를 빼앗긴 단종을 향한 화자의 변치 않는 (   )을 표현한 시조이다.

주제 임을 향한 (   ) 없는 마음

가 어린 매화나무는 꽃 피느라 ㉠한창이고
사백 년 고목은 꽃 지느라 한창인데
구경꾼들 고목에 더 몰려섰다
둥치도 가지도 꺾이고 구부러지고 휘어졌다
갈라지고 뒤틀리고 터지고 또 튀어나왔다
진물은 얼마나 오래 고여 흐르다가 말라붙었는지
주먹만큼 굵다란 혹이며 패인 구멍들이 ㉡험상궂다
거무죽죽한 혹도 구멍도 모양 굵기 깊이 빛깔이 다 다르다
새 진물이 번지는가 개미들 바삐 오르내려도
㉢의연하고 의젓하다
사군자 중 으뜸답다
꽃구경이 아니라 상처 구경이다
상처 깊은 이들에게는 훈장(勳章)으로 보이는가
상처 ㉣도지는 이들에게는 부적(符籍)으로 보이는가
백 년 못 된 사람이 매화 사백 년의 상처를 헤아리랴마는
감탄하고 쓸어 보고 어루만지기도 한다
만졌던 손에서 향기까지 맡아 본다
진동(振動)하겠지 상처의 향기
상처야말로 더 꽃인 것을.

– 유안진, 〈상처가 더 꽃이다〉 / 미래엔 3-1

나 까마귀 눈비 맞아 희는 듯 검노매라
야광명월(夜光明月)이 밤인들 어두우랴
임 향한 ㉤일편단심(一片丹心)이야 변할 줄이 있으랴

– 박팽년, 〈까마귀 눈비 맞아〉 / 천재(박) 3-2

📖 어휘력 넓히기

움직일 동(動)

- **진동(振動)** | ① 흔들려 움직임. ② 냄새 등이 아주 심하게 나는 상태.
- **감동(感動)** | 크게 느끼어 마음이 움직임.
- **격동(激動)** | ① 정세 등이 급격하게 움직임. ② 감정 등이 몹시 흥분하여 어떤 충동이 느껴짐. 또는 그렇게 느낌.

☑ 간단 확인

(   )의 시대를 살아가는 우리는 변화에 익숙해지기 위해 애쓰고 있다.

표현상 특징

1 (가)의 표현상 특징으로 적절하지 <u>않은</u> 것은?

① '−고'와 같은 어미를 반복하여 운율을 형성하고 있다.

② 말의 차례를 바꾸어 전달하고자 하는 내용을 강조하고 있다.

③ 시각적 심상을 통해 시적 대상의 모습을 생생하게 묘사하고 있다.

④ 어린 매화나무와 고목의 모습을 대조하여 대상의 특성을 부각하고 있다.

⑤ 전달하고자 하는 뜻과 반대로 표현하여 화자의 깨달음을 강조하고 있다.

시어의 의미 이해

2 〈보기〉는 (나)가 창작될 당시의 사회·문화적 배경에 관한 설명이다. 〈보기〉를 참고하여 (나)를 이해한 내용으로 적절하지 <u>않은</u> 것은?

> ● 보기 ●
>
> 1455년 수양 대군은 단종의 왕위를 빼앗고 왕(세조)이 된다. 이때 세조의 왕위 찬탈에 동조한 이들도 있었지만, (나)의 작가는 단종 복위 운동을 펼치다가 결국 옥에서 죽는다.

① 이 시조의 '임'은 단종을 의미하겠군.

② 작가는 단종을 향한 변함없는 충성심을 드러내고 있군.

③ '까마귀'는 옥에 갇혀 고통받는 작가 자신을 가리키겠군.

④ '밤'은 세조가 단종을 몰아내고 왕위에 오른 시대 상황을 암시한다고 볼 수 있군.

⑤ '야광명월'은 밤에도 밝게 빛나는 존재로, 단종 복위 운동을 펼쳤던 충신을 상징하겠군.

어휘의 사전적 의미

3 ㉠~㉤의 사전적 의미로 적절하지 <u>않은</u> 것은?

① ㉠: 어떤 일이 가장 활기 있고 왕성하게 일어나는 때. 또는 어떤 상태가 가장 무르익은 때.

② ㉡: 모양이나 상태가 매우 거칠고 험하다.

③ ㉢: 의지가 굳세어서 끄떡없고.

④ ㉣: 부스럼이나 상처가 다 나아 살갗이 맞붙는.

⑤ ㉤: 한 조각의 붉은 마음이라는 뜻으로, 진심에서 우러나오는 변치 않는 마음을 이르는 말.

어법 클리닉

'−율'과 '−률'

'−율'	'−률'
모음이나 'ㄴ' 받침 뒤에 이어질 때. 예 비율, 할인율	'ㄴ' 이외의 받침 뒤에 이어질 때. 예 확률, 경쟁률

다음 문장의 괄호 안에 들어갈 올바른 표현을 고르세요.

(1) 매출 (증가율 / 증가률)을 계산했다.

(2) 시험이 어려워 (합격율 / 합격률)이 낮다.

어휘의 사전적 의미

어휘가 가지고 있는 가장 중심적이고 기본적인 의미를 파악하는 유형이다. 독서 지문에서 한자어의 의미를 정확하게 알고 있는지 묻는 문제가 자주 출제된다.

📖 사전 보는 방법

❶보다¹ **❷**[보아(봐[봐ː]), 보니] ⋯ **❹**

　[I] 「동사」 ⋯ **❻**

　　[1] 【⋯을】 ⋯ **❼**

❸「1」 눈으로 대상의 존재나 형태적 특징을 알다.

　　　¶ 수상한 사람을 <u>보면</u> 신고하시오. ⋯ **❽**

　「2」 눈으로 대상을 즐기거나 감상하다.

　　　¶ 그는 텔레비전을 <u>보다가</u> 잠이 들었다.

보다²

「부사」

　어떤 수준에 비하여 한층 더. ¶ <u>보다</u> 빠르게 뛰다.

❶ 표제어: 사전에 실어 알기 쉽게 풀이해 놓은 말.

❷ 동음이의어: 동일한 형태의 단어가 별개의 표제어로 제시되면 소리는 같지만 뜻이 다른 동음이의어임.

❸ 다의어: 하나의 표제어 아래 여러 개의 뜻이 제시되면 두 가지 이상의 뜻을 가진 다의어임.

❹ 활용 정보: 체언과 조사의 결합형 및 용언의 활용형.

❺ 발음 정보

❻ 품사 표시

❼ 문형 정보: 주어를 제외한 용언의 필수적 성분.

❽ 용례: 실제로 쓰이는 모습을 알 수 있는 용례.

📖 기출문제 살펴보기

• ⓐ~ⓔ의 사전적 의미로 적절하지 않은 것은?

　우리 삶에서 운이 작용해서 결과가 달라지는 일은 흔하다. 그러나 외적으로 드러나는 행위에 초점을 맞추는 '의무 윤리'든 행위의 ⓐ기반이 되는 성품에 초점을 맞추는 '덕의 윤리'든, 도덕의 문제를 다루는 철학자들은 도덕적 평가가 운에 따라 달라져서는 안 된다고 생각한다. ……

　그런데 어떤 철학자들은 운에 따라 도덕적 평가가 달라지는 일이 실제로 일어난다고 주장하고, 그런 운을 '도덕적 운'이라고 부른다. 그들에 따르면 세 가지 종류의 도덕적 운이 ⓑ거론된다. 첫째는 태생적 운이다. 우리의 행위는 성품에 의해 결정되며 이런 성품은 태어날 때 이미 결정되므로, 성품처럼 우리가 통제할 수 없는 요인이 도덕적 평가에 ⓒ개입되는 불공평한 일이 일어난다는 것이다. ……

　하지만 관점을 바꾸어 도덕적 운의 존재를 부정하고 도덕적 평가가 불가능한 경우를 강제나 무지에 의한 행위에 ⓓ국한한다면 이와 같은 난점에서 벗어날 수 있다. 도덕적 운의 존재를 부정하기 위해서는 도덕적 운이라고 생각되는 예들이 실제로는 도덕적 운 아님을 보여 주면 된다. 우선 행위는 성품과는 별개의 것이므로 태생적 운의 존재가 부정된다. 또한 나쁜 상황에서 나쁜 행위를 할 것이라는 추측만으로 어떤 사람을 ⓔ폄하하는 일은 정당하지 못하므로 상황적 운의 존재도 부정된다.

① ⓐ: 기초가 되는 바탕. 또는 사물의 토대.

② ⓑ: 어떤 사항을 논제로 삼아 제기하거나 논의함.

③ ⓒ: 자신과 직접적 관계가 없는 일에 끼어듦.

④ ⓓ: 알맞게 이용하거나 어떤 상황에 맞추어 씀.

⑤ ⓔ: 어떤 대상이 지닌 가치를 깎아내림.

II

문학 필수 어휘
– 소설

1 관철하다 | 어려움을 뚫고 나아가 목적을 기어이 이루다. | 관통하다

2 달포 | 한 달이 조금 넘는 기간. | 보름

3 득의연하다 | 눈에 보이는 것처럼 아주 뚜렷하다. | 완연하다

4 문책 | 잘못을 캐묻고 꾸짖음. | 자책

5 수감되다 | 잃었던 땅이나 권리 등이 되찾아지다. | 수복되다

6 수난 | 견디기 힘든 어려운 일을 당함. | 피난

7 신작로 | 새로 만든 길이라는 뜻으로, 자동차가 다닐 수 있을 정도로 넓게 새로 낸 길을 이르는 말. | 한길

⑧ 앙살 — 일을 짓궂게 훼방함. 또는 그런 짓. — 헤살

⑨ 왕왕 — 언제나 변함없이 한 모양으로 줄곧. — 노상

⑩ 일도양단 一刀兩斷 — 어떤 일을 머뭇거리지 않고 선뜻 결정함을 비유적으로 이르는 말. — 우유부단 優柔不斷

⑪ 징용 — 일제 강점기에, 일본 제국주의자들이 조선 사람을 강제로 동원하여 부리던 일. — 공출

⑫ 철면피 — 남의 앞잡이 노릇을 하는 사람을 낮잡아 이르는 말. — 끄나풀

⑬ 타도하다 — 어떤 대상이나 세력을 쳐서 거꾸러뜨리다. — 타개하다

⑭ 함구령 — 어떤 일의 내용을 말하지 말라는 명령. — 불호령

05 2단계 **꼼꼼히 확인하기**

1단계 퀴즈의 정답은 아래에서 **초록색으로 표시**했습니다.
오답의 어휘와 뜻풀이까지 꼼꼼하게 확인해 보세요.

현대 소설(1)

1 ㄱㅊ하다 　뚫을 貫, 통할 철 徹
어려움을 뚫고 나아가 목적을 기어이 이루다.

관통하다 　뚫을 관 貫, 통할 통 通
꿰뚫어서 통하다.

2 ㄷㅍ
한 달이 조금 넘는 기간.

참 • 날포: 하루가 조금 넘는 동안.
　• 해포: 한 해가 조금 넘는 동안.

보름
① 음력으로 그달의 열닷새째 되는 날. ② 열닷새 동안.

3 **득의연하다** 　얻을 득 得, 뜻 의 意, 그럴 연 然
몹시 우쭐해 있다.

ㅇㅇ하다 　완연할 완 宛, 그럴 연 然
눈에 보이는 것처럼 아주 뚜렷하다.

4 **문책** 　물을 문 問, 꾸짖을 책 責
잘못을 캐묻고 꾸짖음.

유 • 책문(責問): 꾸짖거나 나무라며 물음.
　• 힐문(詰問): 트집을 잡아 따져 물음.

ㅈㅊ 　스스로 자 自, 꾸짖을 책 責
자신의 결함이나 잘못에 대하여 스스로 깊이 뉘우치고 자신을 책망함.

5 **수감되다** 　거둘 수 收, 볼 감 監
사람이 구치소나 교도소에 수용되다.

ㅅㅂ되다 　거둘 수 收, 돌아올 복 復
잃었던 땅이나 권리 등이 되찾아지다.

6 ㅅㄴ 　받을 수 受, 어려울 난 難
견디기 힘든 어려운 일을 당함.

피난 　피할 피 避, 어려울 난 難
재난을 피하여 멀리 옮겨 감.

😊 '피난'과 헷갈릴 만한 단어로 '피란(避亂)'이 있어. '피란'은 '난리를 피하여 옮겨 감.'이라는 뜻인데, 주로 전쟁과 관련된 맥락에서 쓰여.

7 **신작로** 　새로울 신 新, 지을 작 作, 길 로 路
새로 만든 길이라는 뜻으로, 자동차가 다닐 수 있을 정도로 넓게 새로 낸 길을 이르는 말.

ㅎㄱ
사람이나 차가 많이 다니는 넓은 길.

😊 접두사 '한–'이 '큰'의 뜻을 더한 단어로는 '한길' 외에도 '한시름', '한걱정' 등이 있고, '정확한' 또는 '한창인'의 뜻을 더한 단어로는 '한가운데', '한낮' 등이 있어.

42 어휘 DNA 깨우기

⑧ 앙살

엄살을 부리며 버티고 겨루는 짓.

ㅎ ㅅ

일을 짓궂게 훼방함. 또는 그런 짓.

⑨ 왕왕 · 갈 왕 往, 갈 왕 往

시간의 간격을 두고 이따금.

ㄴ ㅅ

언제나 변함없이 한 모양으로 줄곧.

유 · 늘: 계속하여 언제나.
· 항상(恒常): 언제나 변함없이.

⑩ 일도양단 · 하나 일 一, 칼 도 刀, 두 양 兩, 끊을 단 斷

어떤 일을 머뭇거리지 않고 선뜻 결정함을 비유적으로 이르는 말.

ㅇ ㅇ ㅂ ㄷ · 넉넉할 우 優, 부드러울 유 柔, 아닐 부 不, 끊을 단 斷

어물어물 망설이기만 하고 결단성이 없음.

⑪ ㅈ ㅇ · 부를 징 徵, 쓸 용 用

일제 강점기에, 일본 제국주의자들이 조선 사람을 강제로 동원하여 부리던 일.

공출 · 이바지할 공 供, 날 출 出

국민이 국가의 수요에 따라 농업 생산물이나 기물 등을 의무적으로 정부에 내어놓음.

⑫ ㅊ ㅁ ㅍ · 쇠 철 鐵, 얼굴 면 面, 가죽 피 皮

쇠로 만든 낯가죽이라는 뜻으로, 염치가 없고 뻔뻔스러운 사람을 낮잡아 이르는 말.

끄나풀

남의 앞잡이 노릇을 하는 사람을 낮잡아 이르는 말.

⑬ 타도하다 · 칠 타 打, 넘어질 도 倒

어떤 대상이나 세력을 쳐서 거꾸러뜨리다.

ㅌ ㄱ 하다 · 칠 타 打, 열 개 開

매우 어렵거나 막힌 일을 잘 처리하여 해결의 길을 열다.

⑭ 함구령 · 봉할 함 緘, 입 구 口, 명령할 령 令

어떤 일의 내용을 말하지 말라는 명령.

ㅂ ㅎ ㄹ · 부르짖을 호 號, 명령할 령 令

몹시 심하게 하는 꾸지람.

빈칸 답 ❶관철 ❷달포 ❸완연 ❹자책 ❺수복 ❻수난 ❼한길 ❽헤살 ❾노상 ❿우유부단 ⓫징용 ⓬철면피 ⓭타개 ⓮불호령

05 3단계 문맥으로 소화하기

아래에서 빈칸에 알맞은 어휘를 <보기>에서 찾아 문맥에 맞게 쓰세요.

현대 소설(1)

┌─ 보기 ─┐

공출	노상	달포	문책	수난	앙살	자책
징용	피난	헤살	끄나풀	신작로	함구령	관철하다
수감되다	완연하다	우유부단	일도양단	타개하다	타도하다	득의연하다

01 얼마 전 고향 마을에 [　　　　]이/가 뚫려서 버스가 다닐 수 있게 되었다.

① 새로 만든 길이라는 뜻으로, 자동차가 다닐 수 있을 정도로 넓게 새로 낸 길을 이르는 말.
② 크고 넓은 길.

▶ ○○○에 나서면 금시 읍이었다.
– 하근찬, 〈수난이대〉

02 그는 일제 강점기 때 [　　　　]에 끌려가 별일을 다 해 보았다.

① 전시·사변 또는 이에 준하는 비상사태에, 국가의 권력으로 국민을 강제적으로 일정한 업무에 종사시키는 일.
② 일제 강점기에, 일본 제국주의자들이 조선 사람을 강제로 동원하여 부리던 일.

▶ 그저 차를 타라면 탈 사람들이었다. ○○에 끌려 나가는 사람들이었다.
– 하근찬, 〈수난이대〉

03 나는 자투리 시간을 효과적으로 활용하려고 단어장을 [　　　　] 휴대하고 다닌다.

언제나 변함없이 한 모양으로 줄곧.

▶ 그래서 ○○ 그쪽은 조끼 주머니 속에 꽂혀 있는 것이다.
– 하근찬, 〈수난이대〉

04 그 전쟁은 외세를 [　　　　] 위한 것이었다.

어떤 대상이나 세력을 쳐서 거꾸러뜨리다.

▶ 그곳에 씌어 있는 구절. / '친일파, 민족 반역자를 ○○하자.'
– 전광용, 〈꺼삐딴 리〉

05 그는 빌린 돈을 갚겠다고 해 놓고 [　　　　]이/가 지나도록 연락이 없다.

한 달이 조금 넘는 기간.

▶ ○○가 지나는 사이에 맨 안쪽 통통 위에 자리 잡았던 이인국 박사는 삼분지 이의 지점으로 점차 승격되었다.
– 전광용, 〈꺼삐딴 리〉

06 그가 절도죄로 징역 2년을 선고받고 교도소에 [　　　　]지 한 달 정도 지났다.

사람이 구치소나 교도소에 수용되다.

07 그 사람은 먹고살기 위해 적들의 [　　　　] 노릇을 하며 동지를 팔아넘겼다.

① 길지 않은 끈의 나부랭이.
② 남의 앞잡이 노릇을 하는 사람을 낮잡아 이르는 말.

08 나는 무엇을 먹을지 계속 망설이는 친구의 [　　　　]에 결국 화를 냈다.

어물어물 망설이기만 하고 결단성이 없음.

자장면? 짬뽕! 그냥 둘 다 먹어!

MENU

09 지진이 나자 마을 사람들은 [   ]을/를 떠났다.

재난을 피하여 멀리 옮겨 감.

10 얼마 전까지만 해도 무더운 여름이었는데 어느새 [   ] 가을로 접어들었다.

① 눈에 보이는 것처럼 아주 뚜렷하다. ② 모양이 서로 비슷하다.

11 대대장은 부대에 [   ]을/를 내려 헛소문이 퍼지지 못하게 했다.

어떤 일의 내용을 말하지 말라는 명령.

12 지금은 꾸물거리기보다는 [   ]이/가 필요할 때다.

① 칼로 무엇을 대번에 쳐서 두 도막을 냄.
② 어떤 일을 머뭇거리지 않고 선뜻 결정함을 비유적으로 이르는 말.

13 그는 자신의 주장을 [   ] 위해 수단과 방법을 가리지 않는 사람이다.

어려움을 뚫고 나아가 목적을 기어이 이루다.

14 나는 학교 숙제를 하고 있었는데 난데없이 동생이 [   ]을/를 놓았다.

① 일을 짓궂게 훼방함. 또는 그런 짓.
② 물 등을 젓거나 하여 흩뜨림. 또는 그런 짓.

15 공장 화재 사고의 책임자는 관리에 소홀했다는 이유로 심한 [   ]을/를 받았다.

잘못을 캐묻고 꾸짖음.

16 농민들은 가혹한 강제 [   ]에 분노했다.

국민이 국가의 수요에 따라 농업 생산물이나 기물 등을 의무적으로 정부에 내어놓음.

17 정부는 수출 부진을 [   ] 위한 대책을 내놓았다.

매우 어렵거나 막힌 일을 잘 처리하여 해결의 길을 열다.

▶ 형사들에게서 실컷 얻어들은 지식이 약이 되어 ○○○이 지상 명령이라는 신념을 일관하고 있었다.
　　　　　　　　　－ 전광용, 〈꺼삐딴 리〉

▶ 순간 그는 이런 경우의 가부 결정에 ○○○○하는 자기식으로 찰나적인 단안을 내렸다.
　　　　　　　　　－ 전광용, 〈꺼삐딴 리〉

▶ 아들의 출발을 앞두고, 걱정하는 마누라를 우격다짐으로 무마하고 그는 아들 유학을 ○○하였다.
　　　　　　　　　－ 전광용, 〈꺼삐딴 리〉

▶ 서로의 숨소리만이 고촉의 반사등이 내리비치는 방 안의 질식할 것 같은 침묵을 ○○ 짓고 있다.
　　　　　　　　　－ 전광용, 〈꺼삐딴 리〉

▶ 사상범을 옥사시키는 경우는 책임자에게 큰 ○○이 온다는 것은 훨씬 후에야 그가 안 일이다.
　　　　　　　　　－ 전광용, 〈꺼삐딴 리〉

▶ 밤골 사람들에게 해방의 기쁨은 더 이상 ○○을 안 해도 되는 것으로 확인되었다.
　　　　　　　　　－ 조정래, 〈마술의 손〉

• 맞힌 개수 (　　　) / 17문항

12개 이상	다음 회차로 넘어가도 되겠어요!
8개 ~11개	[문맥으로 소화하기] 한 번만 더 읽고 갈까요?
7개 이하	전체를 복습하고 넘어가야겠어요.

① 곡절 　　순조롭지 않게 얽힌 이런저런 복잡한 사정이나 까닭.　　 곡해

② 공염불 　　실천이나 내용이 따르지 않는 주장이나 말을
비유적으로 이르는 말.　　 미봉책

③ 권세 　　먼저 자리를 잡은 사람이 뒤에 들어오는 사람에
대하여 가지는 특권 의식. 또는 뒷사람을 업신여기는 행동.　　 텃세

④ 노독 　　먼 길에 지치고 시달려서 생긴 피로나 병.　　 노정

⑤ 데면데면하다 　　사람을 대하는 태도가 친밀감이 없이 예사롭다.　　 걱실걱실하다

⑥ 득달같이 　　잠시도 늦추지 아니하게.　　 악착같이

⑦ 망측스럽다 　　의심스럽고 이상한 데가 있다.　　 의아스럽다

⑧ **야멸차다**   자기만 생각하고 남의 사정을 돌볼 마음이 거의 없다.   **살갑다**

⑨ **옥신각신**   억지로 우겨서 남을 굴복시킴. 또는 그런 행위.   **우격다짐**

⑩ **유야무야**   어떤 일에 대하여 옳다느니 그르다느니 함.   **가타부타**

⑪ **으름장**   아랫사람의 잘못을 꾸짖는 말.   **지청구**

⑫ **의기소침**
意氣銷沈   뜻한 바를 이루어 만족한 마음이 얼굴에 나타난 모양.   **의기양양**
意氣揚揚

⑬ **진배없이**   그보다 못하거나 다를 것이 없이.   **여지없이**

⑭ **풍비박산**
風飛雹散   혼백이 어지러이 흩어진다는 뜻으로,
몹시 놀라 넋을 잃음을 이르는 말.   **혼비백산**
魂飛魄散

06 **2단계 꼼꼼히 확인하기** / 1단계 퀴즈의 정답은 아래에서 **초록색으로 표시**했습니다.
오답의 어휘와 뜻풀이까지 꼼꼼하게 확인해 보세요.

현대 소설(2)

1 **ㄱ ㅈ**   굽을 곡 曲, 꺾을 절 折

순조롭지 않게 얽힌 이런저런 복잡한 사정이나 까닭.

😊 '우여곡절(迂餘曲折)'은 '뒤얽혀 복잡해진 사정.'을 뜻해.

곡해   굽을 곡 曲, 풀 해 解

사실을 옳지 않게 해석함. 또는 그런 해석.

2 **ㄱ ㅇ ㅂ**   빌 공 空, 생각할 염 念, 부처 불 佛

실천이나 내용이 따르지 않는 주장이나 말을 비유적으로 이르는 말.

😊 접두사 '공-'이 '빈' 또는 '효과가 없는'의 뜻을 더한 단어로 '공수표(空手票)'도 있어. '공수표'는 실행이 없는 약속을 비유적으로 이르는 말이야.

미봉책   두루 미 彌, 꿰맬 봉 縫, 꾀 책 策

눈가림만 하는 일시적인 계책. ≒미봉지책.

3 **권세**   권세 권 權, 기세 세 勢

권력과 세력을 아울러 이르는 말.

ㅌ ㅅ   기세 세 勢

먼저 자리를 잡은 사람이 뒤에 들어오는 사람에 대하여 가지는 특권 의식. 또는 뒷사람을 업신여기는 행동.

4 **ㄴ ㄷ**   길 노 路, 독 독 毒

먼 길에 지치고 시달려서 생긴 피로나 병.

유 여독(旅毒): 여행으로 말미암아 생긴 피로나 병.

노정   길 노 路, 길 정 程

① 목적지까지의 거리. 또는 목적지까지 걸리는 시간.
② 거쳐 지나가는 길이나 과정.

5 **ㄷ ㅁ ㄷ ㅁ 하다**

사람을 대하는 태도가 친밀감이 없이 예사롭다.

걱실걱실하다

성질이 너그러워 말과 행동을 시원스럽게 하다.

6 **ㄷ ㄷ 같이**

잠시도 늦추지 아니하게.

악착같이   악착할 악 齷, 악착할 착 齪

매우 모질고 끈덕지게.

7 **망측스럽다**   없을 망 罔, 헤아릴 측 測

정상적인 상태에서 어그러져 어이가 없거나 차마 보기가 어려운 데가 있다.

ㅇ ㅇ 스럽다   의심할 의 疑, 의심할 아 訝

의심스럽고 이상한 데가 있다.

⑧ 야멸차다

자기만 생각하고 남의 사정을 돌볼 마음이 거의 없다.

ㅅ ㄱ ㄷ

마음씨가 부드럽고 상냥하다.

☺ 태도나 성질이 부드럽고 친절하다는 뜻으로 '곰살궂다', '곰살맞다'라는 단어들도 있어.

⑨ 옥신각신

서로 옳으니 그르니 하며 다툼. 또는 그런 행위.

ㅇ ㄱ ㄷ ㅈ

억지로 우겨서 남을 굴복시킴. 또는 그런 행위.

⑩ 유아무야 있을 유 有, 어조사 야 耶, 없을 무 無, 어조사 야 耶

있는 듯 없는 듯 흐지부지함.

ㄱ ㅌ ㅂ ㅌ 옳을 가 可, 아닐 부 否

어떤 일에 대하여 옳다느니 그르다느니 함.

🈁 왈가왈부(曰可曰否): 어떤 일에 대하여 옳거니 옳지 않거니 하고 말함.

⑪ ㅇ ㄹ ㅈ

말과 행동으로 위협하는 짓.

지청구

아랫사람의 잘못을 꾸짖는 말. =꾸지람.

⑫ ㅇ ㄱ ㅅ ㅊ 뜻 의 意, 기운 기 氣, 사라질 소 銷, 잠길 침 沈

기운이 없어지고 풀이 죽음.

의기양양 뜻 의 意, 기운 기 氣, 날릴 양 揚, 날릴 양 揚

뜻한 바를 이루어 만족한 마음이 얼굴에 나타난 모양.

🈁 득의양양(得意揚揚): 뜻한 바를 이루어 우쭐거리며 뽐냄.

⑬ 진배없이

그보다 못하거나 다를 것이 없이.

ㅇ ㅈ 없이 남을 여 餘, 땅 지 地

더 어찌할 나위가 없을 만큼 가차 없이. 또는 달리 어찌할 방법이나 가능성이 없이.

⑭ ㅍ ㅂ ㅂ ㅅ 바람 풍 風, 날 비 飛, 우박 박 雹, 흩을 산 散

사방으로 날아 흩어짐.

혼비백산 넋 혼 魂, 날 비 飛, 넋 백 魄, 흩을 산 散

혼백이 어지러이 흩어진다는 뜻으로, 몹시 놀라 넋을 잃음을 이르는 말.

빈칸 답 ❶ 곡절 ❷ 공염불 ❸ 텃세 ❹ 노독 ❺ 데면데면 ❻ 득달 ❼ 의아 ❽ 살갑다 ❾ 우격다짐 ❿ 가타부타 ⓫ 으름장 ⓬ 의기소침 ⓭ 여지 ⓮ 풍비박산

현대 소설(2)

아래에서 빈칸에 알맞은 어휘를 <보기>에서 찾아 문맥에 맞게 쓰세요.

보기

곡절	곡해	노독	노정	텃세	공염불	미봉책
살갑다	으름장	지청구	득달같이	악착같이	옥신각신	우격다짐
유야무야	의기양양	진배없이	혼비백산	망측스럽다	의아스럽다	데면데면하다

01 아버지는 사랑하는 가족들을 위해 아무리 힘들어도 [   ] 일을 하셨다.
매우 모질고 끈덕지게.

02 이 공사는 오래전에 시작했지만 경제 위기, 홍수 등 [   ]이/가 많아서 아직도 완공되지 못했다.
① 순조롭지 않게 얽힌 이런저런 복잡한 사정이나 까닭. ② 구불구불 꺾이어 있는 상태.
③ 글의 문맥 등이 단조롭지 않고 변화가 많음.

▶ 이런 ○○ 끝에 명선이는 우리 집에서 살게 되었다.
— 윤흥길, 〈기억 속의 들꽃〉

03 오랜 이동 시간에 지친 그는 나무 그늘 아래에 주저앉아 발을 주무르며 [   ]을/를 풀었다.
먼 길에 지치고 시달려서 생긴 피로나 병.

▶ 마을에서 잠시 머물며 ○○을 푸는 동안에 그들은 옷가지나 금붙이 따위 물건을 식량하고 바꾸었다.
— 윤흥길, 〈기억 속의 들꽃〉

04 나는 민준이와 친형제나 [   ] 친하게 지냈다.
그보다 못하거나 다를 것이 없이.

▶ "말은 안 혔어도 너를 친자식 ○○○ ○ 생각혀 왔다."
— 윤흥길, 〈기억 속의 들꽃〉

05 언니는 경기에서 득점한 후에 [   ]한 표정을 지었다.
뜻한 바를 이루어 만족한 마음이 얼굴에 나타난 모양.

▶ 녀석이 이젠 아주 ○○○○한 태도로 당당하게 대답했다.
— 윤흥길, 〈기억 속의 들꽃〉

06 동생은 엄마에게서 [   ]을/를 듣고 몹시 의기소침해 있었다.
① 아랫사람의 잘못을 꾸짖는 말.
② 까닭 없이 남을 탓하고 원망함.

▶ 누나와 나는 할머니로부터 무섭게 ○ ○○를 먹어 가며 그러잖아도 빠른 걸음을 더욱 재우쳤다.
— 윤흥길, 〈기억 속의 들꽃〉

07 회사 측이 내놓은 개선 방안은 지켜지지 못한 채 [   ](으)로 끝났다.
① 신심(信心)이 없이 입으로만 외는 헛된 염불.
② 실천이나 내용이 따르지 않는 주장이나 말을 비유적으로 이르는 말.

▶ 시꺼먼 그을음이 오르는 석유 등잔 신세를 이제야 면하는가 보다고 잔뜩 벼르다 보면 ○○○이 되곤 했었다.
— 조정래, 〈마술의 손〉

08 승규의 형은 우리에게 승규를 괴롭히면 가만두지 않겠다며 [   ]을/를 놓고 갔다.
말과 행동으로 위협하는 짓.

09 손님이 물건값을 깎으려고 장사꾼과 [ ] 실랑이를 하고 있었다.

① 서로 옳으니 그르니 하며 다툼. 또는 그런 행위.
② 서로 옳으니 그르니 하며 다투는 모양.

10 그 사람은 내가 왜 왔는지 [ ] 얼굴로 나를 쳐다보았다.

의심스럽고 이상한 데가 있다.

11 그 사건의 수사는 [ ] (으)로 끝났다.

있는 듯 없는 듯 흐지부지함.

12 준희는 처음 만나는 사람에게도 친한 친구처럼 [ ] 인사한다.

① 집이나 세간 등이 겉으로 보기보다는 속이 너르다. ② 마음씨가 부드럽고 상냥하다.
③ 닿는 느낌 같은 것이 가볍고 부드럽다. ④ 물건 등에 정이 들다.

13 나는 어머니가 입원하셨다는 연락을 받자마자 [ ] 병원으로 달려갔다.

잠시도 늦추지 아니하게.

▶ 한 걸음 뒤늦어 ○○○○ 달려온 어머니가 소나무 위를 까마득히 올려다보며 한껏 보드라운 말씨로 달랬다.
– 윤흥길, 〈기억 속의 들꽃〉

14 처음 전학을 왔을 때 [ ] 을/를 부리는 친구들 때문에 학교생활이 힘들었다.

먼저 자리를 잡은 사람이 뒤에 들어오는 사람에 대하여 가지는 특권 의식. 또는 뒷사람을 업신여기는 행동.

▶ 그렇다고 새 동네 아이들이 ○○를 부리지도 않았다.
– 최일남, 〈노새 두 마리〉

15 우리는 같은 학원에 다니지만 이야기를 나눈 적이 없어서 서로 [ ] 인사만 하는 사이이다.

① 사람을 대하는 태도가 친밀감이 없이 예사롭다.
② 성질이 꼼꼼하지 않아 행동이 신중하거나 조심스럽지 않다.

▶ 그런 아이들이었으므로 나는 평소에 ○○○○하게 대했는데, 이들이 우리 노새를 보고 놀라거나 칭찬할 때만은 어쩐지 그들이 좋았다.
– 최일남, 〈노새 두 마리〉

16 산에 멧돼지가 나타나자 등산객들은 [ ] 이/가 되어 달아났다.

혼백이 어지러이 흩어진다는 뜻으로, 몹시 놀라 넋을 잃음을 이르는 말.

▶ 교통순경이 호루라기를 불며 달려오다가 노새가 가까이 오자 ○○○○해서 도망갔다.
– 최일남, 〈노새 두 마리〉

• 맞힌 개수 ( ) / 16문항

12개 이상	다음 회차로 넘어가도 되겠어요!
8개 ~11개	[문맥으로 소화하기] 한 번만 더 읽고 갈까요?
7개 이하	전체를 복습하고 넘어가야겠어요.

[01~03] 다음 문장의 괄호 안에 들어갈 알맞은 단어를 고르시오.

01 이 곳은 예전에 우리 가족이 (수난 / 피난)을 와서 일 년 동안 살았던 마을이다.

02 이번 전쟁으로 잃었던 영토는 (수감되었지만 / 수복되었지만) 국군의 희생이 적지 않았다.

03 승호는 해외여행을 가겠다는 자신의 주장을 (관철하려고 / 관통하려고) 부모님을 설득하고 있다.

[04~06] 다음 문장의 괄호 안에 들어갈 알맞은 단어와 그 단어의 뜻을 〈보기 1〉과 〈보기 2〉에서 찾아 그 기호를 쓰시오.

●보기 1●
ㄱ 헤살   ㄴ 불호령   ㄷ 철면피   ㄹ 의기소침

●보기 2●
ⓐ 몹시 심하게 하는 꾸지람.
ⓑ 기운이 없어지고 풀이 죽음.
ⓒ 일을 짓궂게 훼방함. 또는 그런 짓.
ⓓ 쇠로 만든 낯가죽이라는 뜻으로, 염치가 없고 뻔뻔스러운 사람을 낮잡아 이르는 말.

04 선아는 시험에 떨어져서 몹시 (   )했다. ➡ (   )

05 그렇게 말만 번지르르하고 양심 없는 (   )은/는 처음 본다. ➡ (   )

06 밤늦게 집에 돌아온 우리들에게 아버지의 (   )이/가 떨어졌다. ➡ (   )

07 제시된 뜻풀이를 참고하여 다음 십자말풀이를 완성하시오.

1	2			3	4
		5	6		
7					
			8		

가로 열쇠

1. 잠시도 늦추지 아니하게.
3. 엄살을 부리며 버티고 겨루는 짓.
5. 몹시 우쭐해 있다.
8. 언제나 변함없이 한 모양으로 줄곧.

세로 열쇠

2. 한 달이 조금 넘는 기간.
4. 마음씨가 부드럽고 상냥하다.
6. 뜻한 바를 이루어 만족한 마음이 얼굴에 나타난 모양.
7. 억지로 우겨서 남을 굴복시킴. 또는 그런 행위.
8. 먼 길에 지치고 시달려서 생긴 피로나 병.

[08~09] 다음 문장의 괄호 안에 들어갈 알맞은 단어를 고르시오.

08 그 소문이 사실이냐고 물어봐도 그는 ( ) 말이 없었다.

① 가타부타   ② 두서없이   ③ 진배없이   ④ 풍비박산   ⑤ 혼비백산

09 진희는 성격이 ( )해서 무슨 일이든지 쉽게 결정하지 못한다.

① 걱실걱실   ② 데면데면   ③ 득의양양   ④ 우유부단   ⑤ 일도양단

10 다음 ㉠~㉢에 들어갈 말을 순서대로 가장 적절하게 묶은 것은?

- 선아는 어려운 문제도 (㉠) 매달려서 끝내 풀어냈다.
- 이번 실패가 자기 탓이라고 (㉡)하던 친구는 결국 눈물을 흘렸다.
- 사람들은 정부가 내놓은 정책이 문제를 근본적으로 해결하지 못하는 (㉢)에 불과하다고 비판했다.

① 악착같이 자책 지청구   ② 악착같이 자책 미봉책   ③ 악착같이 문책 지청구
④ 옥신각신 문책 미봉책   ⑤ 옥신각신 자책 지청구

[11~13] 주어진 뜻을 참고하여, 다음 예문의 괄호 안에 들어갈 단어를 〈보기〉의 글자들을 조합하여 만드시오.

> ─● 보기 ●─
>
> 책   곡   세   해   피   텃   길   정   노   한

11 사람이나 차가 많이 다니는 넓은 길.

예 ( )을/를 지나가는 각종 차량의 소음이 너무 시끄럽다.

12 사실을 옳지 않게 해석함. 또는 그런 해석.

예 글의 전체를 읽지 않고 일부분만 읽으면 작가의 의도를 ( )하기 쉽다.

13 먼저 자리를 잡은 사람이 뒤에 들어오는 사람에 대하여 가지는 특권 의식. 또는 뒷사람을 업신여기는 행동.

예 그 마을 사람들은 심하게 ( )을/를 부려서 타향 사람은 발을 못 붙인다.

1 가없다 ─ 단념할 수밖에 달리 어찌할 도리가 없다. ─ 속절없다

2 고진감래 苦 盡 甘 來 ─ 쓴 것이 다하면 단 것이 온다는 뜻으로, 고생 끝에 즐거움이 옴을 이르는 말. ─ 흥진비래 興 盡 悲 來

3 관아 ─ 부녀자가 거처하는 곳. ─ 규중

4 박대하다 ─ ① 정성을 들이지 않고 아무렇게나 대접을 하다. ② 인정 없이 모질게 대하다. ─ 박복하다

5 박명 ─ 아주 못생긴 얼굴. 또는 그런 사람. ─ 박색

6 배포 ─ 머리를 써서 일을 조리 있게 계획함. 또는 그런 속마음. ─ 식견

7 봉양하다 ─ 부모나 조부모와 같은 웃어른을 받들어 모시다. ─ 수양하다

⑧ 비복   계집종과 사내종을 아울러 이르는 말.   시비
侍 婢

⑨ 상서롭다   몸이 귀하게 되어 이름이 세상에 빛날 만하다.   영화롭다

⑩ 슬하   무릎의 아래라는 뜻으로,
어버이나 조부모의 보살핌 아래.   문하

⑪ 원통하다   몹시 슬퍼서 마음이 아프다.   비통하다

⑫ 청천벽력
青 天 霹 靂   천 년 동안 단 한 번 만난다는 뜻으로,
좀처럼 만나기 어려운 좋은 기회를 이르는 말.   천재일우
千 載 一 遇

⑬ 탄복하다   매우 감탄하여 마음으로 따르다.   탄식하다

⑭ 행색   행위의 실적(實績)이나 자취.   행적

2단계
꼼꼼히 확인하기

1단계 퀴즈의 정답은 아래에서 **초록색으로 표시**했습니다.
오답의 어휘와 뜻풀이까지 꼼꼼하게 확인해 보세요.

고전 소설

1 ㄱ 없다

끝이 없다.

속절없다

단념할 수밖에 달리 어찌할 도리가 없다.

2 고진감래 쓸 고 苦, 다할 진 盡, 달 감 甘, 올 래 來

쓴 것이 다하면 단 것이 온다는 뜻으로, 고생 끝에 즐거움이 옴을 이르는 말.

😊 '감탄고토(甘呑苦吐)'는 달면 삼키고 쓰면 뱉는다는 뜻으로, 자신의 비위에 따라서 사리의 옳고 그름을 판단함을 이르는 말이야.

ㅎ ㅈ ㅂ ㄹ 흥겨울 흥 興, 다할 진 盡, 슬플 비 悲, 올 래 來

즐거운 일이 다하면 슬픈 일이 닥쳐온다는 뜻으로, 세상일은 순환되는 것임을 이르는 말.

3 ㄱ ㅇ 벼슬 관 官, 관청 아 衙

예전에, 벼슬아치들이 모여 나랏일을 처리하던 곳.

규중 안방 규 閨, 가운데 중 中

부녀자가 거처하는 곳.

4 박대하다 얇을 박 薄, 대접할 대 待

① 정성을 들이지 않고 아무렇게나 대접을 하다. =푸대접하다.
② 인정 없이 모질게 대하다.

반 **후대(厚待)하다**: 아주 잘 대접하다.

ㅂ ㅂ 하다 얇을 박 薄, 복 복 福

복이 없다. 또는 팔자가 사납다.

5 박명 얇을 박 薄, 목숨 명 命

① 복이 없고 팔자가 사나움. ② 수명이 짧음.

😊 '미인박명(美人薄命)'이란, 미인은 불행하거나 병약하여 요절하는 일이 많음을 이르는 말이야.

ㅂ ㅅ 얇을 박 薄, 빛 색 色

아주 못생긴 얼굴. 또는 그런 사람.

6 배포 늘어설 배 排, 펼 포 布

머리를 써서 일을 조리 있게 계획함. 또는 그런 속마음.

유 **배짱**: 마음속으로 다져 먹은 생각이나 태도.

ㅅ ㄱ 알 식 識, 볼 견 見

학식과 견문이라는 뜻으로, 사물을 분별할 수 있는 능력을 이르는 말.

유 **견식(見識)**: 견문과 학식.

7 ㅂ ㅇ 하다 받들 봉 奉, 기를 양 養

부모나 조부모와 같은 웃어른을 받들어 모시다.

수양하다 닦을 수 修, 기를 양 養

몸과 마음을 갈고닦아 품성이나 지식, 도덕 등을 높은 경지로 끌어올리다.

⑧ **비복**   여자 종 비 婢, 종 복 僕

계집종과 사내종을 아울러 이르는 말.

😄 '종'은 예전에 남의 집에서 천한 일을 하던 사람을 뜻해. 그중 계집종은 '시비(侍婢)', 사내종은 '노복(奴僕)'이라고도 불렸어.

시 ⃝ 비 ⃝   모실 시 侍, 여자 종 비 婢

곁에서 시중을 드는 계집종.

⑨ **상서롭다**   상서 상 祥, 상서 서 瑞

복되고 길한 일이 일어날 조짐이 있다.

😄 '길(吉)하다'는 운이 좋거나 좋은 일이 생길 것 같다는 뜻이야.

영 ⃝ 화 ⃝ 롭다   영화 영 榮, 빛날 화 華

몸이 귀하게 되어 이름이 세상에 빛날 만하다.

😄 '부귀영화(富貴榮華)'는 '재산이 많고 지위가 높으며 귀하게 되어서 세상에 드러나 온갖 영광을 누림.'을 뜻해.

⑩ **슬하**   무릎 슬 膝, 아래 하 下

무릎의 아래라는 뜻으로, 어버이나 조부모의 보살핌 아래.

😄 '편모슬하(偏母膝下)'는 홀로 남은 어머니를 모시고 있는 처지를 뜻해.

문 ⃝ 하 ⃝   문 문 門, 아래 하 下

가르침을 받는 스승의 아래.

⑪ **원통하다**   원통할 원 冤, 아플 통 痛

분하고 억울하다.

비 ⃝ 통 ⃝ 하다   슬플 비 悲, 아플 통 痛

몹시 슬퍼서 마음이 아프다.

⑫ **청천벽력**   푸를 청 靑, 하늘 천 天, 벼락 벽 霹, 벼락 력 靂

맑게 갠 하늘에서 치는 날벼락이라는 뜻으로, 뜻밖에 일어난 큰 변고나 사건을 비유적으로 이르는 말.

천 ⃝ 재 ⃝ 일 ⃝ 우 ⃝   일천 천 千, 실을 재 載, 하나 일 一, 만날 우 遇

천 년 동안 단 한 번 만난다는 뜻으로, 좀처럼 만나기 어려운 좋은 기회를 이르는 말.

⑬ **탄 ⃝ 복 ⃝ 하다**   탄식할 탄 歎, 따를 복 服

매우 감탄하여 마음으로 따르다.

탄식하다   탄식할 탄 歎, 쉴 식 息

한탄하여 한숨을 쉬다.

😄 '탄식'과 관련된 한자성어 중 '맥수지탄(麥秀之歎)'은 고국의 멸망을 한탄한다는 뜻이고, '풍수지탄(風樹之歎)'은 효도를 다하지 못한 채 어버이를 여읜 자식의 슬픔을 이르는 말이야.

⑭ **행 ⃝ 색 ⃝**   다닐 행 行, 빛 색 色

① 겉으로 드러나는 차림이나 태도.
② 길을 떠나기 위하여 차리고 나선 모양.

행적   다닐 행 行, 자취 적 跡

행위의 실적(實績)이나 자취.

빈칸 답 ❶가 ❷흥진비래 ❸관아 ❹박복 ❺박색 ❻식견 ❼봉양 ❽시비 ❾영화 ❿문하 ⓫비통 ⓬천재일우 ⓭탄복 ⓮행색

아래에서 빈칸에 알맞은 어휘를 <보기>에서 찾아 문맥에 맞게 쓰세요.

고전 소설

┌ 보기 ┐

관아	규중	박색	배포	비복	슬하	식견
행적	가없다	고진감래	박대하다	박복하다	봉양하다	비통하다
상서롭다	속절없다	수양하다	영화롭다	천재일우	청천벽력	탄복하다

01 형은 [   ] 목소리로 할머니의 입원 소식을 우리들에게 알렸다.

몹시 슬퍼서 마음이 아프다.

▶ 아, ○○하구나, 아깝고 불쌍하다.
– 유씨 부인, 〈조침문〉

02 그는 음악계에 커다란 [   ]을/를 남겼다.

① 행위의 실적(實績)이나 자취.
② 평생 동안 한 일이나 업적.
③ 나쁜 행실로 남긴 흔적.

▶ 눈물을 잠깐 거두고 심신을 겨우 진정하여 너의 ○○과 나의 품은 마음을 총총히 적어 작별 인사를 하노라.
– 유씨 부인, 〈조침문〉

03 잃어버린 물건을 다시 찾겠다는 생각은 [   ] 것이다.

단념할 수밖에 달리 어찌할 도리가 없다.

▶ 바늘이여, 두 동강이 났구나. …… 만져 보고 이어 본들 ○○○고 하릴없다.
– 유씨 부인, 〈조침문〉

04 선생님은 [   ]에 삼 남매를 두셨다.

무릎의 아래라는 뜻으로, 어버이나 조부모의 보살핌 아래. 주로 부모의 보호를 받는 테두리 안을 이름.

▶ 나의 신세 박명하여 ○○에 자식이 없고 목숨이 모질어 일찍 죽지도 못했구나.
– 유씨 부인, 〈조침문〉

05 그는 겉으로는 어수룩하게 보였지만 자기 나름대로의 [   ]을/를 세우고 있었다.

① 머리를 써서 일을 조리 있게 계획함. 또는 그런 속마음.
② 일정한 차례나 간격에 따라 벌여 놓음.
③ 살림을 꾸리거나 차림.

▶ 변 부자는 허생의 말을 듣고 참으로 감탄하지 않을 수 없었다. 자기 같은 장사치들은 도저히 상상도 못 할 ○○요, 도량이었다.
– 박지원, 〈허생전〉

06 그는 젊은 나이에 크게 성공하여 [   ] 자리에 올랐다.

몸이 귀하게 되어 이름이 세상에 빛날 만하다.

▶ 이때 춘향이 남원을 하직할 때, ○○롭고 귀하게 되었건만 정든 고향을 이별하려니 한편으로는 기쁘고 한편으로는 울적했다.
– 작자 미상, 〈춘향전〉

07 부인은 [   ]에 들어앉아 바느질을 하며 세월을 보냈다.

부녀자가 거처하는 곳.

▶ "이곳에서 금강산까지는 수백 리 험한 길이라 …… ○○ 여자의 몸으로 어찌 가겠느냐?"
– 작자 미상, 〈박씨전〉

08 나는 [   ](이)라는 말을 되새기며 혹독한 훈련을 견뎠다.

쓴 것이 다하면 단 것이 온다는 뜻으로, 고생 끝에 즐거움이 옴을 이르는 말.

▶ 세상사는 곧 ○○○○요 흥진비래라 합니다.
– 작자 미상, 〈박씨전〉

09 죄 없이 ⬚ 에 끌려가 곤장 맞은 일을 생각하니 참으로 원통하다.
예전에, 벼슬아치들이 모여 나랏일을 처리하던 곳.

10 그는 자신의 ⬚ 팔자에 대한 푸념을 늘어놓았다.
복이 없다. 또는 팔자가 사납다.

11 영감의 불호령에 ⬚ 들은 연신 머리를 조아리며 빌었다.
계집종과 사내종을 아울러 이르는 말.

12 그는 세계를 여행하면서 ⬚ 을/를 넓혔다.
학식과 견문이라는 뜻으로, 사물을 분별할 수 있는 능력을 이르는 말.

▶ "그토록 ○○이 부족한데 어찌 한 나라의 대장 노릇을 하겠소이까?"
– 작자 미상, 〈박씨전〉

13 동네 사람들은 그 집 며느리가 얼굴은 ⬚ 이지만 마음씨는 비단결처럼 곱다고 말한다.
아주 못생긴 얼굴. 또는 그런 사람.

▶ 이시백은 박씨의 용모가 천하의 ○○ 임을 알고 박씨를 대면조차 하지 않는다.
– 작자 미상, 〈박씨전〉

14 그의 뛰어난 식견에 ⬚ 않는 사람이 없었다.
매우 감탄하여 마음으로 따르다.

▶ 계화는 부인의 너그럽고 어진 마음에 ○○하였다.
– 작자 미상, 〈박씨전〉

15 자식이 부모를 ⬚ 것은 당연한 일이다.
부모나 조부모와 같은 웃어른을 받들어 모시다.

▶ 심 봉사는 온갖 고생을 하며 딸을 키우고, 심청은 자라면서 아버지를 지극 정성으로 ○○한다.
– 작자 미상, 〈심청전〉

16 나는 ⬚ 어머니의 은혜에 눈물을 흘렸다.
끝이 없다.

▶ 인당수를 지나갈 제 제물로 제사하면 ○○는 너른 바다를 무사히 건너고
– 작자 미상, 〈심청전〉

17 아버지가 갑자기 쓰러지셨다는 ⬚ 같은 소식이 전해졌다.
맑게 갠 하늘에서 치는 날벼락이라는 뜻으로, 뜻밖에 일어난 큰 변고나 사건을 비유적으로 이르는 말.

▶ 용왕의 ○○○○ 같은 분부를 받은 토끼는 아무 대답도 못하고 고개를 들어 임금을 바라보며 눈물만 뚝뚝 떨어뜨렸다.
– 작자 미상, 〈토끼전〉

• 맞힌 개수 ( ) / 17문항

12개 이상	다음 회차로 넘어가도 되겠어요!
8개 ~11개	[문맥으로 소화하기] 한 번만 더 읽고 갈까요?
7개 이하	전체를 복습하고 넘어가야겠어요.

① 주제 ⬩ 사건이 전개되고 인물이 활동하는
시간적·공간적 환경. ⬩ 배경

② 자연적 배경 ⬩ 인물을 둘러싼 사회 현실과 역사적 상황. ⬩ 사회·문화적 배경

③ 개연성 ⬩ 일반적으로 그 일이 생길 수 있는 가능성. ⬩ 허구성

④ 직접 제시 ⬩ 인물의 말과 행동을 통해 인물의 성격이나 심리를
간접적으로 드러내는 방법. ⬩ 간접 제시

⑤ 서술 ⬩ 배경, 인물, 사건 등을 그림 그리듯이
구체적으로 표현하는 방식. ⬩ 묘사

⑥ 문체 ⬩ 작가가 치밀하게 계산하여 조직한
이야기의 배열 방식. ⬩ 구성

⑦ 구어체 ⬩ 글에서 쓰는 말투가 아닌,
일상적인 대화에서 주로 쓰는 말투. ⬩ 문어체

⑧ 순행적 구성 　　　사건이 발생한 시간 순서에 따라 구성하는 방식.　　　 역행적 구성

⑨ 병렬적 구성 　　　하나의 이야기 속에 또 하나의 이야기가
들어 있는 구성.　　　 액자식 구성

⑩ 우연성 　　　기이하여 세상에 전할 만한 성질.　　　 전기성

⑪ 영웅 소설 　　　영웅의 일생이라는 서사 구조를 갖고 있는
우리나라 고전 소설 유형의 하나.　　　 환몽 소설

⑫ 우화 소설 　　　판소리 사설의 영향을 받아 소설로 정착된 것.　　　 판소리계 소설

⑬ 서술자의 개입 　　　작품 밖의 서술자가 작품에 개입하여
자신의 판단, 느낌, 생각을 직접 서술하는 방식.　　　 장면의 극대화

⑭ 해학 　　　대상을 우스꽝스럽게 표현하여 독자가 대상에게
호감과 연민을 느끼게 하는 서술 방식.　　　 풍자

2단계
꼼꼼히 확인하기

소설 필수 개념어

1 **ㅈ ㅈ** 주인 主, 제목 題

작가가 작품을 통해 표현하고자 하는 주된 생각.

배경 등 배 背, 경치 경 景

사건이 전개되고 인물이 활동하는 시간적·공간적 환경.

2 **자연적 배경** 스스로 자 自, 그럴 연 然, 어조사 적 的

인물들의 행동이 발생하는 구체적인 시간과 공간.

사회·문화적 배경 모일 사 社, 모일 회 會, 글월 문 文, 될 화 化

인물을 둘러싼 사회 현실과 역사적 상황.

😊 사회·문화적 배경은 직접적으로 언급되는 경우가 드물기 때문에 소재를 보고 파악해야 해.

3 **개연성** 덮을 개 蓋, 그럴 연 然, 성질 성 性

일반적으로 그 일이 생길 수 있는 가능성.

😊 소설은 허구적인 이야기이지만, 그럴 듯하다고 수긍할 수 있는 이야기라는 점에서 개연성을 지녀.

ㅎ ㄱ ㅅ 헛될 허 虛, 얽을 구 構, 성질 성 性

사실과 다르거나 실제로 없었던 일을 사실처럼 꾸며 만드는 성질.

😊 허구성은 소설의 가장 본질적인 특성이야.

4 **ㅈ ㅈ 제시** 곧을 직 直, 이을 접 接, 들 제 提, 보일 시 示

서술자가 인물의 성격이나 심리를 직접적으로 설명하는 방법.

간접 제시 사이 간 間, 이을 접 接, 들 제 提, 보일 시 示

인물의 말과 행동을 통해 인물의 성격이나 심리를 간접적으로 드러내는 방법.

5 **서술** 쓸 서 敍, 지을 술 述

서술자가 독자에게 인물의 내면, 사건, 배경 등을 직접 설명하는 방식.

ㅁ ㅅ 그릴 묘 描, 베낄 사 寫

배경, 인물, 사건 등을 그림 그리듯이 구체적으로 표현하는 방식.

6 **ㅁ ㅊ** 글월 문 文, 몸 체 體

작가가 작품의 내용과 주제를 전달하기 위해 사용하는 문장의 개성적인 표현 방식.

구성 얽을 구 構, 이룰 성 成

작가가 치밀하게 계산하여 조직한 이야기의 배열 방식.

😊 소설의 구성 단계는 '발단 → 전개 → 위기 → 절정 → 결말'의 5단계 구성이 가장 일반적이야.

7 **ㄱ ㅇ ㅊ** 입 구 口, 말씀 어 語, 몸 체 體

글에서 쓰는 말투가 아닌, 일상적인 대화에서 주로 쓰는 말투.

문어체 글월 문 文, 말씀 어 語, 몸 체 體

일상적인 대화에서 쓰는 말투가 아닌, 글에서 주로 쓰는 말투.

8 **ㅅ ㅅ ㅅ**   성품 성 性, 착할 선 善, 말씀 설 說

사람의 본성은 선천적으로 착하나 나쁜 환경이나 물욕(物慾)으로 악하게 된다는 학설.

성악설   성품 성 性, 악할 악 惡, 말씀 설 說

인간의 본성은 이기적이고 악하므로 선(善) 행위는 후천적 습득에 의해서만 가능하다고 보는 학설.

😊 성선설은 중국의 맹자가, 성악설은 중국의 순자가 주장하였어.

9 **ㅊ ㄴ**   절 찰 刹, 어찌 나 那

① 어떤 일이나 사물 현상이 일어나는 바로 그때.
② 매우 짧은 시간.

영겁   길 영 永, 시간 겁 劫

영원한 세월.

10 **ㄴ ㅈ 하다**   안 내 內, 있을 재 在

어떤 사물이나 범위의 안에 들어 있다.

외재하다   바깥 외 外, 있을 재 在

어떤 사물이나 범위 안에 있지 않고 밖에 있다.

11 **ㅂ ㅈ 하다**   아닐 부 不, 있을 재 在

그곳에 있지 아니하다.

실재하다   실제 실 實, 있을 재 在

실제로 존재하다.

12 **ㄱ ㅅ 하다**   가벼울 경 輕, 볼 시 視

어떤 대상을 중요하게 보지 않고 하찮게 여기다.

중시하다   무거울 중 重, 볼 시 視

가볍게 여길 수 없을 만큼 매우 크고 중요하게 여기다.

13 **ㅎ ㅇ 하다**   누릴 향 享, 있을 유 有

좋은 것을 가져서 누리다.

사유하다   생각할 사 思, 생각할 유 惟

대상을 두루 깊이 생각하다.

14 **반증하다**   돌이킬 반 反, 증거 증 證

어떤 사실이나 주장이 옳지 아니함을 그에 반대되는 근거를 들어 증명하다.

ㅇ ㅅ 하다   힘 역 力, 말씀 설 說

자기의 뜻을 힘주어 말하다.

빈칸 답 ❶유추 ❷전제 ❸귀납 ❹형이상학 ❺상대적 ❻당위적 ❼경험론 ❽성선설 ❾찰나 ❿내재 ⓫부재 ⓬경시 ⓭향유 ⓮역설

철학

┌ 보기 ┐
귀납	논증	연역	영겁	유추	전제	찰나
당위적	상대적	성선설	성악설	이성론	절대적	경시하다
내재하다	반증하다	부재하다	실재하다	역설하다	향유하다	형이상학

01 그는 어떠한 [   ] 조건도 달지 않고 나를 도와주었다.

① 어떠한 사물이나 현상을 이루기 위하여 먼저 내세우는 것.
② 추리를 할 때, 결론의 기초가 되는 판단.

▶ 순자의 견해처럼 인간의 본성이 악하다고 ○○할 때 그것을 교정하고 순치할 수 있는 외적인 강제력, 다시 말해 국가 권력이나 전통적인 제도들이 부각될 수 있다.
– 2019. 6. 고1 학평

02 그가 제시한 새로운 학설은 연구자들 사이에서 많은 [   ]을/를 거치는 중이다.

옳고 그름을 들어 이유를 밝힘. 또는 그 이유.

일반적인 사실이나 원리를 전제로 하여 개별적인 사실이나 보다 특수한 다른 원리를 이끌어 내는 추리를 이름.

03 [   ] 추론은 전제가 되는 명제가 참일 경우 결론은 반드시 참일 수밖에 없는 논증이다.

04 네가 만난 서울 사람들이 친절했다는 이유로 모든 서울 사람이 친절할 것이라 생각하는 것은 성급한 [   ] 추론이다.

개별적인 특수한 사실이나 원리로부터 일반적이고 보편적인 명제 및 법칙을 유도해 내는 일.

05 데카르트는 과학과 이성이 인간의 미래를 담보하고 있다는 [   ]을/를 주장했다.

진정한 인식은 경험이 아닌 생득적인 이성에 의하여 얻어진다고 하는 태도.

꼭 봐야 아나?
난 이성으로
알 수 있지!

06 인간이라면 누구에게나 자유를 [   ] 권리가 있다.

누리어 가지다.

▶ 인간은 정신과 신체의 통일체로서 존재하기 때문에 감각을 통한 ○○도 무시할 수 없다.
– 2016. 11. 고1 학평

07 인생은 [   ]와/과 같이 짧으니 시간을 소중히 사용해야 한다.

① 어떤 일이나 사물 현상이 일어나는 바로 그때. ② 매우 짧은 시간.

▶ 감각적 향유 자체는 ○○적인 것이므로 감각적 향유의 과정에서 실현할 수 있는 에우다이모니아는 순간적인 것으로 규정된다.
– 2016. 11. 고1 학평

08 [   ] 않는 대상을 존재한다고 지각하는 것을 환각이라고 한다.

실제로 존재하다.

▶ 단원은 ○○하는 경치의 감흥을 사실적인 묘사로 표현하고자 하였다.
– 2017. 9. 고1 학평

09 그들은 교육에 필요한 지원은 하지 않으면서 '학생은 공부를 열심히 해야 한다'는

[　　　　　] 주장만 되풀이하고 있다.

마땅히 그렇게 하거나 되어야 하는. 또는 그런 것.

▶ 감정 이론은 …… 정서가 ○○○인 가치 기준에 부합하는지 여부를 판단하는 것이 불가능하다.
― 2018. 11. 고1 학평

10 그 사상가는 실천의 중요성을 [　　　　　].

자기의 뜻을 힘주어 말하다.

▶ …… 서로의 존재로 인하여 더욱 조화로운 삶과 사회를 만들 수 있는 대칭적인 관계가 되어야 함을 ○○하는 것이다.
― 2011. 9. 고1 학평

11 고대나 중세에는 '신'이나 '하늘' 같은 [　　　　　]적인 존재가 실재한다고 믿었다.

① 사물의 본질, 존재의 근본 원리를 사유나 직관에 의하여 탐구하는 학문.
② 초경험적인 것을 대상으로 하는 학문을, 형이하 또는 경험적 대상의 학문인 자연 과학에 상대하여 이르는 말.

▶ 이 과정에서 그들의 이론을 뒷받침할 ○○○○적 체계로서의 인성론이 대두되었다.
― 2019. 6. 고1 학평

12 과학 기술의 발전은 인간의 마음과 정서를 [　　　　　] 풍조를 낳았다.

어떤 대상을 중요하게 보지 않고 하찮게 여기다.

▶ 인지주의적 이론은 인지적 요소만을 지나치게 강조하기 때문에, 사람들의 보편적인 성향에서 드러나는 감정적 요소를 ○○하고 있다.
― 2018. 11. 고1 학평

13 사상가였던 맹자는 성선설을, 순자는 [　　　　　]을/를 주장했다.

인간의 본성은 이기적이고 악하므로 선(善) 행위는 후천적 습득에 의해서만 가능하다고 보는 학설.

▶ 순자나 법가의 ○○○은 군주가 국가 공권력을 정당화할 때 그 논거로서 사용되었다.
― 2019. 6. 고1 학평

14 그의 주장에 대한 의심이 들었지만 그것을 [　　　　　] 만한 근거가 없었다.

어떤 사실이나 주장이 옳지 아니함을 그에 반대되는 근거를 들어 증명하다.

15 성선설의 입장에서는 아무리 악한 사람이더라도 선한 부분이 [　　　　　] 있다고 믿는다.

어떤 사물이나 범위의 안에 들어 있다.

▶ 그는 본능에 ○○한 감성을 바탕으로 하는 예술적 충동을 중시하였고……
― 2019. 9. 고1 학평

16 '행복'의 기준은 [　　　　　]인 것이다.

서로 맞서거나 비교되는 관계에 있는. 또는 그런 것.

• 맞힌 개수 (　　　) / 16문항

12개 이상	다음 회차로 넘어가도 되겠어요!
8개 ~11개	[문맥으로 소화하기] 한 번만 더 읽고 갈까요?
7개 이하	전체를 복습하고 넘어가야겠어요.

① 자극 / 사람이나 동물의 기관 등에 작용하여 반응을 일으키게 함. 또는 그런 사물. / 각인

② 망각 / 사물이나 사상(事象)에 대한 정보를 마음속에 받아들이고 저장하고 인출하는 정신 기능. / 기억

③ 인식하다 / 사물을 분별하고 판단하여 알다. / 인출하다

④ 인지 / 한 번 경험하고 난 사물을 나중에 다시 재생하는 일. / 회상

⑤ 무의식적 / 자각이나 의식이 없는 상태에서 일어나는. 또는 그런 것. / 의식적

⑥ 표출하다 / 어떤 상황이나 자극에 대한 해석, 판단, 표현 따위에 심리 상태나 성격을 반영하다. / 투사하다

⑦ 선행하다 / ① 어떠한 것보다 앞서가거나 앞에 있다. ② 딴 일에 앞서 행하다. / 후행하다

⑧ 성쇠   쇠퇴하여 망함.   쇠망

⑨ 사료   역사 연구에 필요한 문헌이나 유물.
문서, 기록, 건축, 조각 따위를 이름.   사족

⑩ 약관   스무 살을 달리 이르는 말.   지천명

⑪ 귀감   여러 해 동안 쌓은 경험에 의하여
이루어진 숙련의 정도.   연륜

⑫ 편찬하다   여러 가지 자료를 모아 체계적으로
정리하여 책을 만들다.   집대성하다

⑬ 전파하다   전하여 널리 퍼뜨리다.   전가하다

⑭ 개체적   생활이나 행동 또는 목적 따위를 같이하는.
또는 그런 것.   공동체적

2단계
꼼꼼히 확인하기

/ 1단계 퀴즈의 정답은 아래에서 **초록색으로 표시**했습니다.
오답의 어휘와 뜻풀이까지 꼼꼼하게 확인해 보세요.

심리학, 역사

1 ㅈㄱ 찌를 자 刺, 창 극 戟

어떠한 작용을 주어 감각이나 마음에 반응이 일어나게 함. 또는 그런 작용을 하는 사물.

각인 새길 각 刻, 도장 인 印

동물이 태어난 지 얼마 안 되는 한정된 시기에 습득하여 영속성을 가지게 되는 행동을 이름.

2 ㅁㄱ 잊을 망 忘, 물리칠 각 却

어떤 사실을 잊어버림.

기억 기록할 기 記, 생각할 억 憶

사물이나 사상(事象)에 대한 정보를 마음속에 받아들이고 저장하고 인출하는 정신 기능.

3 **인식하다** 알 인 認, 알 식 識

사물을 분별하고 판단하여 알다.

유 **의식**(意識)**하다**: 생각이 미치어 어떤 일이나 현상 따위를 깨닫거나 느끼다.

ㅇㅊ**하다** 끌 인 引, 날 출 出

① 끌어서 빼내다. ② 예금 따위를 찾다.

4 ㅇㅈ 알 인 認, 알 지 知

자극을 받아들이고, 저장하고, 인출하는 일련의 정신 과정.

회상 돌 회 回, 생각할 상 想

한 번 경험하고 난 사물을 나중에 다시 재생하는 일.

5 ㅁㅇㅅㅈ 없을 무 無, 뜻 의 意, 알 식 識, 어조사 적 的

자각이나 의식이 없는 상태에서 일어나는. 또는 그런 것.

의식적 뜻 의 意, 알 식 識, 어조사 적 的

어떤 것을 인식하거나 자각하면서 일부러 하는. 또는 그런 것.

6 **표출하다** 겉 표 表, 날 출 出

겉으로 나타내다.

유 **표현**(表現)**하다**: 생각이나 느낌 따위를 언어나 몸짓 따위의 형상으로 드러내어 나타내다.

ㅌㅅ**하다** 던질 투 投, 쏠 사 射

어떤 상황이나 자극에 대한 해석, 판단, 표현 따위에 심리 상태나 성격을 반영하다.

7 ㅅㅎ**하다** 먼저 선 先, 갈 행 行

① 어떠한 것보다 앞서가거나 앞에 있다.
② 딴 일에 앞서 행하다.

후행하다 뒤 후 後, 갈 행 行

① 어떠한 것보다 뒤에 처져 가거나 뒤에 있다.
② 어떠한 것보다 뒤에 행하다.

8 **ㅅ ㅅ**   성할 성 盛, 쇠할 쇠 衰

성하고 쇠퇴함.

쇠망   쇠할 쇠 衰, 망할 망 亡

쇠퇴하여 망함.

9 **사료**   역사 사 史, 거리 료 料

역사 연구에 필요한 문헌이나 유물. 문서, 기록, 건축, 조각 따위를 이름.

ㅅ ㅈ   뱀 사 蛇, 발 족 足

쓸데없는 군짓을 하여 도리어 잘못되게 함을 이르는 말.

😊 '뱀의 발'이라는 뜻으로, 뱀을 다 그리고 나서 있지도 않은 발을 덧붙여 그려 넣는다는 의미야.

10 **약관**   젊을 약 弱, 갓 관 冠

스무 살을 달리 이르는 말.

😊 공자가, 어른이 된다는 의미의 '관례'를 스무 살에 치른다고 한 데에서 나온 말이야.

ㅈ ㅊ ㅁ   알 지 知, 하늘 천 天, 목숨 명 命

쉰 살을 달리 이르는 말.

😊 공자가 쉰 살에 하늘의 뜻을 알았다고 한 데서 나온 말이야.

11 **귀감**   거북 귀 龜, 거울 감 鑑

거울로 삼아 본받을 만한 모범.

ㅇ ㄹ   해 연 年, 바퀴 륜 輪

여러 해 동안 쌓은 경험에 의하여 이루어진 숙련의 정도.

12 **편찬하다**   엮을 편 編, 모을 찬 纂

여러 가지 자료를 모아 체계적으로 정리하여 책을 만들다.

🔵 편수(編修)하다: 책을 편집하고 수정하다.

ㅈ ㄷ ㅅ 하다   모을 집 集, 클 대 大, 이룰 성 成

여러 가지를 모아 하나의 체계를 이루어 완성하다.

13 **ㅈ ㅍ 하다**   전할 전 傳, 뿌릴 파 播

전하여 널리 퍼뜨리다.

전가하다   옮길 전 轉, 떠넘길 가 嫁

① 잘못이나 책임을 다른 사람에게 넘겨씌우다.
② 감정을 다른 대상에까지 미치게 하다.

14 **개체적**   낱 개 個, 몸 체 體, 어조사 적 的

개체와 관련되거나 개체에 딸린. 또는 그런 것.

ㄱ ㄷ ㅊ ㅈ   함께 공 共, 같을 동 同, 몸 체 體, 어조사 적 的

생활이나 행동 또는 목적 따위를 같이하는. 또는 그런 것.

빈칸 답 ❶자극 ❷망각 ❸인출 ❹인지 ❺무의식적 ❻투사 ❼선행 ❽성쇠 ❾사족 ❿지천명 ⓫연륜 ⓬집대성 ⓭전파 ⓮공동체적

10 문맥으로 소화하기

아래에서 빈칸에 알맞은 어휘를 <보기>에서 찾아 문맥에 맞게 쓰세요.

보기

각인	기억	망각	사료	사족	쇠망	약관
연륜	인지	자극	회상	지천명	공동체적	무의식적
선행하다	인출하다	투사하다	전파하다	편찬하다	표출하다	집대성하다

01 그들은 의료 시설이 없는 지역의 주민들에게 자신들의 의료 기술을 [   ].

전하여 널리 퍼뜨리다.

02 인간을 흔히 [   ]의 동물이라고 한다.

어떤 사실을 잊어버림.

▶ ○○은 기억과 반대되는 개념으로 일종의 기억 실패에 해당한다.
– 2016. 3. 고1 학평

03 인간은 뇌로부터 무수히 많은 단어를 [   ] 낼 수 있다.

① 끌어서 빼내다. ② 예금 따위를 찾다.

▶ 저장된 정보를 ○○해 내기 위해서는 적절한 ○○ 단서가 필요하다.
– 2016. 3. 고1 학평

04 우리는 스스로 용납할 수 없는 마음을 다른 사람에게 [   ] 그들을 비난할 때가 있다.

① 창이나 포탄 따위를 내던지거나 쏘다. ② 빛이나 소리의 파동이 물체에 닿다. ③ 자신의 성격, 감정, 행동 따위를 스스로 납득할 수 없거나 만족할 수 없는 욕구를 가지고 있을 경우에 그것을 다른 것의 탓으로 돌림으로써 자신은 그렇지 아니하다고 생각하다. ④ 어떤 상황이나 자극에 대한 해석, 판단, 표현 따위에 심리 상태나 성격을 반영하다.

▶ …… 그로 인해 얻은 생각을 다시 타인에게 ○○함으로써 타인의 마음을 이해할 수 있다.
– 2017. 11. 고1 학평

05 조선 시대의 역사를 [   ] 작업에 많은 학자들이 참여하였다.

여러 가지 자료를 모아 체계적으로 정리하여 책을 만들다.

▶ …… 조선은 왕이 바뀔 때마다 기존의 법전에 왕의 명령을 덧붙이는 방식으로 법전을 새로 ○○했다.
– 2015. 9. 고1 학평

06 오늘 있을 연기 수업에서는 자신의 감정을 자유롭게 [   ] 연습을 할 예정이다.

겉으로 나타내다.

07 삼 학년 선배들은 그동안 쌓인 [   ](으)로 발표를 매끄럽게 이끌어 갔다.

① 나무의 줄기나 가지 따위를 가로로 자른 면에 나타나는 둥근 테.
② 여러 해 동안 쌓은 경험에 의하여 이루어진 숙련의 정도.

[?][?]

08 발표할 때에는 불필요한 [   ]을/를 덧붙이지 말고 핵심 내용을 간추려 전하는 것이 좋다. _{뱀을 다 그리고 나서 있지도 아니한 발을 덧붙여 그려 넣는다는 뜻으로, 쓸데없는 군짓을 하여 도리어 잘못되게 함을 이르는 말.}

09 그는 우리나라의 실학을 [   ] 학자이다.
여러 가지를 모아 하나의 체계를 이루어 완성하다.

10 운전 중 듣는 음악이 외부 [   ]에 반응하는 속도에 영향을 준다는 연구 결과가 발표되었다.
① 어떠한 작용을 주어 감각이나 마음에 반응이 일어나게 함. 또는 그런 작용을 하는 사물.
② 생체에 작용하여 반응을 일으키게 하는 일. 또는 그런 작용의 요인.

11 신생아는 생후 100일 전후로 색깔을 [   ]할 수 있게 된다고 한다.
① 어떤 사실을 인정하여 앎.
② 자극을 받아들이고, 저장하고, 인출하는 일련의 정신 과정.

12 요즘은 한 사람의 직업이 그 사람의 인품에 [   ] 세상이다.
① 어떠한 것보다 앞서가거나 앞에 있다.
② 딴 일에 앞서 행하다.

> 어떤 사람이 '무엇'을 하고 있는지를 이해하는 과정이 '왜' 그렇게 하는지를 이해하기 위한 과정에 ○○하면서 ……
> – 2017. 11. 고1 학평

13 장기간의 소모적인 전쟁은 나라가 [   ]에 이르는 원인이 되었다.
쇠퇴하여 망함.

> 왕조의 ○○과 함께 의궤의 기록도 사라져 버린 것이다.
> – 2010. 9. 고1 학평

14 그녀는 [   ]의 나이에 국가 대표로 선발되었다.
① 스무 살을 달리 이르는 말. ② 젊은 나이.

자각이나 인식이 없는 의식 상태에서 일어나는. 또는 그런 것.

15 자신이 [   ](으)로 습득한 식사 습관을 파악하지 못한 채 다이어트를 하는 것은 바람직하지 않다.

> 한 사람이 타인의 행위를 관찰할 경우 거울 체계가 ○○○○이면서 자동적으로 작동한다.
> – 2017. 3. 고1 학평

16 우리나라에는 예로부터 '마을'이라는 [   ] 단위가 있었다.
생활이나 행동 또는 목적 따위를 같이하는. 또는 그런 것.

• 맞힌 개수 (   ) / 16문항

12개 이상	다음 회차로 넘어가도 되겠어요!
8개 ~11개	[문맥으로 소화하기] 한 번만 더 읽고 갈까요?
7개 이하	전체를 복습하고 넘어가야겠어요.

교재 72~83쪽에서 공부한 어휘를 문제로 확인해 보세요.

[01~03] 다음 밑줄 친 말과 바꿔 쓰기에 가장 적절한 것을 고르시오.

01 나는 순간의 감정에 휘둘려 실수를 하지 않으려고 노력했다.
① 찰나   ② 영겁   ③ 억겁   ④ 식경   ⑤ 여삼추

02 그는 마흔을 넘기고 어느덧 쉰을 바라보는 나이가 되었다.
① 약관   ② 이립   ③ 불혹   ④ 지천명   ⑤ 이순

03 그녀가 갑자기 일어나 문밖으로 뛰쳐나간 것은 어쩐지 꾸며서 하는 것처럼 보였다.
① 당위적으로   ② 위선적으로   ③ 작위적으로   ④ 자연적으로   ⑤ 궁극적으로

04 다음 ㉠~㉢에 들어갈 말을 순서대로 가장 적절하게 묶은 것은?

> • 경제 개발을 중요시하는 입장은 자연 보호를 다소 (㉠) 경향을 띤다.
> • 부모와 자식 사이에 대화가 (㉡) 갈등이 생겼을 때 극복하기가 어렵다.
> • 나는 시간이 흘러도 결코 변하지 않는 (㉢) 진리가 존재한다고 생각한다.

① 경시하는 실재하면 상대적   ② 경시하는 실재하면 절대적   ③ 경시하는 부재하면 절대적
④ 중시하는 부재하면 상대적   ⑤ 중시하는 부재하면 절대적

[05~08] 다음 뜻에 해당하는 단어를 찾아 바르게 연결하시오.

05 역사 연구에 필요한 문헌이나 유물.   •

06 여러 해 동안 쌓은 경험에 의하여 이루어진 숙련의 정도.   •

07 지각이나 의식이 없는 상태에서 일어나는. 또는 그런 것.   •

08 자극을 받아들이고, 저장하고, 인출하는 일련의 정신 과정.   •

• ㉠ 사료

• ㉡ 연륜

• ㉢ 인지

• ㉣ 무의식적

[09~11] 다음 문장의 괄호 안에 들어갈 알맞은 단어를 고르시오.

09 그는 잘못을 인정하기는커녕 동료에게 책임을 (　　　　　) 바빴다.

① 전파하기　　　② 전달하기　　　③ 전가하기　　　④ 전수하기　　　⑤ 전환하기

10 이미 충분히 논의된 일이기 때문에 불필요한 (　　　　　)은/는 덧붙이지 않겠습니다.

① 귀감　　　　　② 사족　　　　　③ 계륵　　　　　④ 첨경　　　　　⑤ 백미

11 최근의 기름 유출 사고로 사람들이 해양 오염의 심각성을 제대로 (　　　　　) 시작하였다.

① 인수하기　　　② 인출하기　　　③ 인용하기　　　④ 인고하기　　　⑤ 인식하기

12 괄호 안에 공통으로 들어갈 단어로 가장 적절한 것은?

> • 우리 군사가 적의 부대에 수류탄을 (　　　　　)하였다.
> • 나는 영상을 화면에 (　　　　　)해서 볼 수 있게 하는 기계로 영화를 봤다.
> • 민준이는 시험을 망친 이유를 선생님에게 (　　　　　)하고 투덜거렸다.

① 투고　　　　　② 표출　　　　　③ 영사　　　　　④ 투사　　　　　⑤ 반영

[13~16] 다음 뜻에 해당하는 단어를 말 상자에서 찾아 쓰시오.

자	극	인	식	하	다
귀	의	식	적	형	집
납	성	연	역	이	대
내	재	하	다	상	성
구	경	험	론	학	하
성	선	설	어	리	다

13 철학에서 모든 지식은 실제의 경험에서 생기는 것이라는 이론.
➡ (　　　　　　)

14 여러 가지 구체적 사실로부터 일반적인 결론이나 법칙을 이끌어 냄.
➡ (　　　　　　)

15 사물의 본질, 존재의 근본 원리를 사유나 직관에 의하여 탐구하는 학문.
➡ (　　　　　　)

16 사람의 본성은 선천적으로 착하나 나쁜 환경이나 물욕(物慾)으로 악하게 된다는 학설. ➡ (　　　　　　)

[1~3] 다음을 읽고, 물음에 답하시오.

2019년 9월 고1 학력평가

✎ 지문 이해

해제 (   )에 대한 고대 철학자들의 견해를 소개하고, 이와 관련한 니체의 견해를 설명하고 있다.

주제 서양 철학의 주류적 입장을 (   )하고 (   )을 통한 허무의 극복을 강조한 니체

서양 철학은 ㉠존재에 대한 물음에서 시작되었다. 고대 그리스 철학자 파르메니데스는 있는 것은 있고 없는 것은 없다고 말했다. 그는 어떤 존재가 있다가 없어지고 없다가 있게 되는 일은 불가능하다며 존재의 생성과 변화, 소멸을 부정했다. 그에게 존재는 영원하며 절대적이고 불변성을 가지는 것이었다. 이에 반해 헤라클레이토스는 존재의 생성과 변화를 긍정했다. 그는 존재하는 모든 것이 변화의 과정 중에 있으며 끊임없이 생성과 소멸을 반복하는 것이라고 생각했다. 존재에 대한 두 철학자의 견해는 플라톤의 이데아론에 영향을 주었다. 플라톤은 존재를 끊임없이 변하는 존재와 영원히 변하지 않는 존재로 나누었다. 그는 우리가 경험하는 현실 세계의 존재는 변한다고 생각했다. 그리고 현실 세계에 존재하는 모든 것의 **근원(根源)**을 이데아로 ⓐ상정하고 이데아를 영원하고 불변하는 존재, 그 자체로 완전한 진리로 여겼다. 반면에 현실 세계의 존재는 이데아를 모방한 것일 뿐 이데아와 달리 불완전하다고 보았다. 또한 감각을 통해 인식할 수 있는 현실 세계의 존재와 달리 이데아는 오직 이성에 의해서만 인식할 수 있다는 이성 중심의 사유를 전개했다. 플라톤의 이러한 철학적 견해는 이후 서양 철학의 주류가 되었다.

그러나 플라톤의 견해를 바탕으로 한 서양 철학의 주류적 입장은 근대에 이르러 니체에 의해 강한 비판을 받았다. 헤라클레이토스의 견해를 받아들인 니체는 영원히 변하지 않는 존재, 절대적이고 영원한 진리는 없다고 주장했다. 또한 우리가 살고 있는 현실 세계가 유일한 세계라면서 '신은 죽었다'라고 ⓑ선언하며 형이상학적 이원론이 말하는 진리, 신 중심의 초월적 세계, 합리적 이성 체계 모두를 부정했다. 니체는 형이상학적 이원론이 진리를 영원 불변한 것으로 고정하고, 현실 너머의 이상 세계와 초월적 대상을 생명의 근원으로 설정함으로써 인간이 현실의 삶을 부정하도록 만들었다고 보았다. 그래서 생명의 근원과 삶의 의미를 상실한 인간은 허무에 ⓒ직면하게 되었다는 것이다.

니체는 허무에서 벗어나기 위해서는 생명의 본질을 회복해야 한다고 했다. 그는 인간이 자신의 삶을 지탱할 수 있게 하는 것을 '힘에의 의지'로 보았다. 니체가 말하는 '힘에의 의지'는 주변인이나 사물을 자기 마음대로 지배하고 ⓓ억압하려는 의지가 아니라 자기 극복을 이끌어 내고 생명의 상승을 지향하는 의지로 이해할 수 있다. 니체는 이러한 '힘에의 의지'가 생성과 변화의 끊임없는 과정 중에서 창조적 생성 작용을 하는데, 그 최고의 형태가 예술이라고 했다. 그는 본능에 ⓔ내재한 감성을 바탕으로 하는 예술적 충동을 중시하였고, 예술가의 창작 활동을 인간의 삶의 가치 상승을 도와주는 '힘에의 의지'로 보았다. 그는 예술을 통해 생명력을 회복하고 허무를 극복할 수 있음을 강조한 것이다. 〈후략〉

– 연혜경, 《니체의 예술 철학과 표현주의》

📖 어휘력 넓히기

뿌리 근(根)

● **근원(根源)** | 사물이 비롯되는 근본이나 원인.

● **근간(根幹)** | 사물의 바탕이나 중심이 되는 중요한 것.

● **근절(根絶)** | 다시 살아날 수 없도록 아주 뿌리째 없애 버림.

☑ 간단 확인

학교 폭력 (   )을 위한 캠페인이 진행되고 있다.

세부 내용 이해하기

1

이 글의 내용과 일치하지 <u>않는</u> 것은?

① 니체는 형이상학적 이원론이 말하는 진리를 부정했다.

② 니체는 플라톤의 견해를 비판하며 헤라클레이토스의 견해를 받아들였다.

③ 니체는 허무를 극복하기 위해서는 생명의 본질을 회복해야 한다고 했다.

④ 니체는 현실 너머의 이상 세계와 초월적 대상이 생명의 근원이라고 보았다.

⑤ 니체는 예술 활동을 '힘에의 의지'로 보고, 예술을 통해 허무를 극복할 수 있음을 강조했다.

대상 간에 비교하기

2

㉠에 대한 이해로 가장 적절한 것은?

① 헤라클레이토스와 니체는 ㉠이 변화한다고 생각했다.

② 파르메니데스와 플라톤은 ㉠이 불완전하다고 여겼다.

③ 플라톤과 헤라클레이토스는 영원히 변하지 않는 ㉠이 있다고 보았다.

④ 파르메니데스는 헤라클레이토스와 달리 ㉠의 생성을 긍정했다.

⑤ 플라톤은 니체와 달리 ㉠의 근원을 감각을 통해 인식할 수 있다고 보았다.

어휘의 사전적 의미

3

ⓐ~ⓔ의 사전적 의미로 적절하지 <u>않은</u> 것은?

① ⓐ: 어떤 정황을 가정적으로 생각하여 단정함.

② ⓑ: 널리 펴서 말함.

③ ⓒ: 어떠한 일이나 사물을 직접 당하거나 접함.

④ ⓓ: 자기의 뜻대로 자유로이 행동하지 못하도록 억지로 억누름.

⑤ ⓔ: 실제로 존재함.

어법 클리닉❶

'-던'과 '-든'

-던	-든
과거의 어떤 상태나 미완(未完)의 뜻을 나타내는 어미로, 앞말이 관형어 구실을 하게 함. 예 더럽던 집이 깨끗해졌다. 　　하시던 일을 잠시 멈추세요.	나열된 대상 중 어느 것이든 선택될 수 있음을 나타내는 '든지'의 준말로, 조사나 어미로 쓰임. 예 밥이든 빵이든 다 좋다. 　　싫든 좋든 어쩔 수 없다.

다음 문장의 괄호 안에 들어갈 올바른 표현을 고르세요.

(1) 내가 (먹던 / 먹든) 과자가 어디 갔지?

(2) 네가 뭘 (하던지 / 하든지) 나는 상관없다.

(3) 얼마나 비가 많이 (오던지 / 오든지) 온몸이 쫄딱 젖었다.

[4~6] 다음을 읽고, 물음에 답하시오.

2017년 3월 고1 학력평가

사람들은 하루에도 수많은 일들을 판단하면서 살아간다. 판단을 할 때마다 필요한 모든 정보를 수집하여 이용하고자 하면, 정보를 수집하는 것도 힘들뿐더러 그 정보를 처리하는 것도 부담이 된다. 그렇기 때문에 사람들은 과거 경험을 바탕으로 어림짐작을 하게 되는데, 이를 휴리스틱이라고 한다. 이러한 휴리스틱에는 대표성 휴리스틱과 회상 용이성 휴리스틱, 그리고 시뮬레이션 휴리스틱 등이 있다.

대표성 휴리스틱은 어떤 대상이 특정 집단에 속할 가능성을 판단할 때, 그 대상이 특정 집단의 전형적인 이미지와 얼마나 닮았는지에 따라 판단하는 경향을 말한다. 우리는 키 198 ㎝인 사람이 키 165 ㎝인 사람보다 농구 선수일 가능성이 높을 것이라 판단한다. 이와 같이 대표성 휴리스틱은 흔히 첫인상을 <u>형성(形成)</u>할 때나 타인에 대해 판단을 할 때 작용한다. 그런데 대표성 휴리스틱에 따른 판단은 그 대상이 가지고 있는 특정 집단의 전형적인 속성에만 주목하여 이루어진 것이다. 따라서 이러한 판단은 신속한 결정을 내리는 데 도움이 되기도 하지만, 항상 정확하고 객관적인 것이라고 보기는 어렵다.

회상 용이성 휴리스틱은 당장 머릿속에 잘 떠오르는 정보에 의존하여 판단하는 경향을 말한다. 사람들에게 작년 겨울 독감에 걸린 환자들이 얼마나 많았는지 물어보면, 일단 자기 주변에서 발생한 사례들을 떠올려 추정하게 된다. 이러한 추정은 적절할 수도 있지만, 실제 발생 확률과는 다를 수도 있다. 사람들은 최근에 자신이 경험한 사례, 생동감 있는 사례, 충격적이거나 극적인 사례들을 더 쉽게 회상한다. 그래서 비행기 사고 장면을 담은 충격적인 뉴스 보도 영상을 접하게 되면, 그 장면이 자꾸 떠올라 자동차보다 비행기가 더 위험하다고 생각하게 되는 것이다. 그러나 이것은 실제 사고 발생 확률을 고려하지 못한 잘못된 판단이다.

시뮬레이션 휴리스틱은 과거에 발생한 특정 사건이나 미래에 일어날 일들을 마음속에 떠올려 그 장면을 상상해 보는 것이다. 범죄 용의자를 심문하는 경찰관이 그 용의자의 진술에 기초해서 범죄 장면을 머릿속에 그려보는 것이 이에 해당한다. 이때 경찰관은 그 용의자를 범인으로 가정해야만 그가 범죄를 저지르는 장면을 머릿속에 떠올려 볼 수 있다. 이러한 가상적 장면을 자꾸 머릿속에 떠올리다 보면, 그 용의자가 정말 범인인 것처럼 생각하게 된다. 그래서 그가 범인임을 입증하는 객관적인 증거를 충분히 수집하기도 전에 그를 범인이라고 판단할 가능성이 높아지는 것이다.

이처럼 휴리스틱은 종종 판단 착오를 낳기도 하지만, 경험에 기반하여 답을 찾는 효율적인 방법이라고 ⓐ볼 수도 있다. 일상생활에서 우리의 판단과 추론이 항상 합리적인 사고 과정을 거쳐 일어나는 것은 아니다. 우리는 '결정을 위한 시간이 많지 않다.'는 가정을 무의식적으로 하고 있다. 휴리스틱은 우리가 쓰고 싶지 않아도 거의 자동적으로 작용한다. 그리고 수많은 대안 중 순식간에 몇 가지 혹은 단 한 가지의 대안만을 남겨 판단하기 쉽게 만들어 준다. 이런 점에서 인간은 ⊙'인지적 구두쇠'라고 할 만하다.

– 한덕웅 외, 《사회심리학》

4 이 글의 내용과 일치하지 <u>않는</u> 것은?

① 일상생활 속에서 사람들은 과거 경험을 바탕으로 어림짐작을 하게 된다.

② 사람들은 충격적인 경험을 충격적이지 않은 경험보다 더 쉽게 회상한다.

③ 휴리스틱에 따른 판단은 사실에 부합하는 판단일 수도 있고 그렇지 않을 수도 있다.

④ 가상적인 상황을 반복하여 상상하면 마치 그 상황이 실제 사실인 것처럼 느껴질 수 있다.

⑤ 다른 사람의 입장이 되어 가상적인 상황을 생각함으로써 정확하고 객관적인 판단을 내릴 수 있다.

5 학평 응용

㉠의 의미를 가장 잘 나타내고 있는 것은?

① 인간은 앞으로 일어날 일을 예측하려는 욕구를 지니고 있다.

② 인간은 의식적으로 휴리스틱을 사용함으로써 결정을 위한 시간을 줄이려 한다.

③ 인간은 판단 착오를 줄이고 보다 정확한 판단을 내리기 위해 휴리스틱을 사용한다.

④ 인간은 체계적이고 합리적인 사고 과정을 통해 정확한 판단을 하려는 경향이 있다.

⑤ 인간은 세상의 수많은 일들을 판단할 때 가능하면 노력을 덜 들이려는 경향이 있다.

6 학평 응용

ⓐ와 가장 유사한 의미로 사용된 것은?

① 그는 자주 다른 사람의 흉을 <u>보았다</u>.

② 나는 그것이 가능하리라고 <u>보고</u> 있다.

③ 손해를 <u>보면서</u> 물건을 팔 사람은 없다.

④ 오랜 갈등 끝에 드디어 합의를 <u>보았다</u>.

⑤ 장맛을 <u>보면</u> 그 집의 음식 솜씨를 알 수 있다.

어법 클리닉❷

'되-'와 '돼'

되-	돼
용언 '되다'의 어간. '되-'가 자음 어미 '-고, -나, -면' 등과 결합할 때는 '되-'로 쓰임. 예 지금까지는 예정대로 　　[진행되고(○), 진행돼고(×)] 있습니다.	'되어'의 준말. '되다'가 '되어'로 활용할 경우 축약하여 '돼'로 쓸 수 있음. 예 이 일은 오늘 안으로 끝내야 　　[되어(○), 되(×), 돼(○)].

다음 문장의 괄호 안에 들어갈 올바른 표현을 고르세요.

(1) 이곳에 이사 온 지 1년이 (되 / 돼) 간다.

(2) 나는 대학생이 (되면 / 돼면) 자전거 여행을 갈 것이다.

1 | 민법 | 개인의 권리와 관련된 법규를 통틀어 이르는 말. | 형법

2 | 원고 | 민사 소송에서, 소송을 당한 측의 당사자. | 피고

3 | 규범화 | 법률로 정하여 놓음. | 법제화

4 | 개정 | 제도나 법률 등을 만들어서 정함. | 제정

5 | 시행 | 전례나 규칙, 명령 등을 그대로 좇아서 지킴. | 준수

6 | 권고 | 어떤 일을 하도록 권함. 또는 그런 말. | 명령

7 | 부당하다 | 이치에 맞지 않다. | 정당하다

너무 깊이 생각하지 말고,
빠르게 풀어 보자.

⑧ 정체성   감히 범할 수 없는 높고 엄숙한 성질.   존엄성

⑨ 박탈하다   남의 재물이나 권리, 자격 등을 빼앗다.   이탈하다

⑩ 면책   책임이나 책망을 면함.   파면

⑪ 불가결하다   없어서는 안 되다.   불가피하다

⑫ 진위   진실이 아닌 것을 진실인 것처럼 꾸민 것.   허위

⑬ 인용   시나 글, 노래 등을 지을 때에
남의 작품의 일부를 몰래 따다 씀.   표절

⑭ 저작권   창작물에 대하여 저작자나 그 권리 승계인이 행사하는
배타적·독점적 권리.   초상권

11

2단계
꼼꼼히 확인하기

1단계 퀴즈의 정답은 아래에서 **초록색으로 표시**했습니다.
오답의 어휘와 뜻풀이까지 꼼꼼하게 확인해 보세요.

법

①

민법 　백성 민 民, 법 법 法

개인의 권리와 관련된 법규를 통틀어 이르는 말.

ㅎ ㅂ 　형벌 형 刑, 법 법 法

범죄와 형벌에 관한 법률 체계.

②

○ ㄱ 　근원 원 原, 알릴 고 告

법원에 민사 소송을 제기한 사람.

피고 　입을 피 被, 알릴 고 告

민사 소송에서, 소송을 당한 측의 당사자.

😊 형사 소송에서, 검사에 의하여 형사 책임을 져야 할 자로 공소 제기를 받은 사람은 '피고인'이라고 해.

③

규범화 　법 규 規, 법 범 範, 될 화 化

규범으로 되거나 되게 함.

😊 '규범'은 '인간이 행동하거나 판단할 때에 마땅히 따르고 지켜야 할 가치 판단의 기준.'을 의미해.

ㅂ ㅈ ㅎ 　법 법 法, 법도 제 制, 될 화 化

법률로 정하여 놓음.

😊 '법률'은 '국가의 강제력을 수반하는 사회 규범.'을 말해. 국가 및 공공 기관이 제정한 법률, 명령, 규칙, 조례 등이 해당하지.

④

ㄱ ㅈ 　고칠 개 改, 바를 정 正

주로 문서의 내용 등을 고쳐 바르게 함.

제정 　만들 제 制, 정할 정 定

제도나 법률 등을 만들어서 정함.

🔵 입제(立制): 제도나 법률 등을 세움.

⑤

ㅅ ㅎ 　실시할 시 施, 행할 행 行

법률이나 명령 등을 일반 국민에게 알린 뒤에 그 효력을 실제로 발생시키는 일.

😊 이때의 법률은 '국회의 의결을 거쳐 대통령이 서명하고 공포함으로써 성립하는 국법(國法).'을 의미해.

준수 　좇을 준 遵, 지킬 수 守

전례나 규칙, 명령 등을 그대로 좇아서 지킴.

⑥

ㄱ ㄱ 　권할 권 勸, 알릴 고 告

어떤 일을 하도록 권함. 또는 그런 말.

명령 　명령 명 命, 법령 령 令

국회의 의결을 거치지 않고 행정 기관에 의하여 제정되는 국가의 법령. 법률에 상대되는 개념으로, 법률보다 하위의 법임.

😊 대통령령, 총리령 등이 해당해. '공법적 의무를 부과하여 국민의 사실상의 자유를 제한하는 처분.'이라는 의미도 있는데 '시정 명령을 내리다.'와 같이 쓰여.

⑦

부당하다 　아닐 부 不, 마땅할 당 當

이치에 맞지 않다.

ㅈ ㄷ 하다 　바를 정 正, 마땅할 당 當

이치에 맞아 올바르고 마땅하다.

8 정체성 　바를 정 正, 근본 체 體, 성질 성 性

변하지 않는 존재의 본질을 깨닫는 성질. 또는 그 성질을 가진 독립적 존재. ≒아이덴티티.

ㅈ ㅇ ㅅ 　높을 존 尊, 엄할 엄 嚴, 성질 성 性

감히 범할 수 없는 높고 엄숙한 성질.

9 ㅂ ㅌ 하다 　벗길 박 剝, 빼앗을 탈 奪

남의 재물이나 권리, 자격 등을 빼앗다.

이탈하다 　떠날 이 離, 벗을 탈 脫

어떤 범위나 대열 등에서 떨어져 나오거나 떨어져 나가다.

10 ㅁ ㅊ 　면할 면 免, 책임 책 責

책임이나 책망을 면함.

파면 　파할 파 罷, 면할 면 免

징계 절차를 거쳐 임면권자의 일방적 의사에 의하여 공무원 관계를 소멸시키거나 관직을 박탈하는 행정 처분.

😊 위의 의미는 법률적인 것이고, 일반적으로는 '잘못을 저지른 사람에게 직무나 직업을 그만두게 함.'의 의미로 쓰여.

11 ㅂ ㄱ ㄱ 하다 　아닐 불 不, 옳을 가 可, 없을 결 缺

없어서는 안 되다.

불가피하다 　아닐 불 不, 옳을 가 可, 피할 피 避

피할 수 없다.

12 ㅈ ㅇ 　참 진 眞, 거짓 위 僞

참과 거짓 또는 진짜와 가짜를 통틀어 이르는 말.

허위 　빌 허 虛, 거짓 위 僞

진실이 아닌 것을 진실인 것처럼 꾸민 것.

🔁 거짓: 사실과 어긋난 것. 또는 사실이 아닌 것을 사실처럼 꾸민 것.

13 ㅇ ㅇ 　끌 인 引, 쓸 용 用

남의 말이나 글을 자신의 말이나 글 속에 끌어 씀.

표절 　훔칠 표 剽, 훔칠 절 竊

시나 글, 노래 등을 지을 때에 남의 작품의 일부를 몰래 따다 씀.

14 ㅈ ㅈ ㄱ 　나타날 저 著, 지을 작 作, 권리 권 權

창작물에 대하여 저작자나 그 권리 승계인이 행사하는 배타적·독점적 권리.

초상권 　닮을 초 肖, 모양 상 像, 권리 권 權

자기의 초상에 대한 독점권.

빈칸 답 ❶형법 ❷원고 ❸법제화 ❹개정 ❺시행 ❻권고 ❼정당 ❽존엄성 ❾박탈 ❿면책 ⓫불가결 ⓬진위 ⓭인용 ⓮저작권

법

보기

개정	권고	면책	민법	시행	인용	제정
준수	진위	표절	피고	허위	형법	법제화
저작권	존엄성	박탈하다	부당하다	정당하다	불가결하다

01 차별 금지의 [   ]을/를 요구하는 목소리가 커지고 있다.

법률로 정하여 놓음.

▶ 잊힐 권리를 ○○○해 사생활 침해를 막고 개인 정보 자기 결정권을 보장해야 한다.
　　　　　　　　　　　　　－ 국어 3-1

02 선거 관리 위원회는 불법 선거 활동을 한 후보자의 자격을 [   ].

남의 재물이나 권리, 자격 따위를 빼앗다.

03 그는 동료가 [   ] 사실을 유포하여 자신의 명예를 훼손하였다며 고소장을 제출하였다.

진실이 아닌 것을 진실인 것처럼 꾸민 것.

▶ 고의로 ○○ 내용을 퍼트리지 말아야 하고, 남을 욕하거나 비방하지 말아야 하며 ……
　　　　　　　　　　　　　－ 국어 3-2

04 피고인에게 무죄를 선고한 판결이 [   ] 여론이 거세다.

이치에 맞지 아니하다.

개인의 권리와 관련된 법규를 통틀어 이르는 말.

05 우리나라 [   ]에서 만 19세 미만의 사람은 미성년자로, 법정 대리인의 동의 없이 법률 행위를 할 수 없다.

▶ ○○은 국가 기관이 아닌, 사람들 간의 권리관계를 다루는 법률로서 재산 관계와 가족 관계로 구성되어 있다.
　　　　　　　　　　　　　－ 2018. 6. 고1 학평

06 모든 국민은 인간으로서의 [   ]을/를 가지며, 헌법에 의해 이를 보장받는다.

감히 범할 수 없는 높고 엄숙한 성질.

07 그 곡은 발표되자마자 외국 곡과 비슷하다는 [   ] 시비에 휘말렸다.

시나 글, 노래 따위를 지을 때에 남의 작품의 일부를 몰래 따다 씀.

▶ ○○은 남의 재산을 훔치는 것과 같은 범죄 행위이기 때문에 저작권법에 따라 처벌을 받는다.
　　　　　　　　　　　　　－ 국어 3-2

08 누리꾼들은 현행법의 처벌 기준이 모호하다며 법의 [   ]을/를 요구하고 있다.

주로 문서의 내용 따위를 고쳐 바르게 함.

09 손해 배상 청구 소송에서 [＿＿＿＿＿] 은/는 원고에게 배상금을 지불하라는 판결을 받았다.
민사 소송에서, 소송을 당한 측의 당사자.

10 회사는 고용 노동부의 [＿＿＿＿＿] 을/를 받아들여 조직 문화 개선을 위한 조치를 취하기로 하였다.
어떤 일을 하도록 권함. 또는 그런 말.

11 이번 현장 점검은 안전 수칙 [＿＿＿＿＿] 여부를 중심으로 진행될 것이다.
전례나 규칙, 명령 따위를 그대로 좇아서 지킴.

▶ 해당 기업은 계약 ○○의 법적 의무를 지게 되며, 이로 인해 소비자와 경쟁 사는 해당 기업이 계약 내용을 ○○할 것임을 신뢰하게 되는 것이다.
– 2016. 9. 고1 학평

12 피의자 진술의 [＿＿＿＿＿] 여부를 가릴 증거가 없다.
참과 거짓 또는 진짜와 가짜를 통틀어 이르는 말.

13 그의 행위는 [＿＿＿＿＿] 상 모욕죄에 해당하여 1년 이하의 징역에 처할 수 있다.
범죄와 형벌에 관한 법률 체계.

▶ ○○은 범죄와 형벌을 규정하는 법률로서 '죄형법정주의'라는 기본 원칙이 있다.
– 2018. 6. 고1 학평

14 다양한 매체가 발달하면서 [＿＿＿＿＿] 침해 신고 사례가 해마다 늘고 있다.
문학, 예술, 학술에 속하는 창작물에 대하여 저작자나 그 권리 승계인이 행사하는 배타적·독점적 권리.

15 성숙한 시민 사회를 만들기 위해서는 준법정신이 [＿＿＿＿＿].
없어서는 아니 되다.

▶ 표현의 자유는 자신의 생각이나 의견, 주장 따위를 자유롭게 표현할 수 있는 권리로, 민주주의에서 필수 ○○○의 기본권이라고 할 수 있다.
– 국어 3-1

16 국회 의원은 직무상 행한 발언에 대해 국회 밖에서 책임을 지지 않는 [＿＿＿＿＿] 특권을 가진다.
① 책임이나 책망을 면함. ② 파산법에서, 파산자에 대하여 파산 재판에서 변제하지 못한 잔여 채무의 책임을 면제하는 일.

• 맞힌 개수 (　　) / 16문항

12개 이상	다음 회차로 넘어가도 되겠어요!
8개 ~11개	[문맥으로 소화하기] 한 번만 더 읽고 갈까요?
7개 이하	전체를 복습하고 넘어가야겠어요.

⏱ 제한 시간: 3분

아래에서 가운데에 풀이된 뜻에 해당하는 어휘를 골라 ○표 하세요.

경제

① 수요 — 어떤 재화나 용역을 일정한 가격으로 사려고 하는 욕구. — 공급

② 재화 — 생산된 물건을 운반·배급하거나 생산·소비에 필요한 노동을 제공함. — 서비스

③ 기하급수적 — 증가하는 수나 양이 아주 많은. 또는 그런 것. — 산술급수적

④ 미미하다 — 뚜렷이 드러나 있다. — 현저하다

⑤ 지수 — 방향이나 목적, 기준 등을 나타내는 표지. — 지표

⑥ 실태 — 있는 그대로의 상태. — 행태

⑦ 박리다매 — 물건값이 오를 것을 예상하고 폭리를 얻기 위하여 물건을 몰아서 사들임. — 사재기

⑧ 공산주의 　　자본을 생산 수단으로 가진 사람이 이익을 얻기 위해
생산 활동을 하도록 보장하는 사회 경제 체제.　　 자본주의

⑨ 격차 　　빈부, 임금, 기술 수준 등이 서로 벌어져 다른 정도.　　 계층

⑩ 임대 　　돈을 내고 남의 물건을 빌려 씀.　　 임차

⑪ 공유물 　　혼자 독차지하여 가지는 물건.　　 전유물

⑫ 경비 　　사람을 부리는 데에 드는 비용.　　 인건비

⑬ 삭감 　　아끼어 줄임.　　 절감

⑭ 위축되다 　　어떤 힘에 눌려 졸아들고 기를 펴지 못하게 되다.　　 활성화되다

12 2단계
꼼꼼히 확인하기

1단계 퀴즈의 정답은 아래에서 **초록색으로 표시**했습니다.
오답의 어휘와 뜻풀이까지 꼼꼼하게 확인해 보세요.

경제

① **수요** 구할 수 需, 구할 요 要

어떤 재화나 용역을 일정한 가격으로 사려고 하는 욕구.

ㄱㄱ 줄 공 供, 줄 급 給

교환하거나 판매하기 위하여 시장에 재화나 용역을 제공하는 일. 또는 그 제공된 상품의 양.

② **ㅈㅎ** 재물 재 財, 재화 화 貨

사람이 바라는 바를 충족시켜 주는 모든 물건.

서비스 service

생산된 물건을 운반·배급하거나 생산·소비에 필요한 노동을 제공함.

☺ 생산과 소비에 필요한 노동을 제공하는 일을 우리말로는 '용역'이라고 해.

③ **ㄱㅎㄱㅅㅈ** 몇 기 幾, 얼마 하 何, 등급 급 級, 셈 수 數, 어조사 적 的

증가하는 수나 양이 아주 많은. 또는 그런 것.

산술급수적 셈 산 算, 방법 술 術, 등급 급 級, 셈 수 數, 어조사 적 的

서로 이웃하는 항의 차가 일정한 급수의.

④ **미미하다** 작을 미 微, 작을 미 微

보잘것없이 아주 작다.

ㅎㅈ하다 나타날 현 顯, 나타날 저 著

뚜렷이 드러나 있다.

⑤ **ㅈㅅ** 가리킬 지 指, 셀 수 數

어느 해의 수량을 기준으로 잡아 100으로 하고, 그것에 대한 다른 해의 수량을 비율로 나타낸 수치.

☺ '지수'는 물가나 임금과 같이, 해마다 변화하는 사항을 알기 쉽게 보여 주기 위한 거야.

지표 가리킬 지 指, 표 표 標

방향이나 목적, 기준 등을 나타내는 표지.

⑥ **ㅅㅌ** 내용 실 實, 모양 태 態

있는 그대로의 상태. 또는 실제의 모양.

행태 다닐 행 行, 모양 태 態

행동하는 양상. 주로 부정적인 의미로 씀.

⑦ **박리다매** 적을 박 薄, 이로울 리 利, 많을 다 多, 팔 매 賣

이익을 적게 보고 많이 파는 것.

ㅅㅈㄱ

물건값이 오를 것을 예상하고 폭리를 얻기 위하여 물건을 몰아서 사들임.

☺ 사재기는 '매점(買占)'을 일상적으로 이르는 말이고, 이렇게 사들여서 팔지 않고 쌓아 두는 것을 '매점매석(買占賣惜)'이라고 해.

8 공산주의 　　함께 공 共, 생산할 산 産, 주인 주 主, 옳을 의 義

모든 재산과 생산 수단을 사회가 공동으로 소유하여 계급의 차이를 없애는 것을 내세우는 사상.

😊 사회주의와 헷갈리는 경우가 많은데, 사회주의는 공산주의, 무정부주의, 사회 민주주의 등을 포함하는 넓은 개념이야.

ㅈ ㅂ ㅈ ㅇ 　　재물 자 資, 근본 본 本, 주인 주 主, 옳을 의 義

자본을 생산 수단으로 가진 사람이 이익을 얻기 위해 생산 활동을 하도록 보장하는 사회 경제 체제.

9 격차 　　사이 뜰 격 隔, 다를 차 差

빈부, 임금, 기술 수준 등이 서로 벌어져 다른 정도.

ㄱ ㅊ 　　층계 계 階, 층 층 層

사회적 지위가 비슷한 사람들의 층. 늑층.

10 ㅇ ㄷ 　　빌릴 임 賃, 빌릴 대 貸

돈을 받고 자기의 물건을 남에게 빌려줌.

↔ 임차 　　빌릴 임 賃, 빌릴 차 借

돈을 내고 남의 물건을 빌려 씀.

11 공유물 　　함께 공 共, 있을 유 有, 물건 물 物

두 사람 이상이 공동으로 소유하는 물건.

↔ ㅈ ㅇ ㅁ 　　오로지 전 專, 있을 유 有, 물건 물 物

혼자 독차지하여 가지는 물건.

12 ㄱ ㅂ 　　다스릴 경 經, 쓸 비 費

어떤 일을 하는 데 드는 비용.

인건비 　　사람 인 人, 사건 건 件, 쓸 비 費

사람을 부리는 데에 드는 비용.

참 물건비(物件費): 물건을 만들거나 사들이거나 유지하는 데에 쓰는 비용.

13 ㅅ ㄱ 　　깎을 삭 削, 덜 감 減

깎아서 줄임.

참 경감(輕減): 부담이나 고통 등을 덜어서 가볍게 함.

절감 　　절약할 절 節, 덜 감 減

아끼어 줄임.

참 탕감(蕩減): 빚이나 요금, 세금 등의 물어야 할 것을 덜어 줌.

14 ㅇ ㅊ 되다 　　시들 위 萎, 오그라들 축 縮

어떤 힘에 눌려 졸아들고 기를 펴지 못하게 되다.

활성화되다 　　살 활 活, 성질 성 性, 될 화 化

사회나 조직 등의 기능이 활발해지다.

빈칸 답 ❶공급 ❷재화 ❸기하급수적 ❹현저 ❺지수 ❻실태 ❼사재기 ❽자본주의 ❾계층 ❿임대 ⓫전유물 ⓬경비 ⓭삭감 ⓮위축

경제

보기

격차	계층	공급	삭감	수요	실태	임대
재화	절감	지수	지표	사재기	서비스	인건비
전유물	공산주의	위축되다	자본주의	현저하다	기하급수적	

01 소득 ☐☐☐☐☐ 이/가 작년보다 더 벌어져 사회의 불평등이 심화되고 있다.

빈부, 임금, 기술 수준 따위가 서로 벌어져 다른 정도.

02 인구가 ☐☐☐☐☐ (으)로 늘어나자 정부는 산아 제한 정책을 발표하였다.

증가하는 수나 양이 아주 많은. 또는 그런 것.

03 그는 집을 살 만한 여유가 없었기 때문에 ☐☐☐☐☐ 아파트를 구했다.

돈을 받고 자기의 물건을 남에게 빌려줌.

04 그 상품은 청소년들 사이에서 ☐☐☐☐☐ 이/가 급증하고 있다.

어떤 재화나 용역을 일정한 가격으로 사려고 하는 욕구.

▶ 소비자의 ○○가 갑자기 늘면 소매점은 앞으로 ○○ 증가를 기대하는 심리로 기존 주문량보다 더 많은 양을 도매점에 주문하게 된다.
– 2020. 3. 고1 학평

05 이 자료를 보면 소비자 물가 ☐☐☐☐☐ 이/가 작년에 비해 상승한 것을 알 수 있다.

물가나 임금 따위와 같이, 해마다 변화하는 사항을 알기 쉽도록 보이기 위해 어느 해의 수량을
기준으로 잡아 100으로 하고, 그것에 대한 다른 해의 수량을 비율로 나타낸 수치.

06 노동자의 근로 환경 ☐☐☐☐☐ 을/를 파악하기 위해 사업장을 시찰하였다.

있는 그대로의 상태. 또는 실제의 모양.

▶ 스마트폰 사용 ○○와 스마트폰 사용에 관한 인식 조사
– 국어 3-2

07 세계적인 금융 위기로 국내 기업의 경제 활동도 덩달아 ☐☐☐☐☐ .

① 마르거나 시들어서 우그러지고 쭈그러들게 되다.
② 어떤 힘에 눌려 좁아들고 기를 펴지 못하게 되다.

08 고도의 경제 성장으로 국민 총생산에 있어서의 농수산업 비중이 ☐☐☐☐☐ 감소했다.

뚜렷이 드러나 있다.

09 경제가 발전하면 물자의 생산 대신에 [   ]을/를 제공하는 산업이 발달한다.

① 생산된 재화를 운반·배급하거나 생산·소비에 필요한 노무를 제공함.
② 개인적으로 남을 위하여 돕거나 시중을 듦.
③ 장사에서, 값을 깎아 주거나 덤을 붙여 줌.

10 자동차나 텔레비전이 부유층의 [   ](이)라 여겨지던 때가 있었다.

혼자 독차지하여 가지는 물건.

11 [   ] 국가에서 흔히 나타나는 사회 문제 중 하나는 극심한 부의 불균형이다.

생산 수단을 자본으로서 소유한 자본가가 이윤 획득을 위하여 생산 활동을 하도록 보장하는 사회 경제 체제.

12 농산물은 자연적 제약 때문에 [   ]을/를 예측하기 힘들다.

교환하거나 판매하기 위하여 시장에 재화나 용역을 제공하는 일. 또는 그 제공된 상품의 양.

▶ 관세가 국내 경기에 미치는 영향을 살펴보기 위해서는 시장에서의 수요와 ○○의 원리를 알아야 한다.
– 2020. 3. 고1 학평

13 공장 노동자들의 [   ] 상승으로 제품의 가격도 높아졌다.

사람을 부리는 데에 드는 비용.

14 전쟁이 날 것이라는 소문에 사람들은 생필품을 [   ]하기 시작했다.

물건값이 오를 것을 예상하고 폭리를 얻기 위하여 물건을 몰아서 사들임.

▶ 프랑스 정부는 이 문제를 해결하려고 먼저 양초의 유통을 투명하게 해서 혹시나 있을지 모를 중간 상인들의 ○○○를 철저히 단속했습니다.
– 국어 3-1

15 경기 침체에 따라 임금 [   ]이/가 불가피하나, 직원들의 강한 반발이 예상된다.

깎아서 줄임.

16 최근 모든 경제 [   ]들이 하향세를 보이고 있다.

방향이나 목적, 기준 따위를 나타내는 표지.

• 맞힌 개수 (   ) / 16문항

12개 이상	다음 회차로 넘어가도 되겠어요!
8개 ~11개	[문맥으로 소화하기] 한 번만 더 읽고 갈까요?
7개 이하	전체를 복습하고 넘어가야겠어요.

[01~03] 다음 문장의 괄호 안에 들어갈 알맞은 단어를 고르시오.

01 우리나라는 (민법 / 형법)에 남녀의 혼인이 가능한 나이를 만 18세 이상으로 정하고 있다.

02 판사는 (원고 / 피고)에게도 일부 잘못이 있다고 보고, 청구액의 70%만 지급하도록 하였다.

03 그 사건에 국민의 이목이 집중되자 국회는 새로운 법안을 마련하여 특별법 (개정 / 제정)을 추진하고 있다.

[04~06] 다음 문장의 괄호 안에 들어갈 알맞은 단어와 그 단어의 뜻을 〈보기 1〉과 〈보기 2〉에서 찾아 그 기호를 쓰시오.

> ● 보기 1 ●
>
> ㉠ 권고   ㉡ 명령   ㉢ 시행   ㉣ 인용   ㉤ 표절

> ● 보기 2 ●
>
> ⓐ 어떤 일을 하도록 권함. 또는 그런 말.
> ⓑ 남의 말이나 글을 자신의 말이나 글 속에 끌어 씀.
> ⓒ 법령을 공포한 뒤에 그 효력을 실제로 발생시키는 일.
> ⓓ 시나 글, 노래 따위를 지을 때에 남의 작품의 일부를 몰래 따다 씀.
> ⓔ 공법에서, 국회의 의결을 거치지 않고 행정 기관에 의하여 제정되는 국가의 법령.

04 기자는 판결문 내용을 (   )하며 해당 판결이 왜 부당한지 조목조목 따졌다. ➡ (   )

05 이번에 개정된 법률은 기준이 애매모호하여 (   )도 되기 전에 논란에 휩싸였다. ➡ (   )

06 보건 당국은 질병의 대대적인 유행을 막기 위한 몇 가지 (   ) 사항을 발표하였다. ➡ (   )

07 제시된 뜻풀이를 참고하여 다음 십자말풀이를 완성하시오.

가로 열쇠	세로 열쇠
1. 없어서는 아니 되다.	1. 피할 수 없다.
2. 자기의 초상에 대한 독점권.	3. 문학, 예술, 학술에 속하는 창작물에 대
4. 이치에 맞아 올바르고 마땅하다.	하여 저작자나 그 권리 승계인이 행사하
6. 남의 재물이나 권리, 자격 따위를 빼앗	는 배타적·독점적 권리.
다.	5. 이치에 맞지 아니하다.
7. 참과 거짓 또는 진짜와 가짜를 통틀어	8. 진실이 아닌 것을 진실인 것처럼 꾸민
이르는 말.	것.

[08~10] 다음 밑줄 친 말과 바꿔 쓰기에 가장 적절한 것을 고르시오.

08 신소재 개발에 성공한 덕분에 생산비를 <u>아낄</u> 수 있게 되었다.
① 경감할   ② 삭감할   ③ 저감할   ④ 절감할   ⑤ 탕감할

09 경기 침체가 계속되면서 소비 심리가 <u>졸아들어</u> 백화점의 매출이 급격히 줄었다.
① 감축되어   ② 단축되어   ③ 수축되어   ④ 위축되어   ⑤ 응축되어

10 그 다큐멘터리는 빈곤으로 고통받는 제삼 세계의 <u>있는 그대로의 모습을</u> 보여 준다.
① 동태를   ② 사태를   ③ 실태를   ④ 양태를   ⑤ 행태를

11 다음 ㉠~㉢에 들어갈 말을 순서대로 가장 적절하게 묶은 것은?

- 빈익빈 부익부가 심화되며 상대적 빈곤감을 느끼는 (㉠)이/가 늘어났다.
- 그는 사업을 시작하려 하였으나 가진 돈이 많지 않았기 때문에 사무실을 (㉡)하였다.
- 양파와 마늘 등 몇몇 작물은 (㉢) 과잉으로 가격이 폭락해 물량 일부를 산지에서 폐기하기로 하였다.

① 격차 임대 공급   ② 격차 임차 수요   ③ 계층 임대 공급
④ 계층 임차 공급   ⑤ 계층 임차 수요

[12~14] 주어진 뜻을 참고하여, 다음 예문의 괄호 안에 들어갈 단어를 〈보기〉의 글자들을 조합하여 만드시오.

〈보기〉
공 재 적 하 수 사 기 화 요 급

12 증가하는 수나 양이 아주 많은. 또는 그런 것.
📝 맬서스는, 인구는 (　　　　)(으)로 증가하는데 식량은 산술급수적으로 증가하기 때문에 기아와 빈곤이 발생한다고 주장하였다.

13 사람이 바라는 바를 충족시켜 주는 모든 물건.
📝 인간의 욕망은 무한한데 이를 충족시킬 (　　　　)(이)나 용역은 유한하기 때문에 경제 문제가 발생한다.

14 물건값이 오를 것을 예상하고 폭리를 얻기 위하여 물건을 몰아서 사들임.
📝 (　　　　)은/는 물품의 품귀 현상과 가격 인상을 초래하기 때문에 해당 행위의 적발 시 처벌받을 수 있다.

[1~3] 다음을 읽고, 물음에 답하시오.

2019년 6월 고1 학력평가 [변형]

✏️ **지문 이해**

해제 (　　) 에 관하여 도
입 배경을 비롯해 적용 범위,
면책 사유 등 주요 내용을 설
명하고 있다.

주제 (　　) 의 주요 내용

　　현대 산업 사회에서는 주로 대량 생산이 이루어지기 때문에 그 과정에서 결함 상품이 발생하고, 이에 따라 소비자의 피해도 발생한다. 이런 경우 피해를 입은 소비자가 **구제(救濟)** 를 받기 위해서는 제조물의 제조 과정에서 제조자의 과실이 있었고 그 과실에 따른 결함으로 피해가 발생하였음을 입증하여야 하는데 그것은 상당히 어렵다. 이에 소비자가 쉽게 피해 구제를 받을 수 있도록 하기 위해 제조물 책임법을 제정하여 시행하고 있다.

　　제조물 책임법은 제조업자에게 고의나 과실이 없더라도 제조물의 결함으로 인해 생명·신체·재산상의 손해를 입은 사람에 대하여 제조업자가 손해 배상 책임을 지도록 하는 법률이다. 이 법이 적용되는 ⓐ제조물과 ⓑ제조업자의 범위를 살펴보면, 제조물은 공산품, 가공 식품 등의 제조 또는 가공된 물품을 의미하는 것으로, 일상생활에서 사용하고 있는 거의 모든 물품이 포함된다. 또한 중고품, 폐기물, 부품, 원재료도 적용 대상이 된다. 그러나 미가공 농수축산물 등은 원칙적으로 제조물의 범위에서 제외된다. 그리고 손해 배상의 책임 주체인 제조업자에는 부품 또는 완성품의 제조업자, 제조물 수입을 업(業)으로 하는 자, 자신을 제조자 혹은 수입업자로 표시한 자가 포함된다. 제조업자를 알 수 없는 경우에는 제조물의 공급업자도 해당된다.

　　제조물 책임은 제조물에 결함이 존재하는가 여부에 의해 결정되는데, 결함의 유형에는 제조상의 결함, 설계상의 결함, 표시상의 결함이 있다. 제조상의 결함은 제조업자가 제조 또는 가공상의 주의 의무를 이행하였음에도 불구하고 제조물이 원래 의도한 설계와 다르게 제조 또는 가공됨으로써 안전하지 못하게 된 경우이며, 설계상의 결함은 제조업자가 소비자를 고려하여 합리적으로 설계했다면 피해나 위험을 줄이거나 피할 수 있었음에도 그렇게 하지 않아 제조물이 안전하지 못하게 된 경우를 말한다. 표시상의 결함은 제조업자가 합리적인 설명·지시·경고 또는 그밖의 표시를 하였더라면 해당 제조물에 의하여 발생할 수 있는 피해나 위험을 줄이거나 피할 수 있었음에도 이를 표시하지 않은 경우를 말한다.

　　제조물의 결함으로 손해가 발생한 경우에 제조업자는 다음 중 어느 하나를 입증하면 손해 배상 책임을 면할 수 있다. 첫째, 제조업자가 해당 제조물을 공급하지 아니한 사실, 둘째, 제조업자가 해당 제조물을 공급한 때의 과학·기술 수준으로는 결함의 존재를 발견할 수 없었다는 사실, 셋째, 제조업자가 해당 제조물을 공급할 당시의 법령이 정하는 기준을 준수함으로써 제조물의 결함이 발생한 사실 등이다. 그러나 면책 사유에 해당하더라도 제조업자가 제조물의 결함을 ㉠알면서도 적절한 피해 예방 조치를 하지 않은 경우, 또는 주의를 기울였다면 충분히 알 수 있었을 결함을 발견하지 못한 경우에는 책임을 피할 수 없다.

– 제조물 책임법

📖 **어휘력 넓히기**

　　구원할 구(救)

● **구제(救濟)** : 자연적인 재해나 사
회적인 피해를 당하여 어려운 처
지에 있는 사람을 도와줌.

● **구호(救護)** : 재해나 재난 따위로
어려움에 처한 사람을 도와보호함.

● **자구책(自救策)** : 스스로를 구원
하기 위한 방책.

☑️ **간단 확인**

불황 극복을 위해 기업들은
(　　　) 마련에 나섰다.

세부 내용 이해하기

1

이 글을 읽고 해결할 수 있는 질문으로 적절하지 않은 것은?

① 제조물 책임법이 제정된 배경은 무엇인가?

② 손해 배상 청구의 핵심이 되는 결함의 유형에는 어떤 것이 있는가?

③ 제조물 책임법이 적용되는 제조물과 제조업자의 범위는 어디까지인가?

④ 면책의 제한에 해당하여 손해 배상 책임을 진 판례로는 어떤 내용이 있는가?

⑤ 손해 배상 책임을 면할 수 있는 제조업자의 면책 사유에는 어떤 것이 있는가?

구체적 사례에 적용하기

2

ⓐ와 ⓑ에 대한 이해로 적절하지 않은 것은?

① 화장품, 건전지와 달리 고등어는 ⓐ에 포함되지 않는다.

② 중고 자동차는 ⓐ에 포함되며, 이를 수입하는 자는 ⓑ에 해당된다.

③ 복숭아 통조림은 ⓐ에 포함되고, 이를 제조한 자와 복숭아를 생산한 자 모두 ⓑ에 해당된다.

④ 자동차 부품의 결함으로 자동차가 고장이 났다면 자동차 부품을 만든 자는 ⓑ에 해당되므로 손해 배상의 책임이 있다.

⑤ 전자 제품에 결함이 발생했지만 제품을 공급했을 당시의 기술 수준으로는 발견할 수 없었던 결함이라면 ⓑ는 손해 배상에 대한 면책 요건을 갖추고 있다.

어휘의 문맥적 의미

3

문맥상 의미가 ⊙과 가장 가까운 것은?

① 형은 기타를 칠 줄 안다.

② 그는 돈만 아는 구두쇠였다.

③ 나는 그녀와 아는 사이이다.

④ 사람들은 그를 바보라고 알고 있다.

⑤ 책을 읽느라고 누가 왔는지도 알지 못했다.

어법 클리닉**❶**

'왠-'과 '웬'

왠-	웬
'왜 그런지 모르게'라는 뜻의 부사 '왠지'의 형태로 쓰임. 예 그 말을 듣자 <u>왠지</u> 안심이 되었다.	'어찌 된', '어떠한'이라는 뜻의 관형사. 예 <u>웬</u> 사내가 너를 찾아왔다.

다음 문장의 괄호 안에 들어갈 올바른 표현을 고르세요.

(1) 이게 (왠 / 웬) 떡이냐.

(2) 오늘은 (왠지 / 웬지) 기분이 좋다.

(3) 지각 한 번 없던 그가 (왠일로 / 웬일로) 결석을 했다.

[4~6] 다음을 읽고, 물음에 답하시오.

2019년 9월 고1 학력평가

✎ 지문 이해

해제 ( )의 개념과 유형을 밝히고, 최근 동향을 설명하는 이론을 소개하고 있다. 또한 그것을 이용할 때의 장단점을 설명하고 있다.

주제 ( )의 확산과 그 양면성

직장인 A 씨는 셔츠 정기 배송 서비스를 신청하여 일주일 간 입을 셔츠를 제공 받고, 입었던 셔츠는 반납한다. A 씨는 셔츠를 직접 사러 가거나 세탁할 필요가 없어져 시간을 절약할 수 있게 되었다. 이처럼 소비자가 회원 가입 및 신청을 하면 정기적으로 원하는 상품을 배송 받거나, 필요한 서비스를 언제든지 이용할 수 있는 경제 모델을 '구독경제'라고 한다.

신문이나 잡지 등 정기 간행물에만 적용되던 구독 모델은 최근 들어 그 적용 범위가 점차 넓어지고 있다. 이로 인해, 사람들은 소유와 관리에 대한 부담은 줄이면서 필요할 때 사용할 수 있는 방식으로 소비를 할 수 있게 되었다. 이러한 구독경제에는 크게 세 가지 유형이 있다. 첫 번째 유형은 ⓐ정기 배송 모델인데, 월 사용료를 지불하면 칫솔, 식품 등의 생필품을 지정 주소로 정기 배송해 주는 것을 말한다. 두 번째 유형은 ⓑ무제한 이용 모델로, 정액 요금을 내고 영상이나 음원, 각종 서비스 등을 무제한 또는 정해진 횟수만큼 이용할 수 있는 모델이다. 세 번째 유형인 ⓒ장기 렌털 모델은 구매에 목돈이 들어 경제적 부담이 될 수 있는 자동차 등의 상품을 월 사용료를 지불하고 이용하는 것을 말한다.

최근 들어 구독경제가 빠르게 **확산(擴散)**되고 있는데, 그 이유는 무엇일까? 경제학자들은 구독경제의 확산 현상을 '합리적 선택 이론'으로 설명한다. 경제 활동을 하는 소비자가 주어진 제약 속에서 자신의 효용을 최대화하려는 것을 합리적 선택이라고 하는데, 이때 효용이란 소비자가 상품을 소비함으로써 얻는 만족감을 의미한다. 소비자들이 한정된 비용으로 최대한의 만족을 얻기 위해 노력한 결과가 구독경제의 확산으로 이어졌다는 것이다. 이것은 최근의 소비자들이 상품을 소유함으로써 얻는 만족감보다는 상품을 사용함으로써 얻는 만족감을 더 중요시한다는 것을 보여 준다고 할 수 있다.

구독경제는 소비자의 입장에서 소유하기 이전에는 사용해 보지 못하는 상품을 사용해 볼 수 있다는 장점이 있다. 구독경제를 이용하면 값비싼 상품을 사용하는 데 큰 비용을 들이지 않아도 되고, 상품 구매 행위에 들이는 시간과 구매 과정에 따르는 불편함 등의 문제를 해결할 수 있다. 생산자의 입장에서는 상품을 사용하는 고객들의 정보를 수집하고, 이를 통해 개별화된 서비스를 제공하여 고객과의 관계를 지속적으로 유지할 수 있다. 또한 매월 안정적으로 매출을 올릴 수 있다는 장점도 있다.

그러나 구독경제의 확산이 긍정적인 면만 있는 것은 아니다. 소비자의 입장에서는 구독하는 서비스가 지나치게 많아질 경우 고정 지출이 늘어나 경제적으로 부담이 될 수 있다. 생산자의 입장에서는 상품이 소비자에게 만족감을 주지 못하거나 고객과의 관계를 지속적으로 유지하지 못할 경우 구독 모델 이전에 얻었던 수익에 비해 낮은 수익을 얻는 경우도 있다. 따라서 소비자는 합리적인 소비 계획을 ⓐ수립하고 생산자는 건전한 수익 모델을 연구하여 자신의 경제 활동에 도움이 되는 방향으로 구독경제를 활용할 필요가 있다.

－앤 잰저, 《플랫폼의 미래 서브스크립션》

📖 어휘력 넓히기

흩을 **산**(散)

● **확산(擴散)** : 흩어져 널리 퍼짐.

● **무산(霧散)** : 안개가 걷히듯 흩어져 없어짐. 또는 그렇게 흐지부지 취소됨.

● **산발적(散發的)** : 때때로 여기저기 흩어져 발생하는. 또는 그런 것.

☑ 간단 확인
갑작스럽게 폭우가 쏟아져 야외로 소풍을 가려던 계획이 ( )되었다.

학평 응용

4 이 글의 내용과 일치하지 <u>않는</u> 것은?

① 구독경제의 확산은 소비자들의 소유와 관리에 대한 부담을 줄여 주었다.

② 소비자는 구독경제를 통해 개인 정보를 제공하지 않고도 상품을 사용할 수 있게 되었다.

③ 생산자는 구독경제를 통해 안정적으로 매출을 올리려면 고객과의 관계를 지속적으로 유지해야 한다.

④ 경제학자들은 한정된 비용으로 최대한의 만족을 얻으려는 소비자의 심리가 구독경제의 확산으로 이어졌다고 설명한다.

⑤ 최근의 소비자들은 상품을 소유함으로써 얻는 만족감보다 상품을 사용함으로써 얻는 만족감을 더 중요시하는 경향이 있다.

구체적 사례에 적용하기

5 ㉠~㉢에 해당하는 사례로 적절하지 <u>않은</u> 것은?

① ㉠: 매월 일정 금액을 지불하고 정수기를 사용하는 서비스

② ㉠: 월정액을 지불하고 주 1회 집으로 식재료를 보내 주는 서비스

③ ㉡: 월 구독료를 내고 읽고 싶은 도서를 마음껏 읽을 수 있는 스마트폰 앱

④ ㉡: 정액 요금을 결제하고 강좌를 일정 기간 원하는 만큼 수강할 수 있는 웹사이트

⑤ ㉢: 월 사용료를 지불하고 정해진 기간에 집에서 사용할 수 있는 의료 기기

바꿔 쓰기

학평 응용

6 문맥상 ⓐ와 바꿔 쓰기에 가장 적절한 것은?

① 고치고   ② 세우고   ③ 이루고

④ 지키고   ⑤ 따져 보고

어법 클리닉❷

사이시옷의 표기

고유어 또는 고유어와 한자어로 된 합성어 가운데 앞말이 모음으로 끝날 때 다음과 같은 경우에 받쳐 적음.

❶ 뒷말의 첫소리가 된소리로 남. **예** 나룻배, 냇가, 깃발

❷ 뒷말의 첫소리 'ㄴ', 'ㅁ' 앞에서 'ㄴ' 소리가 덧남. **예** 아랫니, 잇몸, 훗날

❸ 뒷말의 첫소리 모음 앞에서 'ㄴㄴ' 소리가 덧남. **예** 나뭇잎, 베갯잇, 예삿일

※ 한자어에는 사이시옷을 적지 않지만 '곳간(庫間)', '셋방(貰房)', '숫자(數字)', '찻간(車間)', '툇간(退間)', '횟수(回數)'는 예외이다.

다음 중 사이시옷을 <u>잘못</u> 적은 단어를 모두 고르세요.

① 갯수   ② 샛길   ③ 햇수

④ 전셋방   ⑤ 제삿날   ⑥ 최댓값

3 어휘의 문맥적 의미(2) 동음이의어

정답과 해설 13쪽

동음이의어와 관련해서는 다의어이면서 동음이의어인 고유어의 의미 차이를 파악하거나, 소리는 같지만 다른 한자를 쓰는 한자어의 의미를 정확하게 알고 있는지 묻는 문제가 자주 출제된다.

📖 개념 이해

• **동음이의어** 소리는 같지만 뜻이 다른 단어. 단어들 사이에 의미적 연관성이 없음.

🖊 사전에서 동일한 형태의 단어가 별개의 표제어로 제시되어 있으면 동음이의어이다.

대비   2017학년도 수능

대비⁸   대할 대 對, 견줄 비 比

두 가지의 차이를 밝히기 위하여 서로 맞대어 비교함. 또는 그런 비교.
㉮ 지난해의 이익과 손실을 대비해 올해 예산을 세웠다.

대비⁹   대할 대 對, 갖출 비 備

앞으로 일어날지도 모르는 어떠한 일에 대응하기 위하여 미리 준비함. 또는 그런 준비.
㉮ 보험 상품을 구입한 사람은 장래의 우연한 사고로 인한 경제적 손실에 대비할 수 있다.

이론   2021학년도 9월 모의평가

이론¹   다스릴 이 理, 논의할 론 論

사물의 이치나 지식 따위를 해명하기 위하여 논리적으로 정연하게 일반화한 명제의 체계.
㉮ 하나의 작품이 어떤 특정한 기준에서 훌륭하므로 예술 작품이라고 부를 수 있다는 평가적 이론들과 달리, 디키의 견해는 ……

이론²   다를 이 異, 논의할 론 論

달리 논함. 또는 다른 이론(理論)이나 의견.
㉮ 이 문제에 대해서는 이론의 여지가 없다.

📖 기출문제 살펴보기

• 문맥을 고려할 때, 밑줄 친 말이 ⓐ~ⓔ의 동음이의어가 <u>아닌</u> 것은?

2018학년도 수능

디지털 통신 시스템은 송신기, 채널, 수신기로 구성되며, ⓐ전송할 데이터를 빠르고 정확하게 전달하기 위해 부호화 과정을 거쳐 전송한다. 영상, 문자 등인 데이터는 ⓑ기호 집합에 있는 기호들의 조합이다. ……

송신기에서는 소스 부호화, 채널 부호화, 선 부호화를 거쳐 기호를 ⓒ부호로 변환한다. 소스 부호화는 데이터를 압축하기 위해 기호를 0과 1로 이루어진 부호로 변환하는 과정이다. …… 전송된 부호를 수신기에서 원래의 기호로 ⓓ복원하려면 부호들의 평균 비트 수가 기호 집합의 엔트로피보다 크거나 같아야 한다. ……

채널 부호화를 거친 부호들을 채널을 통해 전송하려면 부호들을 전기 신호로 변환해야 한다. 0 또는 1에 해당하는 전기 신호의 전압을 결정하는 과정이 선 부호화이다. 전압의 ⓔ결정 방법은 선 부호화 방식에 따라 다르다.

① ⓐ: 공항에서 해외로 떠나는 친구를 <u>전송(餞送)</u>할 계획이다.
② ⓑ: 대중의 <u>기호(嗜好)</u>에 맞추어 상품을 개발한다.
③ ⓒ: 나는 가난하지만 귀족이나 <u>부호(富豪)</u>가 부럽지 않다.
④ ⓓ: 한번 금이 간 인간관계를 <u>복원(復原)</u>하기는 어렵다.
⑤ ⓔ: 이 작품은 그 화가의 오랜 노력의 <u>결정(結晶)</u>이다.

IV

비문학 필수 어휘
– 과학, 기술, 예술

13 1단계 빠르게 체크하기

제한 시간: 3분

아래에서 가운데에 풀이된 뜻에 해당하는 어휘를 골라 ○표 하세요.

① 면적 / 면이 이차원의 공간을 차지하는 넓이의 크기. / 부피

② 밀도 / 물체의 고유한 양. / 질량

③ 속도 / 물체의 단위 시간 내에서의 위치 변화. / 속력

④ 가속하다 / 점점 속도를 더하다. / 감속하다

⑤ 관성 / 물체가 밖의 힘을 받지 않는 한 정지 또는 등속도 운동의 상태를 지속하려는 성질. / 탄성

⑥ 고체 / 기체와 액체를 아울러 이르는 말. / 유체

⑦ 증발 / 서로 농도가 다른 물질이 혼합할 때 시간이 지나면서 차츰 같은 농도가 되는 현상. / 확산

⑧ 인력   지구 위의 물체가 지구로부터 받는 힘.   중력

⑨ 도체   열 또는 전기의 전도율이
비교적 큰 물체를 통틀어 이르는 말.   절연체

⑩ 전류   전하가 연속적으로 이동하는 현상.   전압

⑪ 저항   도체에 전류가 흐르는 것을 방해하는 작용.   제동

⑫ 자기장   자석의 주위, 전류의 주위, 지구의 표면 등과 같이
자기의 작용이 미치는 공간.   전기장

⑬ 방출하다   입자나 전자기파의 형태로 에너지를 내보내다.   흡수하다

⑭ 진동   입자나 물체의 위치 혹은 장(場)이나 전류의 방향, 세기 등의
물리량이 정해진 범위에서 주기적으로 변화하는 현상.   파동

1단계 퀴즈의 정답은 아래에서 **초록색으로 표시**했습니다.
오답의 어휘와 뜻풀이까지 꼼꼼하게 확인해 보세요.

물리

1 **면적** 겉 면 面, 넓이 적 積

면이 이차원의 공간을 차지하는 넓이의 크기.

ㅂ ㅍ

넓이와 높이를 가진 물건이 공간에서 차지하는 크기. ≒체적.

2 ㅁ ㄷ 빽빽할 밀 密, 정도 도 度

어떤 물질의 단위 부피만큼의 질량.

😊 밀도의 단위는 kg/㎥ 또는 g/㎤이고, 물의 밀도는 1g/㎤이야.

질량 본질 질 質, 헤아릴 량 量

물체의 고유한 양.

😊 우리가 흔히 무게의 단위로 쓰는 킬로그램(kg)은 질량의 단위야. 질량은 변하지 않지만, 무게는 지구가 물체를 끌어당기는 힘의 크기여서 위치에 따라 달라질 수 있지. 무게의 단위는 킬로그램중(kg중)이야.

3 **속도** 빠를 속 速, 정도 도 度

물체의 단위 시간 내에서의 위치 변화.

😊 속도는 위치의 변화를 걸린 시간으로 나눈 값(속도=변위/시간)으로, 크기와 방향을 모두 나타내. 속력이 같아도 방향이 다르면 속도는 다르다고 할 수 있어.

ㅅ ㄹ 빠를 속 速, 힘 력 力

속도의 크기. 또는 속도를 이루는 힘.

😊 속력은 단위 시간 동안 물체가 이동한 거리로, 이동 거리를 걸린 시간으로 나눈 값(속력=거리/시간)이야.

4 ㄱ ㅅ 하다 더할 가 加, 빠를 속 速

점점 속도를 더하다.

유 증속(增速)하다: 속도가 늘어나다. 또는 속도를 늘리다.

감속하다 덜 감 減, 빠를 속 速

속도가 줄다. 또는 속도를 줄이다.

5 ㄱ ㅅ 버릇 관 慣, 성질 성 性

물체가 밖의 힘을 받지 않는 한 정지 또는 등속도 운동의 상태를 지속하려는 성질. ≒습관성, 타성.

😊 뉴턴의 운동 법칙 중 제1법칙이 관성의 법칙이야. 물체의 질량이 클수록 관성도 커서, 질량이 클수록 운동 상태를 변화시키기 어려워.

탄성 튀길 탄 彈, 성질 성 性

물체에 외부에서 힘을 가하면 부피와 모양이 바뀌었다가, 그 힘을 제거하면 본디의 모양으로 되돌아가려고 하는 성질.

6 **고체** 굳을 고 固, 물질 체 體

일정한 모양과 부피가 있으며 쉽게 변형되지 않는 물질의 상태.

참 • 액체(液體): 일정한 부피는 가졌으나 일정한 형태를 가지지 못한 물질.
• 기체(氣體): 물질이 나타내는 상태의 하나. 일정한 모양이나 부피를 갖지 않음.

ㅇ ㅊ 흐를 유 流, 물질 체 體

기체와 액체를 아울러 이르는 말. ≒동체, 유동체.

7 ㅈ ㅂ 찔 증 蒸, 필 발 發

어떤 물질이 액체 상태에서 기체 상태로 변함. 또는 그런 현상.

확산 넓힐 확 擴, 흩을 산 散

서로 농도가 다른 물질이 혼합할 때 시간이 지나면서 차츰 같은 농도가 되는 현상. =퍼짐.

⑧ 인력　끌 인 引, 힘 력 力

공간적으로 떨어져 있는 물체끼리 서로 끌어당기는 힘. ≒끌힘.

참 척력(斥力): 같은 종류의 전기나 자기를 가진 두 물체가 서로 밀어 내는 힘.

⑨ 도체　통할 도 導, 물체 체 體

열 또는 전기의 전도율이 비교적 큰 물체를 통틀어 이르는 말. ≒도전체.

참 반도체(半導體): 상온에서 전기 전도율이 도체와 절연체의 중간 정도인 물질.

⑩ 전류　전기 전 電, 흐를 류 流

전하가 연속적으로 이동하는 현상.

☺ 전류의 단위는 암페어(A)야. 전류, 전압, 저항의 관계를 설명한 옴의 법칙에 따르면, 전류의 세기는 전압에 비례하고 저항에 반비례해. (전류=전압/저항)

⑪ ㅈ ㅎ　막을 저 抵, 막을 항 抗

도체에 전류가 흐르는 것을 방해하는 작용. =전기 저항.

☺ 저항의 단위는 옴(Ω)이야. 저항이 크면 전류가 잘 흐르지 않고, 전기 전도율이 낮아.

⑫ ㅈ ㄱ ㅈ　자석 자 磁, 기운 기 氣, 마당 장 場

자석의 주위, 전류의 주위, 지구의 표면 등과 같이 자기의 작용이 미치는 공간. ≒자장.

⑬ ㅂ ㅊ 하다　놓을 방 放, 날 출 出

입자나 전자기파의 형태로 에너지를 내보내다.

⑭ ㅈ ㄷ　떨 진 振, 움직일 동 動

입자나 물체의 위치 혹은 장(場)이나 전류의 방향, 세기 등의 물리량이 정해진 범위에서 주기적으로 변화하는 현상.

ㅈ ㄹ　무거울 중 重, 힘 력 力

① 지구 위의 물체가 지구로부터 받는 힘. ② 질량을 가지고 있는 모든 물체가 서로 잡아당기는 힘. =만유인력.

☺ 뉴턴에 따르면 모든 물체 사이에는 서로 끌어당기는 힘이 작용하고, 그 크기는 두 물체의 질량의 곱에 비례하며 두 물체 사이 거리의 제곱에 반비례해.

ㅈ ㅇ ㅊ　끊을 절 絶, 인연 연 緣, 물체 체 體

전도체나 소자로부터 전기적으로 분리되어 있어 열이나 전기를 잘 전달하지 않는 물체. ≒부도체.

ㅈ ㅇ　전기 전 電, 누를 압 壓

전기장이나 도체 안에 있는 두 점 사이의 전기적인 위치 에너지 차.

☺ 전압의 단위는 볼트(V)야. 전압이 있어야 전류가 흐를 수 있어.

제동　억제할 제 制, 움직일 동 動

기계나 자동차 등의 운동을 멈추게 함.

관 제동을 걸다: 일의 진행이나 활동을 방해하거나 멈추게 하다.

전기장　전기 전 電, 기운 기 氣, 마당 장 場

전기를 띤 물체 주위의 공간을 표현하는 전기적 속성. ≒전장.

흡수하다　마실 흡 吸, 거둘 수 收

전자기파나 입자선이 물질 속을 통과할 때 에너지나 입자가 물질에 빨려 들어 그 세기나 입자 수가 감소하다.

파동　물결 파 波, 움직일 동 動

공간의 한 점에 생긴 물리적인 상태의 변화가 차츰 둘레에 퍼져 가는 현상.

빈칸 답 ❶부피 ❷밀도 ❸속력 ❹가속 ❺관성 ❻유체 ❼증발 ❽중력 ❾절연체 ❿전압 ⓫저항 ⓬자기장 ⓭방출 ⓮진동

물리

┌ 보기 ┐

관성	도체	면적	밀도	부피	속력	유체
인력	저항	전류	전압	중력	증발	진동
질량	파동	확산	자기장	절연체	가속하다	방출하다

01 방사성 동위 원소가 [   ] 방사선은 인체에 유해하므로 조심스럽게 다뤄야 한다.

　　① 비축하여 놓은 것을 내놓다.
　　② 입자나 전자기파의 형태로 에너지를 내보내다.

▶ …… 고체에서 바로 기체가 될 때에는 잠열을 흡수하고 그 반대의 경우에는 잠열을 ○○한다.
　　– 2019. 11. 고1 학평

02 이미 공기 중에 섞인 오염 물질의 [   ]을/를 막는 것은 거의 불가능한 일이다.

　　① 흩어져 널리 퍼짐.
　　② 서로 농도가 다른 물질이 혼합할 때 시간이 지나면서 차츰 같은 농도가 되는 현상.

03 겨울철에 수도관이 터지는 것은 물이 얼면서 [   ]이/가 늘어나기 때문이다.

　　① 넓이와 높이를 가진 물건이 공간에서 차지하는 크기.
　　② 입체가 차지하는 공간의 크기.

▶ 얼음이 녹는다는 것은 얼음의 ○○가 없어진다는 것이기 때문에, 얼음의 ○○가 클수록 녹아야 할 얼음의 양은 많다.
　　– 2018. 6. 고1 학평

04 제트 스키나 제트기 등은 물, 가스와 같은 [   ]을/를 분사하여 추진력을 얻는 제트 추진을 이용한 것이다.

　　기체와 액체를 아울러 이르는 말.

05 물체의 [   ]이/가 물보다 크면 물에 넣었을 때 아래로 가라앉는다.

　　① 빽빽이 들어선 정도.
　　② 내용이 얼마나 충실한가의 정도.
　　③ 어떤 물질의 단위 부피만큼의 질량.

▶ 물체의 ○○가 일정하다면 무게는 부피에 비례하기 때문에 ……
　　– 2016. 9. 고1 학평

06 버스가 갑자기 출발하면 탑승객의 몸이 뒤쪽으로 쏠리는 것은 [   ] 때문이다.

　　물체가 밖의 힘을 받지 않는 한 정지 또는 등속도 운동의 상태를 지속하려는 성질.

▶ 구심력과 반대 방향인 원심력은 …… 물체가 등속직선운동하려는 ○○에 의한 효과이다.
　　– 2015. 9. 고1 학평

물체의 고유한 역학적 기본량.

07 [   ] 보존의 법칙은 물질이 무(無)에서 생겨나거나, 무(無)로 소멸하는 일은 없다는 것을 나타낸다.

08 전도율은 도체에 흐르는 전류의 크기를 나타내는데, ⬚⬚⬚⬚이/가 클수록 낮다.

① 어떤 힘이나 조건에 굽히지 아니하고 거역하거나 버팀.
② 물체의 운동 방향과 반대 방향으로 작용하는 힘.
③ 도체에 전류가 흐르는 것을 방해하는 작용.

09 지구에는 ⬚⬚⬚⬚이/가 작용하기 때문에 물건이 위에서 아래로 떨어진다.

① 지구 위의 물체가 지구로부터 받는 힘.
② 질량을 가지고 있는 모든 물체가 서로 잡아당기는 힘.

▶ 물은 지구 중심으로부터 ○○을 받기 때문에 높은 곳에서 낮은 곳으로 흐르지만, ……
– 2019. 6. 고1 학평

10 역이 가까워지자 기차는 서서히 ⬚⬚⬚⬚을/를 늦추기 시작했다.

속도의 크기. 또는 속도를 이루는 힘.

11 컵에 따라 놓은 물이 공기 중으로 ⬚⬚⬚⬚하여 원래보다 양이 줄어들었다.

① 어떤 물질이 액체 상태에서 기체 상태로 변함. 또는 그런 현상.
② 사람이나 물건이 갑자기 사라져 행방을 알지 못하게 됨을 속되게 이르는 말.

▶ 식물체 내의 수분이 잎의 기공을 통하여 수증기 상태로 ○○하는 현상을 증산 작용이라고 한다.
– 2019. 6. 고1 학평

12 미국은 110V ⬚⬚⬚⬚을/를 사용하기 때문에 여행 시 어댑터를 준비해야 한다.

전기장이나 도체 안에 있는 두 점 사이의 전기적인 위치 에너지 차.

13 운전기사는 고속 도로로 진입하자 차를 ⬚⬚⬚⬚ 시작했다.

점점 속도를 더하다.

▶ …… 제한 속도 안에서는 기관사가 직접 속도를 감속하고 ○○해야 한다는 점에서 기관사의 부담은 여전히 남아 있다.
– 2018. 9. 고1 학평

14 구리는 전기가 잘 통하는 ⬚⬚⬚⬚이기 때문에 전선으로 많이 쓰인다.

열 또는 전기의 전도율이 비교적 큰 물체를 통틀어 이르는 말.

15 기타의 줄을 튕겼다 놓으면 ⬚⬚⬚⬚이/가 발생하며 소리가 난다.

① 흔들려 움직임. ② 냄새 따위가 아주 심하게 나는 상태. ③ 입자나 물체의 위치 혹은 장(場)이나 전류의 방향, 세기 따위의 물리량이 정하여진 범위에서 주기적으로 변화하는 현상.

▶ 소리는 ○○으로 인해 발생한 파동이 전달되는 현상으로, 이때 전달되는 파동을 음파라고 한다.
– 2015. 3. 고1 학평

• 맞힌 개수 ( ) / 15문항

12개 이상	다음 회차로 넘어가도 되겠어요!
8개 ~11개	[문맥으로 소화하기] 한 번만 더 읽고 갈까요?
7개 이하	전체를 복습하고 넘어가야겠어요.

1
감염
병원체인 미생물이 동물이나 식물의
몸 안에 들어가 증식하는 일.
면역

2
바이러스
동물, 식물, 세균 등의 살아 있는 세포에 기생하고,
세포 안에서만 증식이 가능한 비세포성 생물.
박테리아

3
침투하다
세균이나 병균 등이 몸속에 들어오다.
투여하다

4
멸균
세균 등의 미생물을 죽임.
항균

5
변이
같은 종에서 성별, 나이와 관계없이
모양과 성질이 다른 개체가 존재하는 현상.
유전

6
결핍
있어야 할 것이 없어지거나 모자람.
충족

7
무기체
생물처럼 물질이 유기적으로 구성되어
생활 기능을 가지게 된 조직체.
유기체

8 노화 — 시간이 흐름에 따라 생체 구조와 기능이 쇠퇴하는 현상. — 대사

9 동맥 — 심장에서 피를 신체 각 부분에 보내는 혈관. — 정맥

10 수축 — 굳어서 뻣뻣하게 된 근육 등이 원래의 상태로 풀어짐. — 이완

11 중독 — 생체가 음식물이나 약물의 독성에 의하여 기능 장애를 일으키는 일. — 해독

12 둔감하다 — 감정이나 감각이 무디다. — 민감하다

13 번식 — 생물이 나서 길러짐. — 생육

14 개체 — 하나의 독립된 생물체. — 군락

2단계
14 꼼꼼히 확인하기

생물

1단계 퀴즈의 정답은 아래에서 **초록색으로 표시**했습니다.
오답의 어휘와 뜻풀이까지 꼼꼼하게 확인해 보세요.

① 감염   느낄 감 感, 물들일 염 染

병원체인 미생물이 동물이나 식물의 몸 안에 들어가 증식하는 일.

ㅁ ㅇ   면할 면 免, 전염병 역 疫

몸속에 들어온 병원 미생물에 대항하는 항체가 만들어져, 다음에는 그 병에 걸리지 않도록 된 상태. 또는 그런 작용.

😊 세균이나 독소와 같이 생체 속에 침입해 항체를 만들게 하는 물질을 '항원', 항원의 자극에 의해 생체 내에 만들어지는 물질을 '항체'라고 해.

② ㅂ ㅇ ㄹ ㅅ   virus

동물, 식물, 세균 등의 살아 있는 세포에 기생하고, 세포 안에서만 증식이 가능한 비세포성 생물.

😊 바이러스는 유행성 감기, 소아마비 등의 감염성 병원체가 되기도 해.

박테리아   bacteria

생물체 가운데 가장 미세하고 가장 하등에 속하는 단세포 생활체. =세균.

😊 박테리아는 다른 생물체에 기생하여 병을 일으키기도 하지만, 발효나 부패 작용을 하기도 하여 생태계의 물질 순환에 중요한 역할을 해.

③ ㅊ ㅌ 하다   잠길 침 浸, 꿰뚫을 투 透

세균이나 병균 등이 몸속에 들어오다.

투여하다   던질 투 投, 줄 여 與

약 등을 환자에게 복용시키거나 주사하다.

④ 멸균   멸할 멸 滅, 세균 균 菌

세균 등의 미생물을 죽임. =살균.

😊 멸균 방법으로는 약품에 의한 화학적 방법과 열을 이용한 물리적 방법이 있어.

ㅎ ㄱ   막을 항 抗, 세균 균 菌

균에 저항함.

⑤ ㅂ ㅇ   변할 변 變, 다를 이 異

같은 종에서 성별, 나이와 관계없이 모양과 성질이 다른 개체가 존재하는 현상.

😊 유전자나 염색체 구조의 변화에 의한 변이를 돌연변이, 개체가 놓인 환경의 차이에 의한 변이를 환경 변이라고 해.

유전   남길 유 遺, 전할 전 傳

어버이의 성격, 체질, 형상 등의 형질이 자손에게 전해짐. 또는 그런 현상.

⑥ ㄱ ㅍ   없을 결 缺, 모자랄 핍 乏

있어야 할 것이 없어지거나 모자람.

충족   가득할 충 充, 넉넉할 족 足

넉넉하여 모자람이 없음.

⑦ ㅁ ㄱ ㅊ   없을 무 無, 틀 기 機, 몸 체 體

광물이나 공기 등과 같이 무기물로 이루어져 생활 기능이 없는 조직체.

유기체   있을 유 有, 틀 기 機, 몸 체 體

생물처럼 물질이 유기적으로 구성되어 생활 기능을 가지게 된 조직체.

8 **노화** 늙을 노 老, 될 화 化

질병이나 사고에 의한 것이 아니라 시간이 흐름에 따라 생체 구조와 기능이 쇠퇴하는 현상.

ㄷ ㅅ 대신할 대 代, 사라질 사 謝

섭취한 영양물질을 분해하고, 합성하여 필요한 물질이나 에너지를 생성하고 불필요한 물질을 몸 밖으로 내보내는 작용.

😊 물질대사 혹은 신진대사라고 하기도 해.

9 **동맥** 움직일 동 動, 혈관 맥 脈

심장에서 피를 신체 각 부분에 보내는 혈관.

😊 심장과 동맥을 거친 혈액은 모세 혈관을 통해 온몸의 조직에 산소와 영양을 공급해.

ㅈ ㅁ 고요할 정 靜, 혈관 맥 脈

몸속을 돈 피를 심장으로 보내는 혈관.

😊 살갗 겉으로 파랗게 드러난 혈관이 정맥이야. 온몸을 순환하며 조직에서 발생한 이산화 탄소와 노폐물을 포함한 혈액은 정맥을 거쳐 심장으로 되돌아가.

10 **ㅅ ㅊ** 거둘 수 收, 오그라들 축 縮

근육 등이 오그라듦.

이완 늦출 이 弛, 느릴 완 緩

굳어서 뻣뻣하게 된 근육 등이 원래의 상태로 풀어짐.

참 긴장(緊張): 근육이나 신경 중추의 지속적인 수축, 흥분 상태.

11 **중독** 맞을 중 中, 독 독 毒

생체가 음식물이나 약물의 독성에 의하여 기능 장애를 일으키는 일.

ㅎ ㄷ 풀 해 解, 독 독 毒

몸 안에 들어간 독성 물질의 작용을 없앰.

12 **둔감하다** 무딜 둔 鈍, 느낄 감 感

감정이나 감각이 무디다.

ㅁ ㄱ 하다 민첩할 민 敏, 느낄 감 感

↔ 자극에 빠르게 반응을 보이거나 쉽게 영향을 받는 데가 있다.

13 **ㅂ ㅅ** 많을 번 繁, 번성할 식 殖

붇고 늘어서 많이 퍼짐.

생육 날 생 生, 기를 육 育

생물이 나서 길러짐.

유 생장(生長): 나서 자람. 또는 그런 과정.

14 **ㄱ ㅊ** 낱 개 個, 물체 체 體

하나의 독립된 생물체. 살아가는 데에 필요한 독립적인 기능을 갖고 있음.

군락 무리 군 群, 떨어질 락 落

같은 생육 조건에서 떼를 지어 자라는 식물 집단. ≒군집.

빈칸 답 ❶면역 ❷바이러스 ❸침투 ❹항균 ❺변이 ❻결핍 ❼무기체 ❽대사 ❾정맥 ❿수축 ⓫해독 ⓬민감 ⓭번식 ⓮개체

3단계

문맥으로 소화하기

아래에서 빈칸에 알맞은 어휘를 〈보기〉에서 찾아 문맥에 맞게 쓰세요.

생물

┌ 보기 ┐

감염	개체	결핍	노화	대사	동맥	면역
멸균	번식	변이	생육	수축	유전	이완
정맥	중독	유기체	민감하다	바이러스	침투하다	투여하다

01 사람은 수없이 많은 세포로 구성된 [   ]이다.

① 많은 부분이 일정한 목적 아래 통일·조직되어 그 각 부분과 전체가 필연적 관계를 가지는 조직체.
② 생물처럼 물질이 유기적으로 구성되어 생활 기능을 가지게 된 조직체.

02 면역력이 약한 아이들은 [   ]에 감염되기 쉽다.

① 동물, 식물, 세균 따위의 살아 있는 세포에 기생하고, 세포 안에서만 증식이 가능한 비세포성 생물.
② 컴퓨터의 정상적인 동작에 나쁜 영향을 미치거나 저장된 데이터나 프로그램을 파괴하는 프로그램.

▶ 염증 반응은 우리 몸에 침입한 ○○○
○나 박테리아 등의 병원체를 제거하여 병원체가 몸 전체로 퍼져나가는 것을 방지하고, ……
– 2016. 11. 고1 학평

03 [   ] 과정을 거친 우유는 보존 기간은 길어지지만 많은 영양소가 파괴된다.

세균 따위의 미생물을 죽임.

04 나이가 들어 [   ]이/가 진행되면 피부가 탄력을 잃고 주름살이 생긴다.

① 질병이나 사고에 의한 것이 아니라 시간이 흐름에 따라 생체 구조와 기능이 쇠퇴하는 현상.
② 사람의 노년기에 나타나는 노인성 변화.
③ 시간이 경과함에 따라 화합물의 물리적·화학적 성질이 달라지는 현상.

05 개는 인간보다 후각이 발달해서 냄새에 [   ] 반응한다.

자극에 빠르게 반응을 보이거나 쉽게 영향을 받는 데가 있다.

▶ 커피나무는 환경에 ○○한 식물로, 일조량과 온도와 토질에 따라서 생두의 맛과 품질이 천차만별이다.
– 2017. 6. 고1 학평

06 연탄을 때던 시기에는 일산화 탄소 [   ] 사고가 잦았다.

① 생체가 음식물이나 약물의 독성에 의하여 기능 장애를 일으키는 일.
② 술이나 마약 따위를 지나치게 복용한 결과, 그것 없이는 견디지 못하는 병적 상태.
③ 어떤 사상이나 사물에 젖어 버려 정상적으로 사물을 판단할 수 없는 상태.

07 바이러스는 [   ]을/를 거치며 전파력이 더욱 강해졌다.

① 예상하지 못한 사태나 괴이한 변고.
② 같은 종에서 성별, 나이와 관계없이 모양과 성질이 다른 개체가 존재하는 현상.

08 상처를 통해 세균이 [   ] 상처 주위가 빨갛게 부어오르며 고름이 나왔다.

① 액체 따위가 스며들어 배다. ② 세균이나 병균 따위가 몸속에 들어오다.
③ 어떤 사상이나 현상, 정책 따위가 깊이 스며들어 퍼지다. ④ 어떤 곳에 몰래 숨어 들어가다.

09 대부분의 다세포 생물은 생식 세포의 수정을 통해 새로운 [   ] 을/를 만들어 내는 유성 생식을 한다.

① 전체나 집단에 상대하여 하나하나의 낱개를 이르는 말.
② 하나의 독립된 생물체.

10 이 병은 잠복기가 길어 초기에는 [   ] 여부를 판단하기 어렵다.

① 나쁜 버릇이나 풍습, 사상 따위가 영향을 주어 물이 들게 함.
② 병원체인 미생물이 동물이나 식물의 몸 안에 들어가 증식하는 일.
③ 컴퓨터 바이러스가 컴퓨터의 하드 디스크나 파일 따위에 들어오는 일.

▶ 뾰족한 핀으로 찢긴 피부에 병원체가 침입해 ○○을 일으키는 상태가 되면, 병원체들은 …… '대식 세포'에 의해 포식되어 파괴되기 시작한다.
– 2016. 11. 고1 학평

11 비타민 [   ] 은/는 피로나 불면증 등을 유발할 수 있다.

① 있어야 할 것이 없어지거나 모자람.
② 다 써 없어짐.

심장에서 피를 신체 각 부분에 보내는 혈관.

12 콜레스테롤이 쌓여 [   ] 이/가 좁아지면 혈액이 조직 말단까지 충분히 도달하지 않아 조직이 괴사할 수도 있다.

▶ 인체의 거의 모든 장기의 혈액 순환은 혈액이 ○○으로 들어와 모세혈관을 거치면서 산소와 영양소의 교환이 이루어진 다음에 정맥을 통해 나가는 방식이다.
– 2018. 9. 고1 학평

13 피로가 쌓이면 [   ] 기능이 떨어져 질병에 걸리기 쉽다.

① 반복되는 자극 따위에 반응하지 않고 무감각해지는 상태를 비유적으로 이르는 말.
② 몸속에 들어온 병원(病原) 미생물에 대항하는 항체를 생산하여 독소를 중화하거나 병원 미생물을 죽여서 다음에는 그 병에 걸리지 않도록 된 상태. 또는 그런 작용.

14 이 종자(種子)는 [   ] 에 필요한 기간이 다른 품종에 비해 짧다.

① 낳아서 기름.
② 생물이 나서 길러짐.

15 딸꾹질은 갑작스러운 횡격막 [   ] 에 의해 들이쉬는 숨이 방해를 받아 소리가 나는 증상이다.

① 근육 따위가 오그라듦.
② 부피나 규모가 줄어듦.

▶ 심장은 우리 몸에 혈액을 안정적으로 순환시키는 기관으로 펌프와 같은 작용을 하는데, 매우 짧은 시간에 ○○과 이완을 반복한다.
– 2017. 11. 고1 학평

• 맞힌 개수 (   ) / 15문항

12개 이상	다음 회차로 넘어가도 되겠어요!
8개 ~11개	[문맥으로 소화하기] 한 번만 더 읽고 갈까요?
7개 이하	전체를 복습하고 넘어가야겠어요.

[01~03] 다음 문장의 괄호 안에 들어갈 알맞은 단어를 고르시오.

01 콘센트에는 항상 (   )이/가 흐르기 때문에 조심해야 한다.

① 저항　　　　② 전류　　　　③ 전압　　　　④ 전자　　　　⑤ 전하

02 두 개의 자석을 N극과 S극을 가까이 하여 놓으면 (   )이 작용하여 서로 끌어당겨 붙는다.

① 응력　　　　② 인력　　　　③ 중력　　　　④ 척력　　　　⑤ 탄력

03 운동화에 밟혔을 때보다 하이힐 굽에 밟혔을 때 더 아픈 것은 접촉 (   )이/가 좁을수록 압력이 크기 때문이다.

① 면적　　　　② 무게　　　　③ 밀도　　　　④ 부피　　　　⑤ 질량

04 괄호 안에 공통으로 들어갈 단어로 알맞은 것은?

> • 차의 (   )이 심해 멀미가 났다.
> • 악취가 (   )을 해서 숨을 쉴 수가 없었다.
> • 발을 구르기를 멈추자 그녀는 얼마 안 가 (   )을 멈추었다.

① 반동　　　　② 요동　　　　③ 제동　　　　④ 진동　　　　⑤ 파동

[05~08] 제시된 뜻풀이를 참고하여 다음 십자말풀이를 완성하시오.

05 **가로:** 전도체나 소자로부터 전기적으로 분리되어 있어 열이나 전기를 잘 전달하지 아니하는 물체.

　　　예 전기 기구에서 손이 닿는 부분은 감전의 위험을 줄이기 위해 (   )로 만든다.

06 **세로:** 열 또는 전기의 전도율이 비교적 큰 물체를 통틀어 이르는 말.

　　　예 금속 물질만 (   )라고 생각하기 쉬운데, 소금물과 같은 액체도 전기가 통한다.

07 **가로:** 물체가 밖의 힘을 받지 않는 한 정지 또는 등속도 운동의 상태를 지속하려는 성질.

　　　예 급하게 브레이크를 밟았지만 (   ) 때문에 차는 바로 멈추지 않았다.

08 **세로:** 물체에 외부에서 힘을 가하면 부피와 모양이 바뀌었다가, 그 힘을 제거하면 본디의 모양으로 되돌아가려고 하는 성질.

　　　예 오래 입은 반바지의 고무줄이 (   )을 잃어 허리를 고정해 주지 못한다.

[09~10] 다음 문장의 괄호 안에 들어갈 알맞은 단어를 고르시오.

09 간호사는 환자의 팔꿈치 안쪽에 파랗게 드러난 (동맥 / 정맥)에 주삿바늘을 꽂았다.

10 같은 자세를 장시간 유지하면 근육이 긴장하게 되므로 스트레칭으로 틈틈이 근육을 (수축 / 이완)해 주도록 한다.

[11~13] 다음 문장의 괄호 안에 들어갈 알맞은 단어와 그 단어의 뜻을 〈보기 1〉과 〈보기 2〉에서 찾아 그 기호를 쓰시오.

> **● 보기 1 ●**
>
> ㉠ 개체   ㉡ 변이   ㉢ 유전   ㉣ 유기체

> **● 보기 2 ●**
>
> ⓐ 하나의 독립된 생물체.
> ⓑ 생물처럼 물질이 유기적으로 구성되어 생활 기능을 가지게 된 조직체.
> ⓒ 어버이의 성격, 체질, 형상 따위의 형질이 자손에게 전해짐. 또는 그런 현상.
> ⓓ 같은 종에서 성별, 나이와 관계없이 모양과 성질이 다른 개체가 존재하는 현상.

11 무분별한 남획으로 명태의 (   ) 수가 급격히 줄어들었다.   ➡ (   )

12 (   )은/는 주어진 환경에 적응하는 방향으로 진화해 왔다.   ➡ (   )

13 탈모는 (   )(이)라서, 부모 중 한쪽의 가계에 대머리가 있으면 자식도 대머리가 될 확률이 높다.   ➡ (   )

[14~17] 사다리타기에 따라, 빈칸에 들어갈 단어의 뜻을 〈보기〉에서 골라 그 기호를 쓰시오.

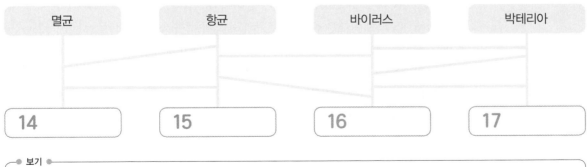

멸균	항균	바이러스	박테리아
14	**15**	**16**	**17**

> **● 보기 ●**
>
> ㉠ 균에 저항함.
> ㉡ 세균 따위의 미생물을 죽임.
> ㉢ 생물체 가운데 가장 미세하고 가장 하등에 속하는 단세포 생활체.
> ㉣ 동물, 식물, 세균 따위의 살아 있는 세포에 기생하고, 세포 안에서만 증식이 가능한 비세포성 생물.

[1~3] 다음을 읽고, 물음에 답하시오.

2017년 9월 고1 학력평가

지문 이해

해제 우주 탐사선이 ( )를 하는 이유와 그 원리를 설명하고 있다.

주제 우주 탐사선이 ( )를 얻는 방법인 스윙바이

우주 탐사선이 지구에서 태양계 끝까지 날아가기 위해서는 일정 속도 이상에 이르러야 한다. 그러나 탐사선의 추진력만으로는 이러한 속도에 도달하기 ⓐ어렵다. 추진력을 마음껏 얻을 수 있을 정도로 큰 추진체가 달린 탐사선을 ⓑ만들 수 없기 때문이다. 대신에 탐사선을 다른 행성에 접근시키는 '스윙바이(Swing-by)'를 통해 속도를 얻는다. 스윙바이란, 말 그대로 탐사선이 행성에 잠깐 다가갔다가 다시 멀어지는 것이다. 탐사선이 행성에 다가갔다가 멀어지는 것만으로 어떻게 속도를 얻을 수 있는지 그 원리에 대해 ⓒ알아보자.

스윙바이의 원리를 이해하기 위해서는 행성이 정지한 채로 있지 않고 태양 주위를 공전한다는 점을 떠올려야 한다. 그리고 뒤에서 바람이 불면 달리기 속도가 빨라지듯이 외부의 영향으로 물체의 속도가 변한다는 점도 기억해야 한다. 탐사선을 행성에 접근시켜 행성의 공전을 이용하는 스윙바이는 그림과 같이 ⓓ나타낼 수 있다. 탐사선이 공전하는 행성에 접근하여 중력의 영향권인 중력장에 **진입(進入)**할 때에는 행성의

공전 방향과 탐사선의 진입 방향이 서로 달라 탐사선의 속도 증가는 크지 않다. 그런데 탐사선이 곡선 궤도를 ⓔ그리며 방향을 바꾸어 행성의 공전 방향에 가까워지면 탐사선의 속도는 크게 증가된다. 왜냐하면 탐사선이 행성에서 멀어지는 방향이 행성의 공전 방향에 가까울수록 스윙바이를 통한 속도 증가의 효과는 크기 때문이다.

탐사선의 속도 증가에 행성의 중력도 영향을 미친다고 생각할 수도 있다. 탐사선이 행성에 다가가다 보면 행성이 끌어당기는 중력의 영향으로 탐사선의 속도가 증가하기 때문이다. 그러나 스윙바이를 마친 후 탐사선의 '속도의 크기' 변화에 행성의 중력이 영향을 미치지는 못한다. 왜냐하면 탐사선이 행성 중력의 영향권에서 벗어나면서 중력의 영향으로 얻은 만큼의 속도를 잃기 때문이다. 탐사선을 롤러코스터에 비유한다면 쉽게 이해할 수 있다. 롤러코스터는 높은 곳에서 낮은 곳으로 내려갈 때 속도가 증가하지만, 가장 낮은 지점을 지나 다시 위로 올라가면서 속도가 감소한다.

㉠스윙바이는 행성의 공전 속도를 훔쳐오는 것이다. 그런데 운동량 보존 법칙에 따라 스윙바이를 통해 탐사선과 행성이 주고받은 운동량은 같다. 이 말은 탐사선의 속도가 빨라진 것처럼 행성의 속도는 느려졌다는 것을 의미한다. 서로 주고받은 운동량은 질량과 속도 변화량을 곱한 것이므로 행성에 비해 질량이 작은 탐사선은 속도가 크게 증가하지만, 질량이 매우 큰 행성은 속도가 거의 줄어들지 않는다. 실제로 지구와의 스윙바이를 통해 초속 8.9km의 속도를 얻은 '갈릴레오 호'로 인해 지구의 공전 속도는 1억 년 동안 1.2cm쯤 늦어지게 되었다.

– 홍준의 외, 《살아 있는 과학 교과서1》

어휘력 넓히기

나아갈 진(進)

● **진입(進入)** 향하여 내처 들어감.

● **증진(增進)** 기운이나 세력 따위가 점점 더 늘어 가고 나아감.

● **점진적(漸進的)** 조금씩 앞으로 나아가는. 또는 그런 것.

✓ 간단 확인

이번 회담은 양국의 우호 ( )을 위한 것이다.

세부 내용 이해하기

1 학평 응용

이 글을 읽고 알 수 있는 내용으로 적절하지 <u>않은</u> 것은?

① 스윙바이 후 행성의 공전 속도 변화는 매우 작다.

② 탐사선이 스윙바이를 하는 동안에 행성의 중력은 변화한다.

③ 스윙바이는 행성의 공전을 이용하여 탐사선이 속도를 얻는 방법이다.

④ 탐사선의 추진력만으로는 필요한 속도에 도달하기 어렵기 때문에 스윙바이를 한다.

⑤ 스윙바이를 통해 속도를 효과적으로 얻기 위해서는 탐사선이 행성에서 멀어지는 방향이 행성의 공전 방향에 가까워야 한다.

추론하기

2 ⊙을 이해한 것으로 적절한 것은?

① 탐사선이 얻은 속도와 행성이 잃은 공전 속도가 같다.

② 탐사선이 얻은 속도가 행성이 잃은 공전 속도보다 작다.

③ 탐사선이 얻은 운동량이 행성이 잃은 운동량과 같다.

④ 탐사선이 얻은 운동량이 행성이 잃은 운동량보다 작다.

⑤ 탐사선이 잃은 운동량이 행성이 얻은 운동량보다 크다.

어휘의 문맥적 의미

3 학평 응용

문맥상 ⓐ～ⓔ의 단어와 가장 가까운 의미로 쓰인 것은?

① ⓐ: 나는 선생님이 너무 <u>어려워서</u>, 그 앞에서는 말도 제대로 못 한다.

② ⓑ: 동생은 가끔 쓸데없는 일을 <u>만들어서</u> 사람을 피곤하게 했다.

③ ⓒ: 우리는 여행에 대한 정보를 인터넷으로 <u>알아보았다</u>.

④ ⓓ: 우리가 추진했던 사업이 서서히 그 결실을 <u>나타내고</u> 있다.

⑤ ⓔ: 그는 자기를 보면 반가워할 아내와 아이들을 <u>그리며</u> 선물을 준비했다.

 어법 클리닉❶

'어떻게'와 '어떡해'

어떻게	어떡해
'어떠하다'가 줄어든 '어떻다'에 어미 '-게'가 결합한 말. 부사형 활용이므로 용언을 수식함. 예 학교까지 <u>어떻게</u> 가니?	'어떻게 해'가 줄어든 말. 완결된 구이므로 다른 용언을 수식하지 못함. 예 수업 시간에 늦어서 <u>어떡해</u>.

다음 문장의 괄호 안에 들어갈 올바른 표현을 고르세요.

(1) 지갑을 두고 오면 (어떡해 / 어떻게)?

(2) 네가 나에게 (어떡해 / 어떻게) 이럴 수 있어?

(3) (어떡해 / 어떻게) 된 영문인지 도무지 알 수 없었다.

[4~6] 다음을 읽고, 물음에 답하시오.

2019년 9월 고1 학력평가

우리 몸에는 외부의 환경이나 미생물로부터 스스로를 지키기 위한 자기 방어 시스템이 있는데, 이를 자연치유력이라고 한다. 우리 몸은 이상이 생겼을 때 자기 진단과 자기 수정을 통해 이를 정상적으로 회복하기 위해 노력한다. 인체의 자연치유력 중 하나인 ㉠'오토파지'는 세포 안에 쌓인 불필요한 단백질과 망가진 *세포 소기관을 분해해 세포의 에너지원으로 사용하는 현상이다.

평소에는 우리 몸이 *항상성을 유지할 정도로 오토파지가 최소한으로 일어나는데, 인체가 오랫동안 영양소를 섭취하지 못하거나 해로운 균에 감염되는 등 스트레스를 받으면 활성화된다. 예를 들어 밥을 제때에 먹지 않아 영양분이 충분히 공급되지 않으면 우리 몸은 오토파지를 통해 생존에 필요한 아미노산과 에너지를 얻는다. 이외에도 몸속에 침투한 세균이나 바이러스를 오토파지를 통해 제거하기도 한다.

그렇다면 오토파지는 어떤 과정을 거쳐 일어날까? 세포 안에 불필요한 단백질과 망가진 세포 소기관이 쌓이면 세포는 세포막을 이루는 구성 성분을 이용해 이를 이중막으로 둘러싸 작은 주머니를 만든다. 이 주머니를 '오토파고솜'이라고 ⓐ부른다. 오토파고솜은 세포 안을 둥둥 떠다니다가 리소좀을 만나서 합쳐진다. '리소좀'은 단일막으로 둘러싸인 구형의 구조물로 그 속에 가수분해효소를 가지고 있어 오토파지 현상을 주도하는 역할을 한다. 오토파고솜과 리소좀이 합쳐지면 '오토파고리소좀'이 되는데 리소좀 안에 있는 가수분해효소가 오토파고솜 안에 있던 쓰레기들을 잘게 부수기 시작한다. 분해가 끝나면 막이 터지면서 막 안에 들어 있던 잘린 조각들이 쏟아져 나온다. 그리고 이 조각들은 에너지원으로 쓰이거나 다른 세포 소기관을 만드는 재료로 재활용된다.

이러한 오토파지가 정상적으로 작동하지 않으면 불필요한 단백질과 망가진 세포 소기관이 세포 안에 쌓이면서 세포 내 항상성이 무너져 노화나 질병을 초래한다. 그래서 과학자들은 여러 가지 실험을 통해 오토파지를 활성화시키는 방법을 연구하거나 오토파지를 이용해 병을 치료하는 방법을 찾고 있다. 자연치유력에는 오토파지 이외에도 '면역력', '아포토시스' 등이 있다. '면역력'은 질병으로부터 우리 몸을 지키는 방어 시스템이다. ㉡'아포토시스'는 개체를 보호하기 위해 비정상 세포, 손상된 세포, 노화된 세포가 스스로 **사멸(死滅)**하는 과정으로 우리 몸을 건강한 상태로 유지하게 한다. 이러한 현상들을 통해 우리는 우리 몸을 지킬 수 있는 것이다.

– 이은희 외, 《미래를 읽다 과학이슈》

- **세포 소기관** 세포핵, 골지체, 소포체, 리보솜, 리소좀 등의 세포 안에 들어 있는 작은 기관들.
- **항상성** 생체가 여러 가지 환경 변화에 대응하여 생명 현상이 제대로 일어날 수 있도록 일정한 상태를 유지하는 성질. 또는 그런 현상.

📝 지문 이해

해제 인체의 자연치유력의 개념을 정의하고, (　　)의 개념, 기능, 과정 등을 설명하고 있다.

주제 우리 몸의 (　　) 중 하나인 오토파지의 원리

📖 어휘력 넓히기

멸망할 멸(滅)
- **사멸(死滅)** 죽어 없어짐.
- **자멸(自滅)** 스스로 자신을 망치거나 멸망함.
- **환멸(幻滅)** 꿈이나 기대나 환상이 깨어짐. 또는 그때 느끼는 괴롭고도 속절없는 마음.

☑ 간단 확인

그는 도시의 메마른 삶에 (　　)을 느껴 낙향하였다.

중심 내용 이해하기

4 이 글의 표제와 부제로 가장 적절한 것은?

① 세포의 재생 능력 – 리소좀의 구조와 기능을 중심으로

② 인체의 자연치유력 – 오토파지의 원리를 중심으로

③ 질병을 예방하는 방법 – 세포의 면역력을 중심으로

④ 노화를 막기 위한 방법 – 아포토시스의 원리를 중심으로

⑤ 우리 몸의 자기 면역 방어 – 오토파지를 활성화시키는 방법을 중심으로

대상 간에 비교하기

5 ㉠과 ㉡에 대한 설명으로 가장 적절한 것은?

① ㉠은 ㉡과 달리 세포 소기관보다는 개체를 보호하기 위해 일어난다.

② ㉡은 ㉠과 달리 손상된 세포가 스스로 사멸함으로써 우리 몸의 항상성을 유지한다.

③ ㉡은 ㉠과 달리 우리 몸에 영양 공급이 부족하거나 바이러스가 침투했을 때 발생한다.

④ ㉠과 ㉡은 모두 생존에 필요한 아미노산과 에너지를 다량으로 얻기 위해 작동한다.

⑤ ㉠과 ㉡은 모두 작동 과정에서 세포가 분해되어 다른 세포 소기관을 만드는 데 활용된다.

어휘의 문맥적 의미

학평 응용

6 문맥상 의미가 ⓐ와 가장 가까운 것은?

① 화는 또 다른 화를 <u>부른다</u>.

② 사람들은 그를 불운한 천재라고 <u>부른다</u>.

③ 선생님은 평소보다 늦은 시간에 출석을 <u>불렀다</u>.

④ 그녀는 건너편에 있는 친구를 큰 소리로 <u>불렀다</u>.

⑤ 과제를 함께 하기 위해 친구들을 집으로 <u>불렀다</u>.

어법 클리닉❷

'안'과 '않–'

안	않–
'아니'의 준말로, 뒤따라오는 서술어를 부정함. 예 눈이 안 온다.	용언 '않다'의 어간으로, 앞서 나온 서술어를 부정함. 예 일이 생각만큼 쉽지 않다.

다음 문장의 괄호 안에 들어갈 올바른 표현을 고르세요.

(1) 오늘은 (안 / 않) 덥네.

(2) 남의 물건에 함부로 손대면 (안 / 않) 돼.

(3) 아무리 물을 줘도 꽃이 피지 (안아 / 않아).

① 농도 / 일정한 온도에서 일정한 양의 용매에 녹을 수 있는 용질의 최대의 양. / 용해도

② 용매 / 용액에 녹아 있는 물질. / 용질

③ 포화 / 더 이상의 양을 수용할 수 없이 가득 참. / 불포화

④ 삼투 / 액체 속에 들어 있는 침전물이나 입자를 걸러 내는 일. / 여과

⑤ 분자 / 물질에서 화학적 형태와 성질을 잃지 않고 분리될 수 있는 최소의 입자. / 원자

⑥ 밀폐 / 샐 틈이 없이 꼭 막거나 닫음. / 진공

⑦ 방부 / 물질이 썩거나 삭아서 변질되는 것을 막음. / 부패

8 내행성   태양계에서, 태양과 지구 사이에 있는 행성.   외행성

9 유성   행성의 인력에 의해 그 둘레를 도는 천체.   위성

10 공전   천체가 스스로 고정된 축을 중심으로 회전함.
또는 그런 운동.   자전

11 관측하다   육안이나 기계로 자연 현상 특히
천체나 기상의 상태, 추이, 변화 등을 관찰하여 측정하다.   측량하다

12 수평선   편평한 대지의 끝과 하늘이 맞닿아 경계를 이루는 선.   지평선

13 담수   강이나 호수 등과 같이 염분이 없는 물.   해수

14 침전물   암석의 파편이나 생물의 유해 등이 물, 빙하, 바람, 중력 등의
작용으로 운반되어 땅 표면에 쌓인 물질.   퇴적물

2단계
꼼꼼히 확인하기 / 1단계 퀴즈의 정답은 아래에서 **초록색으로 표시**했습니다.
오답의 어휘와 뜻풀이까지 꼼꼼하게 확인해 보세요.

화학, 지구 과학

1 [ㄴ ㄷ] 짙을 농 濃, 정도 도 度

주어진 양의 용매나 용액에 들어 있는 용질의 양.

용해도 녹을 용 溶, 풀 해 解, 정도 도 度

일정한 온도에서 일정한 양의 용매에 녹을 수 있는 용질의 최대의 양. ≒녹음도.

😊 용매에 용질을 계속해서 넣으면 어느 한도까지는 녹지만 그 이상은 녹지 않아. 이를 포화 상태라 하고, 포화 상태에서의 용질의 양을 용해도라고 할 수 있어.

2 [ㅇ ㅁ] 녹을 용 溶, 매개 매 媒

어떤 액체에 물질을 녹여서 용액을 만들 때 그 액체를 가리키는 말. ≒용해제.

용질 녹을 용 溶, 바탕 질 質

용액에 녹아 있는 물질. ≒용해질.

😊 액체에 액체를 녹일 때에는 많은 쪽의 액체를 용매, 적은 쪽의 액체를 용질이라고 해.

3 **포화** 가득 찰 포 飽, 화할 화 和

더 이상의 양을 수용할 수 없이 가득 참.

😊 용매에 용질이 최대 녹아 있어 더 이상 용해되지 않는 상태를 포화 상태라 하고, 포화 상태의 용액을 포화 용액이라고 해.

[ㅂ ㅍ ㅎ] 아닐 불 不, 가득 찰 포 飽, 화할 화 和

① 최대한도까지 한껏 이르지 않음. ② 포화에 미달한 상태.

😊 용질이 용매에 더 녹을 수 있는 상태를 불포화 상태, 용액이 용해도 이상의 용질을 함유하고 있는 상태를 과포화 상태라고 해.

4 [ㅅ ㅌ] 스밀 삼 滲, 통할 투 透

농도가 다른 두 액체를 반투막으로 막아 놓았을 때에, 농도가 낮은 쪽에서 농도가 높은 쪽으로 용매가 옮겨 가는 현상.

😊 삼투의 결과 두 액체의 농도는 같게 돼.

여과 거를 여 濾, 지날 과 過

거름종이나 여과기를 써서 액체 속에 들어 있는 침전물이나 입자를 걸러 내는 일. ≒거르기.

5 **분자** 나눌 분 分, 어조사 자 子

물질에서 화학적 형태와 성질을 잃지 않고 분리될 수 있는 최소의 입자.

😊 1원자의 분자도 있지만, 보통은 두 개 이상의 원자가 결합되어 이루어져. 원자 수가 수천, 수만인 것을 고분자라고 해.

[ㅇ ㅈ] 근원 원 原, 어조사 자 子

물질의 기본적 구성 단위. ≒아톰.

😊 원자는 하나의 핵과 이를 둘러싼 여러 개의 전자로 구성되어 있고, 원자 한 개 또는 여러 개가 모여 분자를 이뤄.

6 **밀폐** 빽빽할 밀 密, 닫을 폐 閉

샐 틈이 없이 꼭 막거나 닫음.

[ㅈ ㄱ] 참 진 眞, 빌 공 空

물질이 전혀 존재하지 않는 공간.

😊 진공을 인위적으로 만들어 낼 수는 없어. 우리가 진공이라고 부르는 상태 대부분은 실제로는 극히 저압의 상태를 말해.

7 **방부** 막을 방 防, 썩을 부 腐

물질이 썩거나 삭아서 변질되는 것을 막음.

[ㅂ ㅍ] 썩을 부 腐, 무너질 패 敗

단백질이나 지방 등의 유기물이 미생물의 작용에 의하여 분해되는 과정. 또는 그런 현상.

😊 부패가 진행되면 독특한 냄새가 나거나 유독성 물질이 발생해.

😊 나프탈렌과 같은 방부제를 사용하기도 하고, 건조, 냉장, 밀폐, 소금 절임, 훈제, 가열 등의 방법을 사용할 수도 있어.

⑧ 내행성   안 내 內, 다닐 행 行, 별 성 星

태양계에서, 태양과 지구 사이에 있는 행성. 수성, 금성 등이 있음. 늑하행성.

☺ '행성(行星)'은 '중심 별의 강한 인력의 영향으로 타원 궤도를 그리며 중심 별의 주위를 도는 천체.'를 의미해. 태양계에는 수성, 금성, 지구, 화성, 목성, 토성, 천왕성, 해왕성의 여덟 개 행성이 있어.

ㅇ ㅎ ㅅ   바깥 외 外, 다닐 행 行, 별 성 星

태양계에서 궤도가 지구보다 바깥쪽에 있는 행성. 화성, 목성, 토성, 천왕성, 해왕성 등이 있음. 늑상행성.

⑨ ㅇ ㅅ   흐를 유 流, 별 성 星

지구의 대기권 안으로 들어와 빛을 내며 떨어지는 작은 물체.

위성   지킬 위 衛, 별 성 星

행성의 인력에 의해 그 둘레를 도는 천체. 지구에는 달이 있음.

참 **항성(恒星)**: 천구 위에서 서로의 상대 위치를 바꾸지 않고 별자리를 구성하는 별. 늑붙박이별.

⑩ ㄱ ㅈ   공평할 공 公, 구를 전 轉

한 천체(天體)가 다른 천체의 둘레를 주기적으로 도는 일. 늑공전 운동.

☺ 행성이 태양의 둘레를 돌거나 위성이 행성의 둘레를 도는 것을 말해. 지구가 태양의 둘레를 도는 것이나, 달이 지구의 둘레를 도는 것처럼 말이야.

자전   스스로 자 自, 구를 전 轉

천체(天體)가 스스로 고정된 축을 중심으로 회전함. 또는 그런 운동. 늑자전 운동.

☺ 지구는 자전 운동과 공전 운동을 같이 하고 있어.

⑪ ㄱ ㅊ 하다   볼 관 觀, 잴 측 測

육안이나 기계로 자연 현상 특히 천체나 기상의 상태, 추이, 변화 등을 관찰하여 측정하다.

측량하다   잴 측 測, 헤아릴 량 量

기기를 써서 물건의 높이, 깊이, 넓이, 방향 등을 재다.

⑫ ㅅ ㅍ ㅅ   물 수 水, 평평할 평 平, 선 선 線

물과 하늘이 맞닿아 경계를 이루는 선.

지평선   땅 지 地, 평평할 평 平, 선 선 線

편평한 대지의 끝과 하늘이 맞닿아 경계를 이루는 선.

⑬ 담수   맑을 담 淡, 물 수 水

강이나 호수 등과 같이 염분이 없는 물. =민물.

ㅎ ㅅ   바다 해 海, 물 수 水

바다에 괴어 있는 짠물. =바닷물.

⑭ 침전물   잠길 침 沈, 앙금 전 澱, 물건 물 物

액체의 밑바닥에 가라앉은 물질.

ㅌ ㅈ ㅁ   쌓을 퇴 堆, 쌓을 적 積, 물건 물 物

암석의 파편이나 생물의 유해 등이 물, 빙하, 바람, 중력 등의 작용으로 운반되어 땅 표면에 쌓인 물질.

빈칸 답 ❶농도 ❷용매 ❸불포화 ❹삼투 ❺원자 ❻진공 ❼부패 ❽외행성 ❾유성 ❿공전 ⓫관측 ⓬수평선 ⓭해수 ⓮퇴적물

아래에서 빈칸에 알맞은 어휘를 <보기>에서 찾아 문맥에 맞게 쓰세요.

보기

공전	농도	밀폐	방부	부패	분자	삼투
여과	용매	위성	유성	자전	진공	포화
해수	내행성	용해도	지평선	퇴적물	관측하다	측량하다

01 천문학자들은 해와 달의 위치를 [ ] 천체 운동의 규칙성을 발견해 냈다.

　① 육안이나 기계로 자연 현상 특히 천체나 기상의 상태, 추이, 변화 따위를 관찰하여 측정하다.
　② 어떤 사정이나 형편 따위를 잘 살펴보고 그 장래를 헤아리다.

▶ 지구의 자전이나 공전으로 인해 지구에서 ○○할 때 천체가 움직이는 것처럼 보이거나 실제 움직임과는 다르게 보이는 현상을 '겉보기 운동'이라 한다.
　– 2018. 11. 고1 학평

02 해저 화산이 폭발해 [ ] 온도가 10도가량 상승했다.

　바다에 괴어 있는 짠물.

03 빗물은 간단한 불순물 [ ] 처리 후 생활용수로 활용할 수 있다.

　① 거름종이나 여과기를 써서 액체 속에 들어 있는 침전물이나 입자를 걸러 내는 일.
　② 주로 부정적인 요소를 걸러 내는 과정을 비유적으로 이르는 말.

▶ 물이 절대적으로 한정된 달 기지나 우주 정거장에서는 버려진 물을 ○○하여 사용해야 한다.
　– 2015. 9. 고1 학평

04 [ ]의 온도를 높이면 용질이 더 빨리 녹는다.

　어떤 액체에 물질을 녹여서 용액을 만들 때 그 액체를 가리키는 말.

▶ 비휘발성 용질을 녹인 용액은 순수한 ○○보다 증기압이 낮기 때문에 더 높은 온도가 되어야 용액의 증기압과 대기압이 같아진다.
　– 2015. 6. 고1 학평

05 과거에 살았던 생물의 유해나 흔적이 [ ] 사이에 묻힌 채로 굳어져 지금까지 남아 있는 것이 화석이다.

　① 많이 덮쳐 쌓인 물건.
　② 암석의 파편이나 생물의 유해 따위가 물, 빙하, 바람, 중력 따위의 작용으로 운반되어 땅 표면에 쌓인 물질.

06 낮과 밤이 있는 것은 지구가 태양 빛을 받으며 [ ]을/를 하기 때문이다.

　① 저절로 돎.
　② 천체(天體)가 스스로 고정된 축을 중심으로 회전함. 또는 그런 운동.

▶ 지구는 하루에 한 바퀴 ○○하면서 태양 주위를 일 년에 한 바퀴 공전한다.
　– 2018. 11. 고1 학평

07 여름철에는 음식물의 [ ]이/가 빠르게 진행되기 때문에 보관에 주의해야 한다.

　① 정치, 사상, 의식 따위가 타락함.
　② 단백질이나 지방 따위의 유기물이 미생물의 작용에 의하여 분해되는 과정. 또는 그런 현상.

썩은 내가 지동쓰네.

08 수소 원자 두 개와 산소 원자 한 개가 결합하여 물 [   ]을/를 이룬다.

　① 어떤 특성을 가진 인간 개체.
　② 물질에서 화학적 형태와 성질을 잃지 않고 분리될 수 있는 최소의 입자.

▶ 잎의 세포에서는 물이 공기 중으로 증발하면서 아래쪽의 물 ○○를 끌어 올리는 현상이 일어난다.
　　　　　　　－ 2019. 6. 고1 학평

09 빛을 내며 떨어지는 [   ]을/를 보려고 밤하늘을 계속 올려다보았다.

　지구의 대기권 안으로 들어와 빛을 내며 떨어지는 작은 물체.

10 햄은 돼지고기를 소금에 절인 후 훈제하여 [   ] 처리한 가공식품이다.

　물질이 썩거나 삭아서 변질되는 것을 막음.

11 목성의 [   ] 중 하나인 유로파에는 바다가 존재한다고 알려져 있다.

　① 행성의 인력에 의하여 그 둘레를 도는 천체.
　② 지구 따위의 행성 둘레를 돌도록 로켓을 이용하여 쏘아 올린 인공의 장치.

▶ 현재 지구를 도는 약 30개의 GPS ○○은 일정한 속력으로 정해진 궤도를 돌면서, 자신의 위치 정보 및 시각 정보를 담은 신호를 지구로 송신한다.
　　　　　　　－ 2019. 3. 고1 학평

12 [   ]은/는 물질에 따라 달라서, 같은 양의 물에 설탕이 소금보다 더 많이 녹는다.

　일정한 온도에서 일정한 양의 용매에 녹을 수 있는 용질의 최대의 양.

13 사막에서는 어디를 둘러보아도 끝없는 [   ]만 보일 뿐이었다.

　① 편평한 대지의 끝과 하늘이 맞닿아 경계를 이루는 선.
　② 지평면이 천구와 만나는 큰 원.

▶ …… 금성은 관측자의 ○○○ 위에 있게 되고 태양은 ○○○ 아래에 있게 되므로 태양이 진 후 초저녁 서쪽 하늘에서 금성을 관측할 수 있다.
　　　　　　　－ 2018. 11. 고1 학평

14 탄산수는 이산화 탄소의 [   ] 수용액이다.

　① 더 이상의 양을 수용할 수 없이 가득 참.
　② 일정한 조건하에 있는 어떤 상태 함수의 변화에 따라서 다른 양의 증가가 나타날 경우에, 앞의 것을 아무리 크게 변화시켜도 뒤의 것이 일정 한도에서 머무르는 일.

15 반찬이 상하지 않도록 [   ] 용기에 담아서 냉장 보관하였다.

　샐 틈이 없이 꼭 막거나 닫음.

▶ ○○된 용기 속에 물을 담아 두면 물 분자들은 표면에서 일정한 속도로 증발한다.
　　　　　　　－ 2015. 6. 고1 학평

• 맞힌 개수 (　　　) / 15문항

12개 이상	다음 회차로 넘어가도 되겠어요!
8개 ~ 11개	[문맥으로 소화하기] 한 번만 더 읽고 갈까요?
7개 이하	전체를 복습하고 넘어가야겠어요.

① 가열 | 식어서 차게 됨. 또는 식혀서 차게 함. | 냉각

② 내구성 | 물질이 원래의 상태에서 변질되거나 변형됨이 없이 오래 견디는 성질. | 실용성

③ 공정 | 필요한 것을 베풀어서 갖춤. 또는 그런 시설. | 설비

④ 용접하다 | 녹인 쇠붙이를 거푸집에 부어 물건을 만들다. | 주조하다

⑤ 진보 | 정도나 수준이 나아지거나 높아짐. | 퇴보

⑥ 갱신 | 묵은 풍속, 관습, 조직, 방법 등을 완전히 바꾸어서 새롭게 함. | 혁신

⑦ 메커니즘 | 사물의 작용 원리나 구조. | 인프라

8 원근법 | 일정한 시점에서 본 물체와 공간을 눈으로 보는 것과 같이 멀고 가까움을 느낄 수 있도록 평면 위에 표현하는 방법. | 음영법

9 산수화 | 동양화에서, 산과 물이 어우러진 자연의 아름다움을 그린 그림. | 풍속화

10 모티프 | 어떤 한 시대 사람들의 견해나 사고를 근본적으로 규정하고 있는 테두리로서의 인식의 체계. | 패러다임

11 미의식 | 아름다움을 느끼고 판단하는 감정이나 견해. | 미학

12 고전주의 | 19세기 후반 유럽에서 유행한, 순간적인 인상을 표현하는 것을 목적으로 한 예술 경향. | 인상주의

13 오브제 | 사진을 찍는 대상이 되는 물체. | 피사체

14 감흥 | 창조적인 일의 계기가 되는 기발한 착상이나 자극. | 영감

기술, 예술

1 ㄱ ㅇ 더할 가 加, 더울 열 熱

어떤 물질에 열을 가함.

냉각 찰 냉 冷, 물리칠 각 却

식어서 차게 됨. 또는 식혀서 차게 함.

2 ㄴ ㄱ ㅅ 견딜 내 耐, 오랠 구 久, 성질 성 性

물질이 원래의 상태에서 변질되거나 변형됨이 없이 오래 견디는 성질.

실용성 열매 실 實, 쓸 용 用, 성질 성 性

실제적인 쓸모가 있는 성질이나 특성.

3 ㄱ ㅈ 일 공 工, 단위 정 程

① 일이 진척되는 과정이나 정도. ② 한 제품이 완성되기까지 거쳐야 하는 하나하나의 작업 단계.

설비 베풀 설 設, 갖출 비 備

필요한 것을 베풀어서 갖춤. 또는 그런 시설.

4 ㅇ ㅈ 하다 쇠 녹일 용 鎔, 이을 접 接

두 개의 금속·유리·플라스틱 등을 녹이거나 반쯤 녹인 상태에서 서로 이어 붙이다. ≒접합하다.

주조하다 쇠 부어 만들 주 鑄, 지을 조 造

녹인 쇠붙이를 거푸집에 부어 물건을 만들다. ≒용조하다, 주성하다.

5 ㅈ ㅂ 나아갈 진 進, 걸음 보 步

정도나 수준이 나아지거나 높아짐.

⬌

퇴보 물러날 퇴 退, 걸음 보 步

정도나 수준이 이제까지의 상태보다 뒤떨어지거나 못하게 됨.

🔵 개화(開化): 사람의 지혜가 열려 새로운 사상, 문물, 제도 등을 가지게 됨.

6 **갱신** 다시 갱 更, 새 신 新

이미 있던 것을 고쳐 새롭게 함. =경신.

😊 위의 뜻으로 쓰일 때에는 갱신과 경신을 모두 써도 되지만 둘을 구분해서 써야 할 때도 있는데, 기록은 '경신', 계약은 '갱신'하는 것이 바른 표현이야.

ㅎ ㅅ 늙을 혁 革, 새 신 新

묵은 풍속, 관습, 조직, 방법 등을 완전히 바꾸어서 새롭게 함.

🔵 쇄신(刷新): 그릇된 것이나 묵은 것을 버리고 새롭게 함.

7 ㅁ ㅋ ㄴ ㅈ mechanism

사물의 작용 원리나 구조.

인프라 infrastructure

생산이나 생활의 기반을 형성하는 중요한 구조물. ≒인프라스트럭처.

😊 도로, 항만, 철도, 발전소, 통신 시설 등의 산업 기반과 학교, 병원, 상수·하수 처리 등의 생활 기반이 있어.

8 ⭕ ⓒ ⓑ　　원근법 멀 원 遠, 가까울 근 近, 방법 법 法

일정한 시점에서 본 물체와 공간을 눈으로 보는 것과 같이 멀고 가까움을 느낄 수 있도록 평면 위에 표현하는 방법.

😊 선들이 모이는 점(소실점)을 이용한 선 원근법과, 명도와 채도 등의 색채를 이용한 공기 원근법이 있어.

음영법 그늘 음 陰, 그림자 영 影, 방법 법 法

회화에서, 한 가지 색상의 명도 차에 의하여 입체감을 나타내는 기법. =명암법.

9 **산수화** 산 산 山, 물 수 水, 그림 화 畵

동양화에서, 산과 물이 어우러진 자연의 아름다움을 그린 그림. ≒산수, 산수도.

ⓟ ⓢ ⓗ　풍속 풍 風, 풍속 속 俗, 그림 화 畵

그 시대의 세정과 풍습을 그린 그림. =풍속도.

10 ⓜ ⓣ ⓟ　motif

회화, 조각, 소설 등의 예술 작품을 표현하는 동기가 된 작가의 중심 사상. ≒모티브.

패러다임 paradigm

어떤 한 시대 사람들의 견해나 사고를 근본적으로 규정하고 있는 테두리로서의 인식의 체계.

11 **미의식** 아름다울 미 美, 뜻 의 意, 알 식 識

아름다움을 느끼고 판단하는 감정이나 견해.

ⓜ ⓗ　아름다울 미 美, 학문 학 學

자연이나 인생 및 예술 등에 담긴 미의 본질과 구조를 해명하는 학문. ≒심미학.

참 예술 철학(藝術哲學): 예술에 관한 근본 원리를 연구하는 학문.

12 **고전주의** 옛 고 古, 의식 전 典, 주인 주 主, 옳을 의 義

17~18세기 근대 유럽에서 발달한, 단정한 형식미를 중시하며 조화·균형·완성 등을 추구하려는 창작 태도.

😊 고전주의라는 이름이 붙은 것은 이들이 고대 그리스·로마의 예술 작품을 모범으로 삼았기 때문이야.

ⓞ ⓢ ⓙ ⓞ　인상 인 印, 모양 상 象, 주인 주 主, 옳을 의 義

19세기 후반 유럽에서 유행한, 순간적인 인상을 표현하는 것을 목적으로 한 예술 경향.

😊 인상주의 미술은 사물의 고유색을 부정하고 태양 광선에 의해 시시각각 변해 보이는 대상의 순간적인 색채를 포착해서 그렸어.

13 **오브제** objet

일상생활 용품 등을 본래의 용도에서 분리하여 작품에 사용함으로써 새로운 느낌을 일으키는 물체를 이르는 말.

ⓟ ⓢ ⓒ　당할 피 被, 베낄 사 寫, 물체 체 體

사진을 찍는 대상이 되는 물체.

14 **감흥** 느낄 감 感, 일어날 흥 興

마음속 깊이 감동받아 일어나는 흥취.

ⓞ ⓖ　정신 영 靈, 느낄 감 感

창조적인 일의 계기가 되는 기발한 착상이나 자극.

빈칸 답 ❶가열 ❷내구성 ❸공정 ❹용접 ❺진보 ❻혁신 ❼메커니즘 ❽원근법 ❾풍속화 ❿모티프 ⓫미학 ⓬인상주의 ⓭피사체 ⓮영감

문맥으로 소화하기

기술, 예술

아래에서 빈칸에 알맞은 어휘를 <보기>에서 찾아 문맥에 맞게 쓰세요.

보기

공정	냉각	미학	설비	영감	진보	혁신
내구성	모티프	미의식	산수화	실용성	원근법	인프라
풍속화	피사체	고전주의	메커니즘	용접하다	인상주의	패러다임

01 공장의 [   ]을/를 현대화하여 제품의 생산 속도가 빨라졌다.

필요한 것을 베풀어서 갖춤. 또는 그런 시설.

▶ 초고층 건물은 특수한 ○○를 이용하여 바람으로 인한 건물의 흔들림을 줄이기도 하는데 ……
– 2018. 3. 고1 학평

02 이 그림에는 작가의 [   ]이/가 잘 표현되어 있다.

미(美)를 느끼거나 이해하고, 미를 가리어 판단하는 의식.

03 신제품은 기존 제품보다 [   ]이/가 훨씬 향상되어 웬만한 충격에는 끄떡없다.

물질이 원래의 상태에서 변질되거나 변형됨이 없이 오래 견디는 성질.

▶ 서양은 …… 질 나쁜 종이로 책을 제작해야 했기에 책의 ○○○을 높이기 위한 기술이 필요했다.
– 2017. 9. 고1 학평

04 그는 소소한 일상생활에서 [   ]을/를 얻어 시를 쓴다고 밝혔다.

① 신령스러운 예감이나 느낌.
② 창조적인 일의 계기가 되는 기발한 착상이나 자극.

05 화가는 의도적으로 [   ]을/를 무시하고 뒤에 위치한 인물을 더 크게 그렸다.

일정한 시점에서 본 물체와 공간을 눈으로 보는 것과 같이 멀고 가까움을 느낄 수 있도록 평면 위에 표현하는 방법.

▶ 중국을 거쳐 들어온 서양화법 중 ○○○, 투시법 등을 수용해 보다 사실적인 경치를 그려내었다.
– 2017. 9. 고1 학평

06 공장 생산품의 불량률을 낮추기 위해 모든 [   ]을/를 기계화·자동화하였다.

① 일이 진척되는 과정이나 정도.
② 한 제품이 완성되기까지 거쳐야 하는 하나하나의 작업 단계.

07 [   ] 화가들은 빛에 따라 달라지는 사물의 순간적인 인상을 표현하고자 하였다.

① 19세기 후반에서 20세기 초에 걸쳐 프랑스를 중심으로 유럽에서 유행한 예술 경향. 있는 그대로의 것을 재현하는 것보다는 사물에서 작가가 받은 순간적인 인상을 표현하는 것을 목적으로 하였다. ② 19세기 후반 프랑스에서 일어난 근대 미술의 한 경향. 사물의 고유색을 부정하고 태양 광선에 의하여 시시각각으로 변해 보이는 대상의 순간적인 색채를 포착해서 밝은 그림을 그렸다.

▶ 19세기 말 등장한 ○○○○와 후기 ○○○○는 전통적인 회화에서 중시되었던 사실주의적 회화 기법을 거부하고 회화의 새로운 경향을 추구하였다.
– 2018. 3. 고1 학평

08 과학 기술의 발전은 인류의 [   ]에 큰 영향을 끼쳤다.

① 정도나 수준이 나아지거나 높아짐.
② 역사 발전의 합법칙성에 따라 사회의 변화나 발전을 추구함.

09 기술자들은 쇠파이프 여러 개를 [   ] 길게 이었다.

두 개의 금속·유리·플라스틱 따위를 녹이거나 반쯤 녹인 상태에서 서로 이어 붙이다.

10 이 기업은 원가 절감을 위해 기술 [   ]을/를 시도하였다.

묵은 풍속, 관습, 조직, 방법 따위를 완전히 바꾸어서 새롭게 함.

11 정선은 조선 시대 [   ]의 대가로, 우리 강산의 아름다움을 화폭에 담아냈다.

동양화에서, 산과 물이 어우러진 자연의 아름다움을 그린 그림.

▶ 진경○○○는 우리나라의 산하를 직접 답사하고 화폭에 담은 ○○○이다.
– 2017. 9. 고1 학평

12 서양의 근대는 합리주의와 경험주의의 [   ]이/가 지배하였다.

어떤 한 시대 사람들의 견해나 사고를 근본적으로 규정하고 있는 테두리로서의 인식의 체계.
또는 사물에 대한 이론적인 틀이나 체계.

13 카메라와 [   ]의 거리가 너무 가까우면 초점이 맞지 않을 수 있다.

사진을 찍는 대상이 되는 물체.

▶ 일반적으로 사진을 찍을 때는 사진에 담을 대상인 중심 ○○○를 먼저 선정하여 화면 중앙에 놓고 이것에 초점을 맞춘다.
– 2015. 3. 고1 학평

14 [   ] 장치가 고장 났는지 냉장고에 넣어 놓은 물이 전혀 시원해지지 않았다.

① 식어서 차게 됨. 또는 식혀서 차게 함.
② 애정, 정열, 흥분 따위의 기분이 가라앉음. 또는 가라앉힘.

15 이 그림은 죽음을 주된 [   ](으)로 하여 어둡고 우울한 분위기가 강하다.

회화, 조각, 소설 따위의 예술 작품을 표현하는 동기가 된 작가의 중심 사상.

▶ 가우디의 건축물들은 …… 자연에서 작품의 ○○○를 따 와 대부분 직선이 없고 포물선과 나선 등 수학적인 곡선이 주를 이룬다.
– 2016. 6. 고1 학평

16 기기 압력을 조절할 수 있는 새로운 [   ]이/가 개발되었다.

① 사물의 작용 원리나 구조. ② 문학의 내용을 지탱하는 기교 또는 수법.
③ 어떤 행위를 성취하는 의식적 또는 무의식적 심리 과정.

• 맞힌 개수 (   ) / 16문항

12개 이상	다음 회차로 넘어가도 되겠어요!
8개 ~11개	[문맥으로 소화하기] 한 번만 더 읽고 갈까요?
7개 이하	전체를 복습하고 넘어가야겠어요.

교재 128~139쪽에서 공부한 어휘를 문제로 확인해 보세요.

[01~03] 다음 문장의 괄호 안에 들어갈 알맞은 단어를 고르시오.

01 (   )의 핵이 분열할 때 거대한 에너지가 발생한다.

① 분자   ② 양자   ③ 원자   ④ 입자   ⑤ 전자

02 지구와 가장 가까이 있는 천체는 지구의 (   )인 달이다.

① 위성(衛星)   ② 유성(流星)   ③ 항성(恒星)   ④ 행성(行星)   ⑤ 혜성(彗星)

03 탄산수의 이산화 탄소, 술의 알코올, 바닷물의 소금과 같이 기체, 액체, 고체 모두 (   )이/가 될 수 있다.

① 용매   ② 용액   ③ 용융   ④ 용질   ⑤ 용해

04 다음 ㉠~㉢에 들어갈 말을 순서대로 가장 적절하게 묶은 것은?

• 금성은 망원경 없이 육안으로도 (㉠   )할 수 있다.
• 정수장의 (㉡   ) 장치에 이상이 생겼는지 수돗물에 이물질이 섞여 나왔다.
• 소리는 공기를 통해 전달되기 때문에 공기가 없는 (㉢   ) 상태에서는 전달되지 않는다.

① 관측 삼투 밀폐   ② 관측 여과 밀폐   ③ 관측 여과 진공
④ 측량 삼투 밀폐   ⑤ 측량 여과 진공

[05~08] 제시된 뜻풀이를 참고하여 다음 십자말풀이를 완성하시오.

	부

05 **가로**: 물질이 썩거나 삭아서 변질되는 것을 막음.

   ⑩ 내세가 있다고 믿었던 고대 이집트에서는 사체를 (   ) 처리하여 미라를 만들었다.

06 **세로**: 단백질이나 지방 따위의 유기물이 미생물의 작용에 의하여 분해되는 과정. 또는 그런 현상.

   ⑩ 사체의 (   ) 상태를 통해 사망 시각을 추정할 수 있다.

	전

07 **가로**: 한 천체(天體)가 다른 천체의 둘레를 주기적으로 도는 일.

   ⑩ 계절의 변화는 지구가 기울어진 상태로 (   )하기 때문에 생기는 현상이다.

08 **세로**: 천체(天體)가 스스로 고정된 축을 중심으로 회전함. 또는 그런 운동.

   ⑩ 별들이 북극성을 중심으로 도는 것처럼 보이는 까닭은 지구가 (   )하기 때문이다.

[09~10] 다음 밑줄 친 말과 바꿔 쓰기에 가장 적절한 것을 고르시오.

09 자동차가 완제품으로 생산되기까지는 여러 <u>작업 단계</u>를 거친다.

① 공정을   ② 노정을   ③ 여정을   ④ 원정을   ⑤ 일정을

10 연구 개발을 소홀히 한 결과 그 기업의 기술은 점차 <u>뒷걸음질 치</u>고 있다.

① 답보하고   ② 진보하고   ③ 퇴보하고   ④ 행보하고   ⑤ 활보하고

[11~13] 다음 문장의 괄호 안에 들어갈 알맞은 단어와 그 단어의 뜻을 〈보기 1〉과 〈보기 2〉에서 찾아 그 기호를 쓰시오.

> **보기 1**
>
> ㉠ 용접   ㉡ 주조   ㉢ 혁신   ㉣ 내구성

> **보기 2**
>
> ⓐ 녹인 쇠붙이를 거푸집에 부어 물건을 만듦.
> ⓑ 묵은 풍속, 관습, 조직, 방법 따위를 완전히 바꾸어서 새롭게 함.
> ⓒ 물질이 원래의 상태에서 변질되거나 변형됨이 없이 오래 견디는 성질.
> ⓓ 두 개의 금속·유리·플라스틱 따위를 녹이거나 반쯤 녹인 상태에서 서로 이어 붙이는 일.

11 그는 철판을 구해 자르고 (   )하여 그럴싸한 로봇을 만들어 냈다. ➡ (   )

12 개발 팀은 제품의 (   )을/를 시험하기 위해 제품을 수차례 떨어뜨려 보았다. ➡ (   )

13 최초의 스마트폰은 휴대 전화에 대한 기존 관념을 완전히 깨는 (   )의 바람을 몰고 왔다. ➡ (   )

[14~18] 다음 문장의 괄호 안에 들어갈 알맞은 단어를 말 상자에서 찾아 쓰시오.

영	여	풍	오	브	제
감	흥	속	미	의	식
산	수	화	학	원	리
패	러	다	임	근	인
러	가	열	모	티	프
디	음	영	냉	각	라

14 베스트셀러라 하여 읽어 본 책에서는 별 (   )을/를 느낄 수 없었다.

15 그는 서구 (   )을/를 전공하면서 서양의 수많은 예술 작품들을 감상했다.

16 이 영화는 6.25 전쟁에서 (   )을/를 얻어 전쟁의 비극성과 참혹성을 드러내고 있다.

17 김홍도의 (   )에는 서민들의 생활 정서가 잘 드러날 뿐 아니라 해학과 풍자가 담겨 있다.

18 백열등은 금속 선이 전류에 의해 (   )되어 빛을 내기 때문에 불이 커져 있을 때 만지면 뜨겁다.

[1~3] 다음을 읽고, 물음에 답하시오.

2019년 9월 고1 학력평가 [변형]

✎ 지문 이해

해제 전기레인지를 (　　　) 방식에 따라 두 가지로 나누고, 각각의 가열 원리를 설명하고 있다.

주제 (　　　)의 가열 원리

전기레인지는 용기를 가열하는 방식에 따라 하이라이트 레인지와 인덕션 레인지로 Ⓐ나눌 수 있다. 하이라이트 레인지는 상판 자체를 가열해서 열을 발생시키는 ㉠직접 가열 방식이고, 인덕션 레인지는 상판을 가열하지 않고 전자기유도 현상을 통해 용기에 자체적으로 열을 발생시키는 ㉡유도 가열 방식이다.

하이라이트 레인지는 주로 니크롬으로 만들어진 열선을 원형으로 **배치(排置)**하고 열선의 열을 통해 그 위의 세라믹글라스 판을 직접 가열한다. 이렇게 발생한 열이 용기에 전달되어 음식을 조리할 수 있게 된다. 하이라이트 레인지는 비교적 다양한 소재의 용기를 쓸 수 있지만 에너지 효율이 낮아 조리 속도가 느리고 상판의 잔열로 인한 화상의 우려가 있다.

인덕션 레인지는 표면이 세라믹글라스 판으로 되어 있고 그 밑에 나선형 코일이 설치되어 있다. 전원이 켜지면 코일에 고주파 교류 전류가 흐르면서 그 주변으로 교류 자기장이 발생하고, 그 위에 도체인 냄비를 놓으면 교류 자기장에 의해 냄비 바닥에는 수많은 *폐회로가 생겨나며 그 회로 속에 소용돌이 형태의 유도 전류인 맴돌이전류가 발생한다. 이때 흐르는 맴돌이전류가 냄비 소재의 저항에 부딪혀 *줄열 효과가 나타나고 이에 의해 냄비에 열이 발생하게 되는데, 이때 맴돌이전류의 세기는 나선형 코일에 흐르는 전류의 세기에 비례한다.

인덕션 레인지의 가열 원리는 강자성체의 자기 이력 현상과도 관련이 있다. 일반적으로 물체는 자기장의 영향을 받으면 자석의 성질을 갖게 되는데 이것을 자화라고 하며, 자화된 물체를 자성체라고 한다. 자성체의 자화 세기는 물체에 가해 준 자기장의 세기에 비례하여 커지다가 일정값 이상으로는 더 이상 커지지 않는데, 이를 자기 포화 상태라고 한다. 이때 물체에 가해 준 자기장의 세기를 줄이면 자화의 세기도 줄어들고, 외부의 자기장이 사라지면 자석의 성질도 사라진다. 그런데 강자성체의 경우에는 외부 자기장의 세기가 줄어들어도 자화의 세기가 상대적으로 천천히 줄어들고 외부 자기장이 사라져도 어느 정도 자화된 상태를 유지하는데, 이를 자기 이력 현상이라고 한다. 그리고 처음에 가해 준 외부 자기장의 역방향으로 일정 세기의 자기장을 가해 주면 자화의 세기가 0이 되고, 자기장을 더 세게 가해 주면 반대쪽으로 커져 자기 포화 상태가 된다. 이러한 과정을 반복하면 자기에너지는 열에너지로 전환되어 자성체의 온도를 높이게 된다. 만약 인덕션에 사용하는 냄비의 소재가 강자성체인 경우, 자기 이력 현상으로 인해 냄비에 추가로 열이 발생하게 된다.

이러한 가열 방식 때문에 인덕션 레인지는 음식 조리에 필요한 열을 낼 수 있도록 소재의 저항이 크면서 강자성체인 용기를 사용해야 한다는 제약이 있다. 또한 고주파 전류를 사용하기 때문에 조리 시 전자파에 대한 우려도 있다. 하지만 직접 가열 방식보다 에너지 효율이 높아 순식간에 용기가 가열되기 때문에 상대적으로 빠르게 음식을 조리할 수 있다. 그리고 무엇보다 상판이 직접 가열되지 않기 때문에 발화에 의한 화재의 가능성이 매우 낮고, 뜨거

📖 어휘력 넓히기

밀칠 배(排)

● **배치(排置)** : 일정한 차례나 간격에 따라 벌여 놓음.

● **배제(排除)** : 받아들이지 아니하고 물리쳐 제외함.

● **배타적(排他的)** : 남을 배척하는. 또는 그런 것.

☑ 간단 확인

그는 이 사건이 조직원의 소행일 가능성을 (　　　)할 수 없다고 보았다.

운 상판에 의한 화상 등의 피해로부터 비교적 안전하다는 장점이 있다.

– 세드리크 레이 외, 《일상 속의 물리학》

● **폐회로** 전류가 흐를 수 있도록 구성된 회로.
● **줄열 효과** 도체에 전류를 흐르게 했을 때 도체의 저항 때문에 열에너지가 증가하는 현상.

대상 간에 비교하기

1 학평 응용 ㉠과 ㉡에 대한 설명으로 적절하지 **않은** 것은?

① ㉠은 상판을 가열하여 그 열로 음식을 조리한다.

② ㉡은 유도 전류를 이용하여 용기를 가열한다.

③ ㉠은 ㉡과 달리 빠른 시간 안에 용기를 가열할 수 있다.

④ ㉡은 ㉠에 비해 상대적으로 화상의 위험이 적다.

⑤ ㉡은 ㉠보다 사용할 수 있는 용기 소재에 제약이 많다.

시각 자료에 적용하기

2 이 글을 바탕으로 〈보기〉의 '전기레인지'를 이해한 내용으로 적절하지 **않은** 것은?

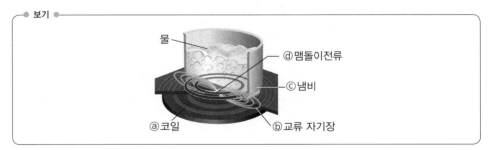

① ⓐ에 고주파 교류 전류가 흐르면 ⓑ가 만들어지는군.

② ⓑ의 영향을 받으면 ⓒ의 바닥에 ⓓ가 발생하는군.

③ ⓒ 소재의 저항이 커지면 ⓑ의 세기도 커지겠군.

④ ⓓ의 세기는 ⓐ에 흐르는 전류의 세기에 비례하겠군.

⑤ ⓓ가 흐르면 ⓒ 소재의 저항에 의해 열이 발생하는군.

바꿔 쓰기

3 학평 응용 문맥상 Ⓐ와 바꿔 쓰기에 가장 적절한 것은?

① 분담할   ② 분류할   ③ 분리할

④ 분배할   ⑤ 분할할

[4~6] 다음을 읽고, 물음에 답하시오.

2020년 3월 고1 학력평가

✎ 지문 이해

해제 (　　　) 운동을 소개하면서 등장 배경과 활용 기법, 의의 등을 설명하고 있다.

주제 (　　　) 회화의 정의와 활용 기법

　　미래주의는 20세기 초 이탈리아 시인 마리네티의 '미래주의 선언'을 시작으로, 화가 발라, 조각가 보치오니, 건축가 상텔리아, 음악가 루솔로 등이 참여한 *전위예술 운동이다. 당시 산업화에 뒤처진 이탈리아는 산업화에 대한 열망과 민족적 자존감을 ⓐ고양시킬 수 있는 새로운 예술을 필요로 하였다. 이에 산업화의 특성인 속도와 운동에 주목하고 이를 예술적으로 표현하려는 미래주의가 등장하게 되었다.

　　특히 미래주의 화가들은 질주하는 자동차, 사람들로 북적이는 기차역, 광란의 댄스홀, 노동자들이 일하는 공장 등 활기찬 움직임을 보여 주는 모습을 주요 소재로 삼아 산업 사회의 역동적인 모습을 표현하였다. 그들은 대상의 움직임의 ⓑ추이를 화폭에 담아냄으로써 대상을 생동감 있게 형상화하려 하였다. 이를 위해 미래주의 화가들은, 시간의 흐름에 따른 대상의 움직임을 하나의 화면에 표현하는 분할주의 기법을 사용하였다. '질주하고 있는 말의 다리는 4개가 아니라 20개다.'라는 미래주의 선언의 내용은, 분할주의 기법을 통해 대상의 역동성을 ⓒ지향하고자 했던 미래주의 화가들의 생각을 잘 드러내고 있다.

　　분할주의 기법은 19세기 사진작가 머레이의 연속 사진 촬영 기법에 영향을 받은 것으로, 이미지의 겹침, 역선(力線), 상호 **침투(浸透)**를 통해 대상의 연속적인 움직임을 효과적으로 표현하였다. 먼저 이미지의 겹침은 화면에 하나의 대상을 여러 개의 이미지로 ⓓ중첩시켜서 표현하는 방법이다. 마치 연속 사진처럼 화가는 움직이는 대상의 잔상을 바탕으로 시간의 흐름에 따른 대상의 움직임을 겹쳐서 나타내었다. 다음으로 힘의 선을 나타내는 역선은, 대상의 움직임의 궤적을 여러 개의 선으로 ⓔ구현하는 방법이다. 미래주의 화가들은 사물이 각기 특징적인 움직임을 갖고 있다고 보고, 이를 역선을 통해 표현함으로써 사물에 대한 화가의 느낌을 드러내었다. 마지막으로 상호 침투는 대상과 대상이 겹쳐서 보이게 하는 방법이다. 역선을 사용하여 대상의 모습을 나타내면 대상이 다른 대상이나 배경과 구분이 모호해지는 상호 침투가 발생해 대상이 사실적인 형태보다는 왜곡된 형태로 표현된다. 이러한 방식으로 미래주의 화가들은 움직이는 대상의 속도와 운동을 효과적으로 나타낼 수 있었다.

📖 어휘력 넓히기

통할 투(透)

● **침투(浸透)** | 어떤 사상이나 현상, 정책 따위가 깊이 스며들어 퍼짐.

● **투과(透過)** | 장애물에 빛이 비치거나 액체가 스미면서 통과함.

● **투시(透視)** | 막힌 물체를 환히 꿰뚫어 봄. 또는 대상의 내포된 의미까지 봄.

　　기존의 전통적인 서양 회화가 대상의 고정적인 모습에 주목하여 비례, 통일, 조화 등을 아름다움의 요소로 보았다면, 미래주의 회화는 움직이는 대상의 속도와 운동이라는 미적 가치에 주목하여 새로운 미의식을 제시했다는 점에서 의의를 찾을 수 있다. 이러한 미래주의 회화는 이후 모빌과 같이 나무나 금속으로 만들어 입체적 조형물의 운동을 보여 주는 키네틱 아트가 등장하는 데 ㉠영감을 제공한 것으로 평가되고 있다.

– 박홍순, 《미래주의 회화 운동》

☑ 간단 확인

그 마술사는 자신에게 (　　　) 능력이 있다며 상자의 내용물을 맞혀 보겠다고 했다.

● **전위예술** 기존의 표현 예술 형식을 부정하고 새로운 표현을 추구하는 예술 경향.

세부 내용 이해하기

학평 응용

4 이 글에서 언급된 내용이 <u>아닌</u> 것은?

① 미래주의 회화의 전망
② 미래주의 회화의 정의
③ 미래주의가 등장하게 된 배경
④ 미래주의 회화가 가지는 의의
⑤ 미래주의 화가들이 사용한 기법

추론하기

5 ㉠의 구체적 내용으로 가장 적절한 것은?

① 전통 회화 양식에서 벗어나 움직이는 대상이 주는 아름다움을 최초로 작품화하려는 생각
② 기존의 방식과 달리 미적 가치를 3차원에서 실제로 움직이는 대상을 통해 구현하려는 생각
③ 사진 촬영 기법을 회화에 접목시켜 비례와 조화에서 오는 조형물의 예술성을 높이려는 생각
④ 산업 사회의 역동적인 모습에서 벗어나 인류가 추구해야 할 미래상을 화폭에 담아내려는 생각
⑤ 예술적 대상의 범위를 구체적인 대상에서 추상적인 대상으로 확대하여 작품을 창작하려는 생각

어휘의 사전적 의미

학평 응용

6 ⓐ~ⓔ의 사전적 의미로 적절하지 <u>않은</u> 것은?

① ⓐ: 정신이나 기분 따위를 북돋워서 높임.
② ⓑ: 시간의 경과에 따라 변하여 나감.
③ ⓒ: 더 높은 단계로 오르기 위하여 어떠한 것을 하지 아니함.
④ ⓓ: 거듭 겹치거나 포개어짐.
⑤ ⓔ: 어떤 내용이 구체적인 사실로 나타나게 함.

어법 클리닉

'에'와 '의'

에	의
체언 뒤에 붙어 그 체언이 부사어 구실을 하도록 하여, 뒤의 서술어를 수식함. 예 나는 시골에 산다.	체언 뒤에 붙어 그 체언이 관형어 구실을 하도록 하여, 뒤의 체언을 수식함. 예 국민의 대다수는 긍정적인 반응을 보였다.

다음 문장의 괄호 안에 들어갈 올바른 표현을 고르세요.

(1) (몸에 / 몸의) 좋은 보약을 지어 왔다.

(2) 그 영화는 정말이지 (불후에 / 불후의) 명작이다.

(3) 네가 (나에 / 나의) 친구라는 사실이 몹시 자랑스럽다.

4 바꿔 쓰기

정답과 해설 17쪽

어휘와 바꿔 쓸 수 있는 다른 어휘를 찾는 유형이다. 주로 독서 지문에서 출제되며, 고유어를 한자어로 바꿔 쓰거나 한자어를 고유어로 바꿔 쓰는 문제가 자주 출제된다.

📖 개념 이해

- **고유어** 예부터 우리말에 있었거나 우리말에 기초하여 새로 만들어진 말.
- **한자어** 한자에 기초하여 만들어진 말.

  ✎ 한자어는 고유어에 비해 좀 더 분화된 의미를 지니고 있어, 고유어 하나가 그 용법에 따라 여러 한자어들과 대응한다.

고치다	느끼다
• **보수(補修)하다**: 건물이나 시설 따위의 낡거나 부서진 것을 손보아 <u>고치다</u>.	• **교감(交感)하다**: 서로 접촉하여 따라 움직임을 <u>느끼다</u>.
• **수리(修理)하다**: 고장 나거나 허름한 데를 손보아 <u>고치다</u>.	• **예감(豫感)하다**: 어떤 일이 일어나기 전에 미리 <u>느끼다</u>.
• **수선(修繕)하다**: 낡거나 헌 물건을 <u>고치다</u>.	• **절감(切感)하다**: 절실히 <u>느끼다</u>.
• **수정(修正)하다**: 바로잡아 <u>고치다</u>.	• **체감(體感)하다**: 몸으로 어떤 감각을 <u>느끼다</u>.
	• **통감(痛感)하다**: 마음에 사무치게 <u>느끼다</u>.

📖 기출문제 살펴보기

- **문맥상 ⓐ~ⓔ와 바꿔 쓴 것으로 가장 적절한 것은?**

2019학년도 수능

복잡한 문제를 단순화하여 푸는 수학적 전통을 이어받은 코페르니쿠스는 천체의 운행을 단순하게 기술할 방법을 찾고자 하였고, 그것이 ⓐ일으킬 형이상학적 문제에는 별 관심이 없었다. …… 코페르니쿠스는 태양을 우주의 중심에 고정하고 그 주위를 지구를 비롯한 행성들이 공전하며 지구가 자전하는 우주 모형을 ⓑ만들었다. …… 그러나 아리스토텔레스의 형이상학을 고수하는 다수 지식인과 종교 지도자들은 그의 이론을 받아들이려 하지 않았다. 왜냐하면 그것은 지상계와 천상계를 대립시키는 아리스토텔레스의 이분법적 구도를 무너뜨리고, 신의 형상을 ⓒ지닌 인간을 한갓 행성의 거주자로 전락시키는 것으로 여겨졌기 때문이다. ……

16세기 말부터 중국에 본격 유입된 서양 과학은, 청 왕조가 1644년 중국의 역법(曆法)을 기반으로 서양 천문학 모델과 계산법을 수용한 시헌력을 공식 채택함에 따라 그 위상이 구체화되었다. 브라헤와 케플러의 천문 이론을 차례대로 수용하여 정확도를 높인 시헌력이 생활 리듬으로 자리 잡았지만, 중국 지식인들은 서양 과학이 중국의 지적 유산에 적절히 연결되지 않으면 아무리 효율적이더라도 불온한 요소로 ⓓ여겼다. ……

17세기 후반 왕석천과 매문정은 서양 과학의 영향을 받아 경험적 추론과 수학적 계산을 통해 우주의 원리를 파악하고자 하였다. 그러면서 서양 과학의 우수한 면은 모두 중국 고전에 이미 ⓔ갖추어져 있던 것인데 웅명우 등이 이를 깨닫지 못한 채 성리학 같은 형이상학에 몰두했다고 비판했다.

① ⓐ: 진작(振作)할   ② ⓑ: 고안(考案)했다   ③ ⓒ: 소지(所持)한
④ ⓓ: 설정(設定)했다   ⑤ ⓔ: 시사(示唆)되어

V

문법 필수 개념어 & 한자성어

❶ | 음절 | 말의 뜻을 구별하여 주는 소리의 가장 작은 단위. | 음운

❷ | 단모음 | 소리를 내는 도중에 입술 모양이나 혀의 위치가 달라지지 않는 모음. | 이중 모음

❸ | 전설 모음 | 혀의 최고점이 입 안의 뒤쪽에 위치하여 발음되는 모음. | 후설 모음

❹ | 고모음 | 입을 조금 열고, 혀의 위치를 높여서 발음하는 모음. | 저모음

❺ | 평순 모음 | 입술을 둥글게 오므려 발음하는 모음. | 원순 모음

❻ | 입술소리 | 두 입술 사이에서 나는 소리. | 잇몸소리

❼ | 센입천장소리 | 혀의 뒷부분과 연구개 사이에서 나는 소리. | 여린입천장소리

8 파열음 | 폐에서 나오는 공기를 일단 막았다가 그 막은 자리를 터뜨리면서 내는 소리. | 마찰음

9 비음 | 입 안의 통로를 막고 코로 공기를 내보내면서 내는 소리. | 유음

10 거센소리 | 숨이 거세게 나오는 자음. 'ㅊ, ㅋ, ㅌ, ㅍ' 등. | 된소리

11 양성 모음 | 어감(語感)이 밝고 산뜻한 모음. | 음성 모음

12 표준어 | 북한에서, 언어생활의 기준으로 삼기 위해 규범화한 언어. | 문화어

13 두음 법칙 | 일부 소리가 단어의 첫머리에 발음되는 것을 꺼려 나타나지 않거나 다른 소리로 발음되는 일. | 사이시옷

14 자립 명사 | 의미가 형식적이어서 다른 말 아래에 기대어 쓰이는 명사. '것', '따름', '뿐', '데' 등. | 의존 명사

17 **2단계** **꼼꼼히 확인하기** / 1단계 퀴즈의 정답은 아래에서 **초록색으로 표시**했습니다. 오답의 어휘와 뜻풀이까지 꼼꼼하게 확인해 보세요.

문법 필수 개념어(1)

1 **음절** 소리 음 音, 마디 절 節

하나의 종합된 음의 느낌을 주는 말소리의 단위.

예 '아침'의 '아'와 '침'

◯◯ 소리 음 音, 음운 운 韻

말의 뜻을 구별하여 주는 소리의 가장 작은 단위.

예 '물'과 '불'이 다른 뜻의 말이 되게 하는 'ㅁ'과 'ㅂ'

2 **단모음** 홀 단 單, 어머니 모 母, 소리 음 音

소리를 내는 도중에 입술 모양이나 혀의 위치가 달라지지 않는 모음.

😊 국어의 단모음은 'ㅏ, ㅐ, ㅓ, ㅔ, ㅗ, ㅚ, ㅜ, ㅟ, ㅡ, ㅣ'이며, 이 중 'ㅚ, ㅟ'는 이중 모음으로 발음할 수도 있어.

◯ㅈ 모음 두 이 二, 겹칠 중 重, 어머니 모 母, 소리 음 音

입술 모양이나 혀의 위치를 처음과 나중이 서로 달라지게 하여 내는 모음.

😊 'ㅑ, ㅒ, ㅕ, ㅖ, ㅘ, ㅙ, ㅛ, ㅝ, ㅞ, ㅠ, ㅢ' 등이 있어.

3 ㅈㅅ 모음 앞 전 前, 혀 설 舌, 어머니 모 母, 소리 음 音

혀의 최고점이 입 안의 앞쪽에 위치하여 발음되는 모음.

예 ㅣ, ㅔ, ㅐ, ㅟ, ㅚ

후설 모음 뒤 후 後, 혀 설 舌, 어머니 모 母, 소리 음 音

혀의 최고점이 입 안의 뒤쪽에 위치하여 발음되는 모음.

예 ㅡ, ㅓ, ㅏ, ㅜ, ㅗ

4 **고모음** 높을 고 高, 어머니 모 母, 소리 음 音

입을 조금 열고, 혀의 위치를 높여서 발음하는 모음.

예 ㅣ, ㅟ, ㅡ, ㅜ

ㅈㅁ◯ 낮을 저 低, 어머니 모 母, 소리 음 音

입을 크게 벌리고 혀의 위치를 가장 낮추어서 발음하는 모음.

예 ㅏ, ㅐ

5 ㅍㅅ 모음 평평할 평 平, 입술 순 脣, 어머니 모 母, 소리 음 音

입술을 둥글게 오므리지 않고 발음하는 모음.

예 ㅣ, ㅡ, ㅓ, ㅏ, ㅐ, ㅔ

원순 모음 둥글 원 圓, 입술 순 脣, 어머니 모 母, 소리 음 音

입술을 둥글게 오므려 발음하는 모음.

예 ㅗ, ㅜ, ㅚ, ㅟ

6 **입술소리**

두 입술 사이에서 나는 소리. =양순음.

예 ㅁ, ㅂ, ㅃ, ㅍ

◯ㅁㅅㄹ

혀끝과 윗잇몸이 닿아서 나는 소리. =치경음.

예 ㄴ, ㄷ, ㄸ, ㄹ, ㅅ, ㅆ, ㅌ

7 ㅅ◯ㅊㅈㅅㄹ

혓바닥과 경구개 사이에서 나는 소리. =경구개음.

😊 경구개는 입천장 앞쪽의 단단한 부분을 말해. 센입천장소리에는 'ㅈ, ㅉ, ㅊ' 등이 있어.

여린입천장소리

혀의 뒷부분과 연구개 사이에서 나는 소리. =연구개음.

😊 연구개는 입천장 뒤쪽의 연한 부분을 말해. 여린입천장소리에는 'ㄱ, ㄲ, ㅋ, ㅇ' 등이 있어.

8 ㅍ ㅇ ㅇ 깨뜨릴 파 破, 찢을 열 裂, 소리 음 音

폐에서 나오는 공기를 일단 막았다가 그 막은 자리를 터뜨리면서 내는 소리.

⑩ ㄱ, ㄲ, ㅋ, ㅂ, ㅃ, ㅍ, ㄷ, ㄸ, ㅌ

마찰음 갈 마 摩, 비빌 찰 擦, 소리 음 音

입 안이나 목청 따위의 조음 기관이 좁혀진 사이로 공기가 비집고 나오면서 마찰하여 나는 소리.

⑩ ㅅ, ㅆ, ㅎ

9 **비음** 코 비 鼻, 소리 음 音

입 안의 통로를 막고 코로 공기를 내보내면서 내는 소리. 늑 콧소리.

⑩ ㄴ, ㅁ, ㅇ

ㅇ ㅇ 흐를 유 流, 소리 음 音

혀끝을 잇몸에 가볍게 대었다가 떼거나, 잇몸에 댄 채 공기를 그 양옆으로 흘려 보내면서 내는 소리.

⑩ ㄹ

10 **거센소리**

숨이 거세게 나오는 자음. 'ㅊ, ㅋ, ㅌ, ㅍ' 등. 늑 격음.

ㄷ ㅅ ㄹ

목구멍의 근육을 긴장하면서 기식이 거의 없이 내는 자음. 'ㄲ, ㄸ, ㅃ, ㅆ, ㅉ' 등. 늑 경음.

참 예사소리: 구강 내부의 기압 및 발음 기관의 긴장도가 낮아 약하게 파열되는 자음. 'ㄱ, ㄷ, ㅂ, ㅅ, ㅈ' 따위를 이름. 늑 평음.

11 ㅇ ㅅ **모음** 볕 양 陽, 성질 성 性, 어머니 모 母, 소리 음 音

어감(語感)이 밝고 산뜻한 모음.

⑩ ㅏ, ㅗ, ㅑ, ㅛ, ㅘ, ㅚ, ㅐ

음성 모음 그늘 음 陰, 성질 성 性, 어머니 모 母, 소리 음 音

어감(語感)이 어둡고 큰 모음.

⑩ ㅓ, ㅜ, ㅕ, ㅠ, ㅔ, ㅝ, ㅟ, ㅖ

12 **표준어** 표할 표 標, 준할 준 準, 말씀 어 語

전 국민이 공통적으로 쓸 수 있는 자격을 부여받은 단어.

☺ 우리나라에서는 교양 있는 사람들이 두루 쓰는 현대 서울말로 정함을 원칙으로 해.

ㅁ ㅎ ㅇ 글 문 文, 될 화 化, 말씀 어 語

북한에서, 언어생활의 기준으로 삼기 위해 규범화한 언어.

☺ 문화어는 평양말을 중심으로 제정되었어.

13 **두음 법칙** 머리 두 頭, 소리 음 音, 법 법 法, 법칙 칙 則

일부 소리가 단어의 첫머리에 발음되는 것을 꺼려 나타나지 않거나 다른 소리로 발음되는 일.

☺ 'ㅣ, ㅑ, ㅕ, ㅛ, ㅠ' 앞에서의 'ㄹ'과 'ㄴ'이 없어지고, 'ㅏ, ㅗ, ㅜ, ㅡ, ㅐ, ㅔ, ㅚ' 앞의 'ㄹ'은 'ㄴ'으로 변해, '녀자'를 '여자'로 발음하는 것이 그 예야.

ㅅ ㅇ ㅅ ㅇ

한글 맞춤법에서, 사잇소리 현상이 나타났을 때 쓰는 'ㅅ'의 이름.

⑩ 아랫방, 아랫니, 나뭇잎

14 ㅈ ㄹ **명사** 스스로 자 自, 설 립 立, 이름 명 名, 말씀 사 詞

다른 말의 도움을 받지 아니하고 단독으로 쓰일 수 있는 명사.

의존 명사 의지할 의 依, 있을 존 存, 이름 명 名, 말씀 사 詞

의미가 형식적이어서 다른 말 아래에 기대어 쓰이는 명사. '것', '따름', '뿐', '데' 등.

빈칸 답 ❶음운 ❷이중 ❸전설 ❹저모음 ❺평순 ❻잇몸소리 ❼센입천장소리 ❽파열음 ❾유음 ❿된소리 ⓫양성 ⓬문화어 ⓭사이시옷 ⓮자립

문맥으로 소화하기

아래에서 빈칸에 알맞은 어휘를 <보기>에서 찾아 문맥에 맞게 쓰세요.

문법 필수 개념어(1)

보기

비음	음운	음절	고모음	단모음	된소리	문화어
저모음	파열음	표준어	거센소리	사이시옷	두음 법칙	양성 모음
원순 모음	의존 명사	이중 모음	전설 모음	평순 모음	후설 모음	여린입천장소리

01 ⬚ 의 구성에서 처음 소리인 자음을 초성이라고 한다.

하나의 종합된 음의 느낌을 주는 말소리의 단위.

02 우리말의 'ㄹ'을 영어에서는 'l'과 'r'의 두 개의 ⬚ (으)로 인식한다.

말의 뜻을 구별하여 주는 소리의 가장 작은 단위.

03 우리말의 모음은 발음할 때 입술 모양이나 혀의 위치가 변하는지의 여부에 따라 단모음과

⬚ (으)로 나뉜다.

입술 모양이나 혀의 위치를 처음과 나중이 서로 달라지게 하여 내는 모음.

04 단모음은 발음할 때 혀의 최고점의 위치를 기준으로 전설 모음과 ⬚ (으)로 나

뉜다.

혀의 최고점이 입 안의 뒤쪽에 위치하여 발음되는 모음.

05 'ㅟ, ㅚ, ㅜ, ㅗ'는 발음할 때 입술이 둥글게 오므려지는 ⬚ 이다.

입술을 둥글게 오므려 발음하는 모음.

06 'ㅐ, ㅏ'는 발음할 때 혀의 높이가 낮은 ⬚ 이다.

입을 크게 벌리고 혀의 위치를 가장 낮추어서 발음하는 모음.

07 자음은 소리 나는 위치에 따라 입술소리와 잇몸소리, ⬚ , 센입천장소리, 목청

소리로 나뉜다.

혀의 뒷부분과 연구개 사이에서 나는 소리.

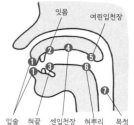

08 자음은 소리 내는 방법에 따라 파열음, 마찰음, 파찰음, ⬚ , 유음으로 나뉜다.

입 안의 통로를 막고 코로 공기를 내보내면서 내는 소리.

09 폐에서 나오는 공기를 일단 막았다가 그 막은 자리를 터뜨리면서 내는 소리.

[   ] 와/과 파찰음은 소리의 세기에 따라 예사소리, 된소리, 거센소리로 나뉘고,
마찰음은 예사소리와 된소리로 나뉜다.

10 'ㅋ, ㅌ, ㅍ'는 모두 발음할 때 성대 근육이 긴장되면서 숨이 거세게 나오는 [   ]
이다.
숨이 거세게 나오는 자음. 'ㅊ, ㅋ, ㅌ, ㅍ' 등.

11 외국인이 '불', '뿔', '풀'을 구분하기 어려워하는 것은 예사소리, [   ], 거센소리
를 구분하지 않고 하나의 소리로 인식하기 때문이다.
목구멍의 근육을 긴장하면서 기식이 거의 없이 내는 자음.
'ㄲ, ㄸ, ㅃ, ㅆ, ㅉ' 등.

12 '알록달록'은 [   ] 끼리 어울린 모음 조화 현상의 예이다.
어감(語感)이 밝고 산뜻한 모음.

13 한글 맞춤법은 단어 단위로 띄어 쓰는 것을 원칙으로 하므로 '것', '뿐'과 같은 [   ] 은/는
띄어 쓰는 것이 옳다.
의미가 형식적이어서 다른 말 아래에 기대어 쓰이는 명사.

14 '고깃배'에는 [   ] 이/가 쓰였으나, '고기 배'에는 쓰이지 않았다.
한글 맞춤법에서, 사잇소리 현상이 나타났을 때 쓰는 'ㅅ'의 이름.

15 남한에 표준어가 있다면 북한에는 [   ] 이/가 있다.
북한에서, 언어생활의 기준으로 삼기 위해 규범화한 언어.

16 북한에서는 [   ] 을/를 인정하지 않기 때문에 '노동(勞動)'을 '로동'이라고 발음
한다.
일부 소리가 단어의 첫머리에 발음되는 것을 꺼려 나타나지 않거나 다른 소리로 발음되는 일.

• 맞힌 개수 (   ) / 16문항

12개 이상	다음 회차로 넘어가도 되겠어요!
8개 ~11개	[문맥으로 소화하기] 한 번만 더 읽고 갈까요?
7개 이하	전체를 복습하고 넘어가야겠어요.

1 품사 | 주어, 서술어와 같이 문장 안에서 일정한 문법적 기능을 하는 부분. | 문장 성분

2 주성분 | 문장 성분 가운데 문장을 이루는 데 기본적으로 필요한 성분. | 부속 성분

3 주어 | 동작이나 작용, 상태나 성질 등의 주체가 되는 문장 성분. | 서술어

4 목적어 | 주어와 서술어만으로는 뜻이 완전하지 못할 때 보충하여 문장의 뜻을 완전하게 하는 문장 성분. | 보어

5 관형어 | 체언 앞에서 체언의 뜻을 꾸며 주는 구실을 하는 문장 성분. | 부사어

6 홑문장 | 주어와 서술어의 관계가 한 번만 나타나는 문장. | 겹문장

7 안은문장 | 한 문장이 다른 문장을 하나의 문장 성분처럼 안고 있는 문장. | 안긴문장

⑧ 대등하게
이어진문장　　앞에 오는 절과 뒤에 오는 절이 의미적으로
대등하게 이어진 문장.　　종속적으로
이어진문장

⑨ 어간　　용언에서 활용할 때에 변하지 않는 부분.　　어미

⑩ 연결 어미　　용언의 어간에 붙어 다른 품사의 기능을 수행하게 하는 어미.　　전성 어미

⑪ 구　　주어와 서술어를 갖추었으나 독립하여 쓰이지 못하고
다른 문장의 한 성분으로 쓰이는 단위.　　절

⑫ 명사절　　명사 구실을 하는 절.
㉠ 철수가 그 어려운 일을 해냈음이 분명하다.　　서술절

⑬ 관형절　　부사어의 구실을 하는 절.
㉠ 빙수는 이가 시리게 차가웠다.　　부사절

⑭ 직접 인용　　남의 말이나 글을 그대로 따와서 자신의 말이나
글 속에 끌어 쓰는 것.　　간접 인용

문법 필수 개념어(2)

① **품사** 물건 품 品, 말 사 詞

단어를 기능, 형태, 의미에 따라 나눈 갈래.

😊 우리말은 '명사, 대명사, 수사, 조사, 동사, 형용사, 관형사, 부사, 감탄사'의 9품사로 나뉘어.

문장 ㅅ ㅂ 글월 문 文, 글 장 章, 이룰 성 成, 나눌 분 分

주어, 서술어와 같이 문장 안에서 일정한 문법적 기능을 하는 부분.

😊 우리말의 문장 성분은 '주어, 서술어, 목적어, 보어, 관형어, 부사어, 독립어'로 나뉘어.

---

② **주성분** 주인 주 主, 이룰 성 成, 나눌 분 分

문장 성분 가운데 문장을 이루는 데 기본적으로 필요한 성분. '주어, 서술어, 목적어, 보어'가 있음.

ㅂ ㅅ **성분** 붙을 부 附, 무리 속 屬, 이룰 성 成, 나눌 분 分

주성분의 내용을 꾸며 뜻을 더하여 주는 문장 성분. '부사어, 관형어' 등이 있음.

😊 참고로, 부름·감탄·응답 등을 나타내는 '독립어'는 문장의 다른 성분과 직접적인 관계를 맺지 않고 독립적으로 쓰이는 '독립 성분'에 해당해.

---

③ ㅈ ㅇ 주인 주 主, 말씀 어 語

동작이나 작용, 상태나 성질 등의 주체가 되는 문장 성분.

서술어 펼 서 敍, 펼 술 述, 말씀 어 語

주어의 움직임, 상태, 성질 등을 서술하는 문장 성분.

예 나는 먹는다, 나는 조용하다, 나는 학생이다.

---

④ **목적어** 눈 목 目, 과녁 적 的, 말씀 어 語

서술어가 나타내는 동작의 대상이 되는 문장 성분.

ㅂ ㅇ 도울 보 補, 말씀 어 語

주어와 서술어만으로는 뜻이 완전하지 못할 때 보충하여 문장의 뜻을 완전하게 하는 문장 성분.

😊 우리말에서는 '되다', '아니다' 앞에 조사 '이', '가'를 취하여 나타나는 문장 성분을 말해. 예 동생이 중학생이 되었다. / 진우는 막내가 아니다.

---

⑤ **관형어** 갓 관 冠, 모양 형 形, 말씀 어 語

체언 앞에서 체언의 뜻을 꾸며 주는 구실을 하는 문장 성분.

예 나는 파란 하늘을 보았다.

ㅂ ㅅ ㅇ 버금 부 副, 말 사 詞, 말씀 어 語

주로 용언을 꾸며 주는 문장 성분.

😊 부사어는 관형어나 다른 부사어, 문장 전체를 꾸며 주기도 해.
예 시간이 매우 빨리 흐른다. / 과연 이 일은 앞으로 어떻게 될 것인가?

---

⑥ ㅎ ㅁ ㅈ

주어와 서술어의 관계가 한 번만 나타나는 문장.

겹문장

주어와 서술어의 관계가 두 번 이상 나타나는 문장.

😊 겹문장에는 둘 이상의 홑문장이 대등하게 또는 종속적으로 이어지는 '이어진 문장'과 한 문장이 다른 문장을 문장 성분처럼 안고 있는 '안은문장'이 있어.

---

⑦ ㅇ ㅇ ㅁ ㅈ

한 문장이 다른 문장을 하나의 문장 성분처럼 안고 있는 문장.

😊 '나는 동생이 집에 왔다는 사실을 안다.'는 '동생이 집에 왔다는'을 안고 있는 안은문장이야.

안긴문장

안은문장 속에 절의 형태로 포함되어 있는 문장.

😊 안은문장에서 안긴문장은 '주어, 목적어, 관형어, 부사어, 서술어' 등의 역할을 해. 예 나는 동생이 집에 왔다는 사실을 안다. (관형어 역할)

⑧ 대등하게 이어진문장 대답할 대 對, 같을 등 等

앞에 오는 절과 뒤에 오는 절이 의미적으로 대등하게 이어진 문장.

㉠ 인생은 짧고 예술은 길다.

ㅈ ㅅ ㅈ 으로 이어진문장 좇을 종 從, 무리 속 屬, 어조사 적 的

앞에 오는 절과 뒤에 오는 절이 대등하지 않고 종속적인 관계로 이어진 문장.

㉠ 길이 너무 좁아서 차가 못 지나간다.

⑨ 어간 말씀 어 語, 줄기 간 幹

용언에서 활용할 때에 변하지 않는 부분.

㉠ '가다', '가니', '가서'에서 '가'

ㅇ ㅁ 말씀 어 語, 꼬리 미 尾

용언 및 서술격 조사 '이다'가 활용하여 변하는 부분.

㉠ '가다', '가니', '가서'에서 '-다', '-니', '-서'

⑩ 연결 어미 잇닿을 연 連, 맺을 결 結, 말씀 어 語, 꼬리 미 尾

어간에 붙어 다음 말에 연결하는 구실을 하는 어미.

☺ 두 문장을 대등하게 연결하는 '-고, -지만, -거나'와 두 문장을 종속적으로 연결하는 '-아서/어서, -(으)면, -(으)려' 등이 있어.

ㅈ ㅅ 어미 구를 전 轉, 이룰 성 成, 말씀 어 語, 꼬리 미 尾

용언의 어간에 붙어 다른 품사의 기능을 수행하게 하는 어미.

☺ 명사형 어미인 '-(으)ㅁ, -기', 관형사형 어미인 '-(으)ㄴ, -는', 부사형 어미인 '-게, -도록' 등이 있어.

⑪ 구 구절 구 句

둘 이상의 단어가 모여 절이나 문장의 일부분을 이루는 토막.

☺ 구는 절과 달리 주어와 서술어를 자체적으로 갖추지 못했어.

ㅈ 마디 절 節

주어와 서술어를 갖추었으나 독립하여 쓰이지 못하고 다른 문장의 한 성분으로 쓰이는 단위.

⑫ ㅁ ㅅ ㅈ 이름 명 名, 말씀 사 詞, 마디 절 節

명사 구실을 하는 절.

㉠ 동생이 학교에 갔음이 분명하다.

서술절 줄 서 敍, 지을 술 述, 마디 절 節

문장에서 서술어 구실을 하는 절.

㉠ 동생이 기분이 좋다.

⑬ ㄱ ㅎ ㅈ 갓 관 冠, 형상 형 形, 마디 절 節

관형사형 어미와 결합하여 관형어 구실을 하는 절.

㉠ 친구가 아프다는 소식을 들었다.
　친구가 좋아할 소식이 있다.

부사절 버금 부 副, 말씀 사 詞, 마디 절 節

부사어의 구실을 하는 절.

㉠ 종소리가 귀가 따갑도록 울렸다.

⑭ ㅈ ㅈ 인용 곧을 직 直, 이을 접 接, 끌 인 引, 쓸 용 用

남의 말이나 글을 그대로 따와서 자신의 말이나 글 속에 끌어 쓰는 것.

☺ 직접 인용은 인용한 문장의 앞뒤에 큰따옴표를 찍어.

간접 인용 사이 간 間, 이을 접 接, 끌 인 引, 쓸 용 用

다른 사람의 말을 현재 말하는 사람의 관점에서 해석하고 조정하여 인용하는 것.

☺ 간접 인용은 인용한 말 뒤에 조사 '고'가 붙고, 직접 인용은 조사 '라고'가 붙어.

빈칸 답 ❶성분 ❷부속 ❸주어 ❹보어 ❺부사어 ❻홑문장 ❼안은문장 ❽종속적 ❾어미 ❿전성 ⓫절 ⓬명사절 ⓭관형절 ⓮직접

문법 필수 개념어(2)

아래에서 빈칸에 알맞은 어휘를 <보기>에서 찾아 문맥에 맞게 쓰세요.

┌ 보기 ┐

보어	어간	주어	품사	겹문장	관형어	관형절
목적어	부사어	서술어	주성분	홑문장	안긴문장	안은문장
문장 성분	부속 성분	연결 어미	전성 어미	직접 인용	대등하게 이어진문장	

01 '주어, 서술어, 목적어, 보어, 관형어, 부사어, 독립어'와 같이 문장 안에서 일정한 문법적 기능을 하는 부분을 [   ](이)라고 한다.

　　　주어, 서술어와 같이 문장 안에서 일정한 문법적 기능을 하는 부분.

02 문장의 [   ]에는 '주어, 서술어, 목적어, 보어'가 있다.

　　　문장 성분 가운데 문장을 이루는 데 기본적으로 필요한 성분.

　　　주성분의 내용을 꾸며 뜻을 더하여 주는 문장 성분.

03 [   ]은/는 문장을 더 자세하고 분명하게 만들어 주지만, 생략하더라도 문장이 성립한다.

04 [   ]은/는 문장에서 '누가/무엇이'에 해당하는 말이다.

　　　서술어가 나타내는 동작이나 상태의 주체가 되는 문장 성분.

05 [   ]은/는 문장에서 '어떠하다/어찌하다/무엇이다'에 해당하는 말이다.

　　　주어의 움직임, 상태, 성질 등을 서술하는 문장 성분.

06 [   ]은/는 '누가 무엇을 어찌하다'와 같은 문장에서 '무엇을'에 해당하는 말이다.

　　　서술어가 나타내는 동작의 대상이 되는 문장 성분.

　　　주어와 서술어만으로는 뜻이 완전하지 못한 문장에서, 그 불완전한 곳을 보충하여 뜻을 완전하게 하는 문장 성분.

07 [   ]은/는 '누가 무엇이 아니다'나 '누가 무엇이 되다'와 같은 문장에서 '무엇이'에 해당하는 말이다.

08 '할머니께서 옛 친구를 만나셨다.'라는 문장에서 '옛'은 [   ](으)로, 체언인 '친구'를 꾸며 준다.

　　　체언 앞에서 체언의 뜻을 꾸며주는 구실을 하는 문장 성분.

서술어
주어 목적어
보어
문장에 꼭 필요해!

09 '장미꽃이 참 예쁘다.'라는 문장에서 '참'은 [   ](으)로, 용언인 '예쁘다'를 꾸며 준다.

　　　　주로 용언을 꾸며 주는 문장 성분.

10 '나는 어제 극장에서 친구를 만났다.'는 주어와 서술어의 관계가 한 번만 나타나는 [   ]이다.

　　주어와 서술어의 관계가 한 번만 나타나는 문장.

11 겹문장은 둘 이상의 홑문장이 나란히 이어져서 이루어진 '이어진문장'과 한 홑문장이 다른 홑문장을 하나의 문장 성분처럼 안고 있는 '[   ]'(으)로 나뉜다.

　　　　　　한 문장이 다른 문장을 하나의 문장 성분처럼 안고 있는 문장.

12 이어진문장은 '[   ]'와/과 '종속적으로 이어진문장'으로 나뉜다.

　　앞에 오는 절과 뒤에 오는 절이 의미적으로 대등하게 이어진 문장.

13 '시아는 그림을 그리고 찬호는 글을 쓴다.'는 '나열'의 의미를 가진 [   ] '-고'에 의해 대등하게 이어진문장이다.

　　　　　　　　　　어간에 붙어 다음 말에 연결하는 구실을 하는 어미.

14 명사절을 만드는 [   ](으)로는 '-(으)ㅁ, -기' 등이 있다.

　　　용언의 어간에 붙어 다른 품사의 기능을 수행하게 하는 어미.

15 안은문장 안에 들어가는 절, 즉 안긴문장은 명사절, [   ], 부사절, 서술절, 인용절로 나뉜다.

　　　　　　　　　　관형사형 어미와 결합하여 관형어의 구실을 하는 절.

　　　　　　　　남의 말이나 글을 그대로 따와서 자신의 말이나 글 속에 끌어 쓰는 것.

16 '민교는 "내가 청소를 할게."라고 말하였다.'는 [   ]을/를 한 경우에, '민교는 자기가 청소를 하겠다고 말하였다.'는 간접 인용을 한 경우에 해당한다.

• 맞힌 개수 (　　) / 16문항

12개 이상	다음 회차로 넘어가도 되겠어요!
8개 ~11개	[문맥으로 소화하기] 한 번만 더 읽고 갈까요?
7개 이하	전체를 복습하고 넘어가야겠어요.

01 다음은 단모음의 종류이다. ⊙~ⓗ에 들어갈 알맞은 말을 〈보기〉에서 찾아 쓰시오.

1. 혀의 위치에 따라

| ⊙:( ) | 혀의 최고점이 입 안의 앞쪽에 위치하여 발음되는 모음. |
| ⓒ:( ) | 혀의 최고점이 입 안의 뒤쪽에 위치하여 발음되는 모음. |

2. 입술 모양에 따라

| ⓒ:( ) | 입술을 둥글게 오므려 발음하는 모음. |
| ⓔ:( ) | 입술을 둥글게 오므리지 않고 발음하는 모음. |

3. 혀의 높낮이에 따라

ⓜ:( )	입을 조금 열고, 혀의 위치를 높여서 발음하는 모음.
중모음	입을 보통으로 열고 혀의 높이를 중간으로 하여 발음하는 모음.
ⓗ:( )	입을 크게 벌리고 혀의 위치를 가장 낮추어서 발음하는 모음.

● 보기 ●

| 고모음 | 저모음 | 원순 모음 | 전설 모음 | 평순 모음 | 후설 모음 |

[02~06] 소리 내는 위치에 따른 자음의 종류를 쓰시오.

02 ㅁ, ㅂ, ㅃ, ㅍ ➡ ( ) **03** ㄴ, ㄷ, ㄸ, ㄹ, ㅅ, ㅆ, ㅌ ➡ ( )

04 ㅈ, ㅉ, ㅊ ➡ ( ) **05** ㄱ, ㄲ, ㅇ, ㅋ ➡ ( )

06 ㅎ ➡ ( )

[07~11] 다음 설명에 해당하는 소리 내는 방법에 따른 자음의 종류를 찾아 바르게 연결하시오.

07 파열음과 마찰음의 두 가지 성질을 다 가지는 소리.　　　　　•　　　　　• ⊙ 비음

08 입 안의 통로를 막고 코로 공기를 내보내면서 내는 소리.　　　•　　　　　• ⓒ 유음

09 폐에서 나오는 공기를 일단 막았다가 그 막은 자리를 터뜨리면서 내는 소리. •　　• ⓒ 마찰음

10 입 안이나 목청 따위의 조음 기관이 좁혀진 사이로 공기가 비집고 나오면서 •　　• ⓔ 파열음
마찰하여 나는 소리.

11 혀끝을 잇몸에 가볍게 대었다가 떼거나, 잇몸에 댄 채 공기를 그 양옆으로 •　　• ⓜ 파찰음
흘려 보내면서 내는 소리.

12 다음 ㉠~㉺에 들어갈 알맞은 문장 성분을 쓰시오.

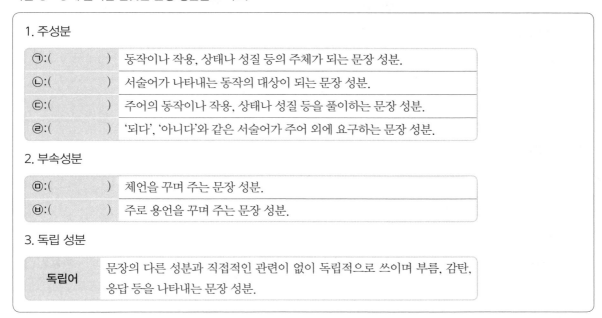

1. 주성분

㉠:(　　　　)	동작이나 작용, 상태나 성질 등의 주체가 되는 문장 성분.
㉡:(　　　　)	서술어가 나타내는 동작의 대상이 되는 문장 성분.
㉢:(　　　　)	주어의 동작이나 작용, 상태나 성질 등을 풀이하는 문장 성분.
㉣:(　　　　)	'되다', '아니다'와 같은 서술어가 주어 외에 요구하는 문장 성분.

2. 부속성분

㉤:(　　　　)	체언을 꾸며 주는 문장 성분.
㉥:(　　　　)	주로 용언을 꾸며 주는 문장 성분.

3. 독립 성분

독립어	문장의 다른 성분과 직접적인 관련이 없이 독립적으로 쓰이며 부름, 감탄, 응답 등을 나타내는 문장 성분.

13 다음은 문장을 짜임에 따라 분류한 것이다. 빈칸에 들어갈 알맞은 말을 쓰시오.

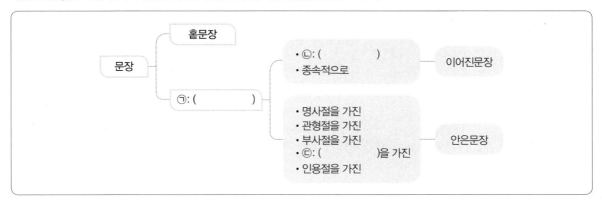

- 문장
  - 홑문장
  - ㉠: (　　　　)
    - ㉡: (　　　　)
    - 종속적으로 → 이어진문장
    - 명사절을 가진
    - 관형절을 가진
    - 부사절을 가진
    - ㉢: (　　　　)을 가진
    - 인용절을 가진 → 안은문장

[14~16] 다음 뜻에 해당하는 말을 〈보기〉에서 찾아 그 기호를 쓰시오.

┌─● 보기 ●─
│ ㉠ 어간　　㉡ 어미　　㉢ 연결 어미　　㉣ 전성 어미
└

14 용언에서 활용할 때에 변하지 않는 부분. ➡ (　　　　)

15 용언 및 서술격 조사 '이다'가 활용하여 변하는 부분. ➡ (　　　　)

16 용언의 어간에 붙어 다른 품사의 기능을 수행하게 하는 어미. ➡ (　　　　)

① **견리사의** 見利思義 — 이치에 맞지 않는 말을 억지로 끌어 붙여 자기에게 유리하게 함. — **견강부회** 牽強附會

② **고립무원** 孤立無援 — 혼자의 힘만으로 어떤 일을 이루기 어려움. — **고장난명** 孤掌難鳴

③ **괄목상대** 刮目相對 — 남의 학식이나 재주가 놀랄 만큼 부쩍 늚. — **목불인견** 目不忍見

④ **구밀복검** 口蜜腹劍 — 말로는 친한 듯하나 속으로는 해칠 생각이 있음. — **각주구검** 刻舟求劍

⑤ **구절양장** 九折羊腸 — 깊은 마음속 또는 시름이 쌓인 마음속. — **구곡간장** 九曲肝腸

⑥ **두문불출** 杜門不出 — 그 움직임을 쉽게 알 수 없을 만큼 자유자재로 나타나고 사라짐. — **신출귀몰** 神出鬼沒

⑦ **면종복배** 面從腹背 — 겉으로는 복종하는 체하면서 내심으로는 배반함. — **포복절도** 抱腹絶倒

너무 깊이 생각하지 말고,
빠르게 풀어 보자.

⑧ **명재경각**
命在頃刻

거의 죽게 되어 곧 숨이 끊어질 지경에 이름.

각골통한
刻骨痛恨

⑨ **반포지효**
反哺之孝

자식이 자란 후에 어버이의 은혜를 갚는 깊은 효성.

관포지교
管鮑之交

⑩ **사필귀정**
事必歸正

인생의 길흉화복은 변화가 많아서
예측하기가 어려움.

새옹지마
塞翁之馬

⑪ **속수무책**
束手無策

위기를 모면하려 어쩔 수 없이 꾸며 내는 계책.

고육지책
苦肉之策

⑫ **수구초심**
首丘初心

고향을 그리워하는 마음.

정저지와
井底之蛙

⑬ **수주대토**
守株待兔

한 가지 일에만 얽매여 발전을 모르는 어리석은 사람.

토사구팽
兔死狗烹

⑭ **식자우환**
識字憂患

학식이 있는 것이 오히려 근심을 사게 됨.

내우외환
內憂外患

19

2단계

꼼꼼히 확인하기 / 1단계 퀴즈의 정답은 아래에서 **초록색으로 표시**했습니다.
오답의 어휘와 뜻풀이까지 꼼꼼하게 확인해 보세요.

한자성어(1)

① ⓒⓒⓒⓒ 불 견 見, 이로울 리 利, 생각 사 思, 옳을 의 義

눈앞의 이익을 보면 의리를 먼저 생각함.

참 견리망의(見利忘義): 눈앞의 이익을 보면 의리를 잊음.

견강부회 끌 견 牽, 강할 강 强, 붙을 부 附, 모일 회 會

이치에 맞지 않는 말을 억지로 끌어 붙여 자기에게 유리하게
함.

② ⓒⓒⓒⓒ 외로울 고 孤, 설 립 立, 없을 무 無, 도울 원 援

고립되어 구원을 받을 데가 없음.

참 사고무친(四顧無親): 의지할 만한 사람이 아무도 없음.

고장난명 외로울 고 孤, 손바닥 장 掌, 어려울 난 難, 울 명 鳴

외손뼉만으로는 소리가 울리지 않는다는 뜻으로, 혼자의 힘
만으로 어떤 일을 이루기 어려움을 이름.

😊 '맞서는 사람이 없으면 싸움이 일어나지 않음.'이라는 뜻도 있어.

③ **괄목상대** 비빌 괄 刮, 눈 목 目, 서로 상 相, 대할 대 對

눈을 비비고 상대편을 본다는 뜻으로, 남의 학식이나 재주가
놀랄 만큼 부쩍 늚을 이름.

참 일취월장(日就月將): 나날이 다달이 자라거나 발전함.

ⓒⓒⓒⓒ 눈 목 目, 아닐 불 不, 참을 인 忍, 볼 견 見

눈앞에 벌어진 상황 등을 눈 뜨고는 차마 볼 수 없음.

④ ⓒⓒⓒⓒ 입 구 口, 꿀 밀 蜜, 배 복 腹, 칼 검 劍

입에는 꿀이 있고 배 속에는 칼이 있다는 뜻으로, 말로는 친
한 듯하나 속으로는 해칠 생각이 있음을 이름.

각주구검 새길 각 刻, 배 주 舟, 구할 구 求, 칼 검 劍

융통성 없이 현실에 맞지 않는 낡은 생각을 고집하는 어리석
음.

😊 초나라 사람이 배가 움직이는 것은 생각하지 않고 물속에 칼을 떨어뜨린 위치
를 뱃전에 표시한 뒤 나중에 칼을 찾으려 한 데서 유래해.

⑤ **구절양장** 아홉 구 九, 꺾을 절 折, 양 양 羊, 창자 장 腸

아홉 번 꼬부라진 양의 창자라는 뜻으로, 꼬불꼬불하며 험한
산길을 이름. 늑구곡양장.

ⓒⓒⓒⓒ 아홉 구 九, 굽을 곡 曲, 간 간 肝, 창자 장 腸

굽이굽이 서린 창자라는 뜻으로, 깊은 마음속 또는 시름이 쌓
인 마음속을 이름.

😊 '구곡간장을 녹이다'나 '구곡간장이 녹다' 등의 관용 표현으로도 쓰여.

⑥ ⓒⓒⓒⓒ 막을 두 杜, 문 문 門, 아닐 불 不, 날 출 出

집에만 있고 바깥출입을 하지 않음.

😊 '집에서 은거하면서 관직에 나가지 않거나 사회의 일을 하지 않음.'이라는 뜻
도 있어.

신출귀몰 귀신 신 神, 날 출 出, 귀신 귀 鬼, 잠길 몰 沒

귀신같이 나타났다가 사라진다는 뜻으로, 그 움직임을 쉽게
알 수 없을 만큼 자유자재로 나타나고 사라짐을 이름.

속 동에 번쩍 서에 번쩍: 정처가 없고 종적을 걷잡을 수 없을 만큼 왔다 갔다 함.

⑦ ⓒⓒⓒⓒ 낯 면 面, 좋을 종 從, 배 복 腹, 배반할 배 背

겉으로는 복종하는 체하면서 내심으로는 배반함.

포복절도 안을 포 抱, 배 복 腹, 끊을 절 絶, 넘어질 도 倒

배를 그러안고 넘어질 정도로 몹시 웃음.

유 • 박장대소(拍掌大笑): 손뼉을 치며 크게 웃음.
  • 파안대소(破顔大笑): 매우 즐거운 표정으로 활짝 웃음.

⑧ ㅁ ㅈ ㄱ ㄱ　목숨 명 命, 있을 재 在, 잠깐 경 頃, 때 각 刻

거의 죽게 되어 곧 숨이 끊어질 지경에 이름.

각골통한　새길 각 刻, 뼈 골 骨, 아플 통 痛, 한할 한 恨

뼈에 사무칠 만큼 원통하고 한스러움. 또는 그런 일.

⑨ **반포지효**　돌이킬 반 反, 먹일 포 哺, 어조사 지 之, 효도 효 孝

까마귀가 자라 어미를 되먹이는 효(孝)라는 뜻으로, 자식이 자란 후에 어버이의 은혜를 갚는 깊은 효성을 이름.

ㄱ ㅍ ㅈ ㄱ　피리 관 管, 절인 어물 포 鮑, 어조사 지 之, 사귈 교 交

관중과 포숙의 사귐이란 뜻으로, 우정이 아주 돈독한 친구 관계를 이름.

참 **수어지교(水魚之交):** 물이 없으면 살 수 없는 물고기와 물의 관계라는 뜻으로, 아주 친밀하여 떨어질 수 없는 사이를 이름.

⑩ ㅅ ㅍ ㄱ ㅈ　일 사 事, 반드시 필 必, 돌아올 귀 歸, 바를 정 正

모든 일은 반드시 바른길로 돌아감.

새옹지마　변방 새 塞, 늙은이 옹 翁, 어조사 지 之, 말 마 馬

인생의 길흉화복은 변화가 많아서 예측하기가 어려움.

☺ 새옹이 기르던 말이 달아나 낙심했으나 달아난 말이 다른 준마를 데려오고, 준마로 인해 아들이 다쳤으나 덕분에 전쟁에 나가지 않은 이야기에서 유래해.

⑪ ㅅ ㅅ ㅁ ㅊ　묶을 속 束, 손 수 手, 없을 무 無, 꾀 책 策

손을 묶은 것처럼 어찌할 도리가 없어 꼼짝 못 함.

고육지책　괴로울 고 苦, 고기 육 肉, 어조사 지 之, 꾀 책 策

자기 몸을 상해 가면서까지 꾸며 내는 계책이라는 뜻으로, 위기를 모면하려 어쩔 수 없이 꾸며 내는 계책을 이름.

☺ 오나라의 장수 주유가 부하의 몸을 상하게 하는 것까지도 무릅쓰고 적을 속여 전투에서 승리한 데서 유래해.

⑫ ㅅ ㄱ ㅊ ㅅ　머리 수 首, 언덕 구 丘, 처음 초 初, 마음 심 心

여우가 죽을 때 머리를 자기가 살던 굴 쪽으로 둔다는 뜻으로, 고향을 그리워하는 마음을 이름.

정저지와　우물 정 井, 밑 저 底, 어조사 지 之, 개구리 와 蛙

우물 안 개구리라는 뜻으로, 견문이 좁고 세상 형편에 어두운 사람을 이름.

참 **좌정관천(坐井觀天):** 우물 속에 앉아서 하늘을 본다는 뜻으로, 사람의 견문(見聞)이 매우 좁음을 이름.

⑬ ㅅ ㅈ ㄷ ㅌ　지킬 수 守, 그루 주 株, 기다릴 대 待, 토끼 토 兔

한 가지 일에만 얽매여 발전을 모르는 어리석은 사람.

토사구팽　토끼 토 兔, 죽을 사 死, 개 구 狗, 삶을 팽 烹

토끼를 잡은 뒤 쓸모가 없어진 사냥개도 잡아먹는다는 뜻으로, 필요할 때는 쓰고 필요 없을 때는 버리는 경우를 이름.

☺ 송나라의 한 농부가 우연히 나무 그루터기에 부딪쳐 죽은 토끼를 잡은 후, 다시 토끼를 잡을 수 있을까 싶어 일도 하지 않고 그루터기만 지킨 데서 유래해.

⑭ **식자우환**　알 식 識, 글자 자 字, 근심 우 憂, 근심 환 患

학식이 있는 것이 오히려 근심을 사게 됨.

ㄴ ㅇ ㅇ ㅎ　안 내 內, 근심 우 憂, 바깥 외 外, 근심 환 患

나라 안팎의 여러 가지 어려움.

빈칸 답 ❶견리사의 ❷고립무원 ❸목불인견 ❹구밀복검 ❺구곡간장 ❻두문불출 ❼면종복배 ❽명재경각 ❾관포지교 ❿사필귀정 ⓫속수무책 ⓬수구초심 ⓭수주대토 ⓮내우외환

┌ 보기 ┐

각주구검	견강부회	고립무원	고육지책	고장난명	관포지교	괄목상대
구곡간장	내우외환	두문불출	목불인견	반포지효	사필귀정	새옹지마
속수무책	수구초심	식자우환	신출귀몰	정저지와	토사구팽	포복절도

01 인생의 길흉화복은 변화가 많아서 예측하기가 어려움.

[ ]   (이)라고, 그녀는 접촉 사고 때문에 병원에 갔다가 병을 초기에 발견하여 간단한 시술만으로 완치됐다.

02 몇 년 간 하위권에 머물던 팀이 올해 우승하여 [ ] 한 모습을 보여 주었다.

눈을 비비고 상대편을 본다는 뜻으로, 남의 학식이나 재주가 놀랄 만큼 부쩍 늚을 이름.

03 [ ] 하며 전국을 휘젓고 다니던 범죄자가 마침내 검거되었다.

귀신같이 나타났다가 사라진다는 뜻으로, 그 움직임을 쉽게 알 수 없을 만큼 자유자재로 나타나고 사라짐을 이름.

04 손님이 뚝 끊기자 그 식당에서는 [ ] (으)로 반값 할인 행사를 시작했다.

자기 몸을 상해 가면서까지 꾸며 내는 계책이라는 뜻으로, 위기를 모면하려 어쩔 수 없이 꾸며 내는 계책을 이름.

05 친구가 며칠째 집 밖에 나오지 않고 [ ] 하니 무슨 일이 생긴 건 아닌지 걱정된다.

① 집에만 있고 바깥출입을 하지 않음.
② 집에서 은거하면서 관직에 나가지 않거나 사회의 일을 하지 않음.

06 연이은 도난 사고에 [ ] (으)로 당하고 있을 수만은 없어 대책 회의를 소집했다.

손을 묶은 것처럼 어찌할 도리가 없어 꼼짝 못 함.

07 동생은 입담이 좋아 그 아이가 입만 열면 모두가 [ ] 한다.

배를 그러안고 넘어질 정도로 몹시 웃음.

08 토론 참가자가 당황했는지 부적절한 근거를 대며 [ ] 하는 논리를 폈다.

이치에 맞지 않는 말을 억지로 끌어 붙여 자기에게 유리하게 함.

09 _____ (이)라더니, 결국 진범이 잡혀 억울하게 누명을 쓴 사람은 풀려 났다.

모든 일은 반드시 바른길로 돌아감.

10 태풍이 휩쓸고 지나간 자리는 그야말로 _____의 참상이었다.

눈앞에 벌어진 상황 등을 눈 뜨고는 차마 볼 수 없음.

11 어려운 상황에서도 부모를 _____ (으)로 모시는 청년의 사연이 방송에 소개되었다.

까마귀가 자라 어미를 되먹이는 효(孝)라는 뜻으로, 자식이 자란 후에 어버이의 은혜를 갚는 깊은 효성을 이름.

12 해외에 나와 다른 문화권에서 생활해 보면서 그동안 _____와/과 다를 바 없이 살았음을 깨달았다.

우물 안 개구리라는 뜻으로, 견문이 좁고 세상 형편에 어두운 사람을 이름.

13 _____ (이)라더니, 동료와 함께 담당하던 일을 혼자 맡으려니 벅차다.

① 외손뼉만으로는 소리가 울리지 않는다는 뜻으로, 혼자의 힘만으로 어떤 일을 이루기 어려움을 이름.
② 맞서는 사람이 없으면 싸움이 일어나지 않음.

14 자식과 생이별하던 때를 떠올리면 _____이/가 녹는 것 같다.

굽이굽이 서린 창자라는 뜻으로, 깊은 마음속 또는 시름이 쌓인 마음속을 이름.

15 우리는 속마음을 털어놓을 수 있을 정도로 절친한 사이라 _____ (이)나 다름없다.

관중과 포숙의 사귐이란 뜻으로, 우정이 아주 돈독한 친구 관계를 이름.

16 주위 사람들이 하나둘 떠나 그 사람은 결국 _____의 상황에 처하였다.

고립되어 구원을 받을 데가 없음.

• 맞힌 개수 ( ) / 16문항

12개 이상	다음 회차로 넘어가도 되겠어요!
8개 ~11개	[문맥으로 소화하기] 한 번만 더 읽고 갈까요?
7개 이하	전체를 복습하고 넘어가야겠어요.

아래에서 가운데에 풀이된 뜻에 해당하는 어휘를 골라 ○표 하세요.

① **안하무인**
眼下無人

방자하고 교만하여 다른 사람을 업신여김.

후안무치
厚顔無恥

② **언감생심**
焉敢生心

어떠한 실물을 보게 되면
그것을 가지고 싶은 욕심이 생김.

견물생심
見物生心

③ **역지사지**
易地思之

사물의 경중·선후·완급 등이 서로 뒤바뀜.

주객전도
主客顚倒

④ **연목구어**
緣木求魚

도저히 불가능한 일을 굳이 하려 함.

목불식정
目不識丁

⑤ **와신상담**
臥薪嘗膽

몹시 분하여 이를 갈며 속을 썩임.

절치부심
切齒腐心

⑥ **인과응보**
因果應報

죽은 뒤에라도 은혜를 잊지 않고 갚음.

결초보은
結草報恩

⑦ **일장춘몽**
一場春夢

겉으로는 같이 행동하면서도
속으로는 각각 딴생각을 하고 있음.

동상이몽
同牀異夢

⑧ **적반하장**
賊反荷杖

잘못한 사람이 아무 잘못도 없는 사람을 나무람.

배은망덕
背恩忘德

⑨ **조삼모사**
朝三暮四

계획이나 결정 등을 일관성이 없이 자주 고침.

조변석개
朝變夕改

⑩ **주마가편**
走馬加鞭

잘하는 사람을 더욱 장려함.

주마간산
走馬看山

⑪ **중과부적**
衆寡不敵

적은 수로 많은 수를 대적하지 못함.

권토중래
捲土重來

⑫ **표리부동**
表裏不同

겉으로 드러나는 언행과
속으로 가지는 생각이 다름.

부화뇌동
附和雷同

⑬ **풍수지탄**
風樹之嘆

효도를 다하지 못한 채
어버이를 여읜 자식의 슬픔.

맥수지탄
麥秀之嘆

⑭ **호의호식**
好衣好食

정처 없이 떠돌아다니며 빌어먹음.

유리걸식
流離乞食

2단계
꼼꼼히 확인하기 / 1단계 퀴즈의 정답은 아래에서 **초록색으로 표시**했습니다.
오답의 어휘와 뜻풀이까지 꼼꼼하게 확인해 보세요.

한자성어(2)

1 **안하무인** 눈 안 眼, 아래 하 下, 없을 무 無, 사람 인 人

눈 아래에 사람이 없다는 뜻으로, 방자하고 교만하여 다른 사람을 업신여김을 이름.

참 **오만불손(傲慢不遜)**: 태도나 행동이 거만하고 공손하지 못함.

ㅎ ㅇ ㅁ ㅊ 두터울 후 厚, 얼굴 안 顏, 없을 무 無, 부끄러워할 치 恥

뻔뻔스러워 부끄러움이 없음.

2 **언감생심** 어찌 언 焉, 감히 감 敢, 날 생 生, 마음 심 心

어찌 감히 그런 마음을 품을 수 있겠냐는 뜻으로, 전혀 그런 마음이 없었음을 이름.

ㄱ ㅁ ㅅ ㅅ 볼 견 見, 물건 물 物, 날 생 生, 마음 심 心

어떠한 실물을 보게 되면 그것을 가지고 싶은 욕심이 생김.

3 ㅇ ㅈ ㅅ ㅈ 바꿀 역 易, 처지 지 地, 생각 사 思, 어조사 지 之

처지를 바꾸어서 생각하여 봄.

반 **아전인수(我田引水)**: 자기 논에 물 대기라는 뜻으로, 자기에게만 이롭게 생각하거나 행동함을 이름.

주객전도 주인 주 主, 손님 객 客, 뒤집힐 전 顚, 넘어질 도 倒

주인과 손님의 위치가 서로 뒤바뀐다는 뜻으로, 사물의 경중·선후·완급 등이 서로 뒤바뀜을 이름.

4 ㅇ ㅁ ㄱ ㅇ 인연 연 緣, 나무 목 木, 구할 구 求, 물고기 어 魚

나무에 올라가서 물고기를 구한다는 뜻으로, 도저히 불가능한 일을 굳이 하려 함을 이름.

유 **상산구어(上山求魚)**: 산 위에 올라가 물고기를 구한다는 뜻으로, 도저히 불가능한 일을 굳이 하려 함을 이름.

목불식정 눈 목 目, 아닐 불 不, 알 식 識, 고무래 정 丁

아주 간단한 글자인 '정(丁)' 자를 보고도 그것이 '고무래'인 줄을 알지 못한다는 뜻으로, 아주 까막눈임을 이름.

속 **낫 놓고 기역 자도 모른다**: 사람이 글자를 모르거나 아주 무식함.

5 **와신상담** 누울 와 臥, 섶 신 薪, 맛볼 상 嘗, 쓸개 담 膽

원수를 갚거나 마음먹은 일을 이루기 위하여 온갖 어려움과 괴로움을 참고 견딤.

☺ 오나라의 왕 부차가 섶 위에서 자며 복수를 맹세하고, 그에게 패배한 월나라의 왕 구천이 쓸개를 핥으며 복수를 다짐한 데서 유래해.

ㅈ ㅊ ㅂ ㅅ 끊을 절 切, 이 치 齒, 썩을 부 腐, 마음 심 心

몹시 분하여 이를 갈며 속을 썩임.

6 ㅇ ㄱ ㅇ ㅂ 인할 인 因, 열매 과 果, 응할 응 應, 갚을 보 報

이전에 행한 선악에 따라 현재의 행복이나 불행이 결정됨.

참 **종두득두(種豆得豆)**: 콩을 심으면 반드시 콩이 나온다는 뜻으로, 원인에 따라 결과가 생김을 이름.

결초보은 맺을 결 結, 풀 초 草, 갚을 보 報, 은혜 은 恩

죽은 뒤에라도 은혜를 잊지 않고 갚음.

☺ 진나라 위과가 서모의 목숨을 살려 주자, 훗날 전쟁터에서 서모 아버지의 혼이 풀을 묶어 위과의 적을 넘어뜨린 데서 유래해.

7 **일장춘몽** 하나 일 一, 마당 장 場, 봄 춘 春, 꿈 몽 夢

한바탕의 봄꿈이라는 뜻으로, 헛된 영화나 덧없는 일을 이름.

참 **인생무상(人生無常)**: 인생이 덧없음.

ㄷ ㅅ ㅇ ㅁ 같을 동 同, 평상 상 牀, 다를 이 異, 꿈 몽 夢

같은 자리에 자면서 다른 꿈을 꾼다는 뜻으로, 겉으로는 같이 행동하면서도 속으로는 각각 딴생각을 하고 있음을 이름.

⑧ ㅈㅂㅎㅈ　　도둑 적 賊, 돌이킬 반 反, 꾸짖을 하 荷, 지팡이 장 杖

도둑이 도리어 매를 든다는 뜻으로, 잘못한 사람이 아무 잘못
도 없는 사람을 나무람을 이름.

📖 방귀 뀐 놈이 성낸다: 잘못을 저지른 쪽에서 오히려 남에게 성냄.

배은망덕　　배반할 배 背, 은혜 은 恩, 잊을 망 忘, 덕 덕 德

남에게 입은 은덕을 저버리고 배신하는 태도가 있음.

⑨ ㅈㅅㅁㅅ　　아침 조 朝, 석 삼 三, 저물 모 暮, 넉 사 四

간사한 꾀로 남을 속여 희롱함.

😊 먹이를 아침에 세 개, 저녁에 네 개 주려 하니 원숭이들이 화를 내더니 순서를
바꾸어 주겠다고 하니 좋아한 데서 유래해.

조변석개　　아침 조 朝, 변할 변 變, 저녁 석 夕, 고칠 개 改

아침저녁으로 뜯어고친다는 뜻으로, 계획이나 결정 등을 일
관성이 없이 자주 고침을 이름.

⑩ ㅈㅁㄱㅍ　　달릴 주 走, 말 마 馬, 더할 가 加, 채찍 편 鞭

달리는 말에 채찍질한다는 뜻으로, 잘하는 사람을 더욱 장려
함을 이름.

주마간산　　달릴 주 走, 말 마 馬, 볼 간 看, 산 산 山

말을 타고 달리며 산천을 구경한다는 뜻으로, 자세히 살피지
않고 대충대충 보고 지나감을 이름.

⑪ **중과부적**　　무리 중 衆, 적을 과 寡, 아닐 부 不, 대적할 적 敵

적은 수로 많은 수를 대적하지 못함.

ㄱㅌㅈㄹ　　말 권 捲, 흙 토 土, 거듭 중 重, 올 래 來

땅을 말아 일으킬 것 같은 기세로 다시 온다는 뜻으로, 한 번
실패하였으나 회복하여 다시 쳐들어옴을 이름.

😊 항우가 유방에게 패배한 뒤 자결한 것을 두고 만일 항우가 실패에 굴하지 않고
후일을 도모하였다면 결과가 바뀌었을 수 있다며 안타까워한 데서 유래해.

⑫ ㅍㄹㅂㄷ　　겉 표 表, 속 리 裏, 아닐 부 不, 같을 동 同

겉으로 드러나는 언행과 속으로 가지는 생각이 다름.

부화뇌동　　붙을 부 附, 화할 화 和, 우레 뇌 雷, 같을 동 同

줏대 없이 남의 의견에 따라 움직임.

⑬ **풍수지탄**　　바람 풍 風, 나무 수 樹, 어조사 지 之, 탄식할 탄 嘆

효도를 다하지 못한 채 어버이를 여읜 자식의 슬픔.

😊 '나무가 머물려 하나 바람이 멈추지 않고, 자식이 봉양하려 하나 부모가 기다
리지 않는다.'라는 표현에서 유래해.

ㅁㅅㅈㅌ　　보리 맥 麥, 빼어날 수 秀, 어조사 지 之, 탄식할 탄 嘆

고국의 멸망을 한탄함.

😊 은나라 주왕의 신하였던 기자가 은나라가 망한 뒤에도 보리만은 잘 자라는 것을
보고 한탄한 데서 유래해.

⑭ **호의호식**　　좋을 호 好, 옷 의 衣, 좋을 호 好, 먹을 식 食

좋은 옷을 입고 좋은 음식을 먹음.

ㅇㄹㄱㅅ　　흐를 유 流, 떠날 리 離, 빌 걸 乞, 먹을 식 食

정처 없이 떠돌아다니며 빌어먹음.

빈칸 답 ❶ 후안무치 ❷ 견물생심 ❸ 역지사지 ❹ 연목구어 ❺ 절치부심 ❻ 인과응보 ❼ 동상이몽 ❽ 적반하장 ❾ 조삼모사 ❿ 주마가편 ⓫ 권토중래 ⓬ 표리부동 ⓭ 맥수지탄 ⓮ 유리걸식

┌ 보기 ┐

견물생심	동상이몽	맥수지탄	목불식정	배은망덕	부화뇌동	언감생심
역지사지	연목구어	유리걸식	일장춘몽	적반하장	절치부심	조변석개
주객전도	주마가편	주마간산	중과부적	표리부동	풍수지탄	호의호식

01 다른 사람들의 부추김에 [   ]하여 중요한 결정을 내렸다가는 후회하기 마련이다.

줏대 없이 남의 의견에 따라 움직임.

02 한순간에 사업이 망하면서 부귀영화를 누리던 시절은 [   ](으)로 끝났다.

한바탕의 봄꿈이라는 뜻으로, 헛된 영화나 덧없는 일을 이름.

03 그는 평생을 [   ]하며 가난을 모르고 살았다.

좋은 옷을 입고 좋은 음식을 먹음.

04 바쁜 일정 때문에 대부분의 관광 명소를 [   ](으)로 지나쳤더니 기억에 남는 곳이 없다.

말을 타고 달리며 산천을 구경한다는 뜻으로, 자세히 살피지 않고 대충대충 보고 지나감을 이름.

05 그는 죄 없는 사람에게 [   ](으)로 화를 내며 책임을 떠넘기려 하였다.

도둑이 도리어 매를 든다는 뜻으로, 잘못한 사람이 아무 잘못도 없는 사람을 나무람을 이름.

06 [   ](이)라더니, 진열장 속의 상품을 구경하다가 충동적으로 구매해 버렸다.

어떠한 실물을 보게 되면 그것을 가지고 싶은 욕심이 생김.

07 그는 속으로 상사를 욕하면서도 겉으로는 치켜세우는 [   ]한 태도를 보였다.

겉으로 드러나는 언행과 속으로 가지는 생각이 다름.

겉과 속이 다른
사람이로군.

08 관련 지침을 [   ]의 꼴로 바꿔 대니 직원들의 불만이 이만저만이 아니다.

아침저녁으로 뜯어고친다는 뜻으로, 계획이나 결정 등을 일관성이 없이 자주 고침을 이름.

09 적군의 수가 압도적으로 많아 우리 군이 [   ](으)로 밀리고 있다.

　　　　　적은 수효로 많은 수효를 대적하지 못함.

10 그녀는 작년에 아쉽게 메달을 놓친 뒤 [   ]의 각오로 훈련에 임했다.

　　　　　몹시 분하여 이를 갈며 속을 썩임.

11 축하 공연이 이목을 끄는 바람에 본 행사는 뒷전이 되는 [   ]의 상황이 발생했다.

　　　　　주인과 손님의 위치가 서로 뒤바뀐다는 뜻으로, 사물의 경중·선후·완급 등이 서로 뒤바뀜을 이름.

12 공동의 이익을 최우선으로 여기는 것 같지만, 그들은 사실 서로 다른 꿍꿍이를 감춘 채

[   ]을/를 꾸고 있다.

　같은 자리에 자면서 다른 꿈을 꾼다는 뜻으로, 겉으로는 같이 행동하면서도 속으로는 각각 딴생각을 하고 있음을 이름.

13 이 소설은 전쟁 후 [   ]하며 삶을 이어 가는 사람들의 이야기를 다루고 있다.

　　　　정처 없이 떠돌아다니며 빌어먹음.

14 어려울 때 도와준 은인을 모르는 척하는 것은 [   ]한 일이다.

　　　　　남에게 입은 은덕을 저버리고 배신하는 태도가 있음.

15 자기 입장만 생각할 것이 아니라 [   ]의 자세를 되새길 필요가 있다.

　　　　처지를 바꾸어서 생각하여 봄.

16 첫 출전이라 본선 진출은 [   ]꿈도 꾸지 않았다.

　　　어찌 감히 그런 마음을 품을 수 있겠냐는 뜻으로, 전혀 그런 마음이 없었음을 이름.

• 맞힌 개수 (　　　) / 16문항

12개 이상	다음 회차로 넘어가도 되겠어요!
8개 ~ 11개	[문맥으로 소화하기] 한 번만 더 읽고 갈까요?
7개 이하	전체를 복습하고 넘어가야겠어요.

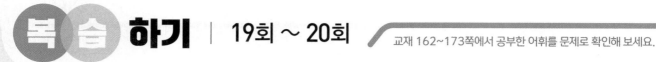
[01~03] 다음 괄호 안에 들어갈 알맞은 단어를 〈보기〉에서 찾아 단어의 뜻을 완성하시오.

> ● 보기
>
> 학식   아우   재산   은혜   원수   고향   식량

01 식자우환: (   )이/가 있는 것이 오히려 근심을 사게 됨.

02 와신상담: (   )을/를 갚거나 마음먹은 일을 이루기 위하여 온갖 어려움과 괴로움을 참고 견딤.

03 수구초심: 여우가 죽을 때 머리를 자기가 살던 굴 쪽으로 둔다는 뜻으로, (   )을/를 그리워하는 마음을 이름.

04 다음 ㉠~㉢에 들어갈 말을 순서대로 가장 적절하게 묶은 것은?

> • 홍길동은 마음대로 나타나고 사라지며 (㉠)하는 인물이다.
> • 심청이 자라서 눈 먼 아버지를 지극정성으로 보살핀 것은 (㉡)에 해당한다.
> • 별주부에게 속은 토끼는 간을 육지에 두고 왔다는 (㉢)의 논리를 펼쳐 죽을 위기에서 살아났다.

① 신출귀몰 관포지교 견강부회   ② 두문불출 관포지교 견리사의
③ 신출귀몰 반포지효 견강부회   ④ 두문불출 반포지효 견강부회
⑤ 신출귀몰 반포지효 견리사의

05 제시된 뜻풀이를 참고하여 다음 십자말풀이를 완성하시오.

[가로 열쇠]
1. 모든 일은 반드시 바른길로 돌아감.
2. 인생의 길흉화복은 변화가 많아서 예측하기가 어려움.
3. 사물의 경중·선후·완급 등이 서로 뒤바뀜.
4. 필요할 때는 쓰고 필요 없을 때는 버림.

[세로 열쇠]
5. 한 가지 일에만 얽매여 발전을 모르는 어리석은 사람.
6. 견문이 좁고 세상 형편에 어두운 사람.

[06~07] 다음 문장의 괄호 안에 들어갈 알맞은 단어를 고르시오.

06 옛이야기에는 (   )의 자세로 은혜를 갚는 동물이 많이 등장한다.
① 결초보은   ② 구밀복검   ③ 배은망덕   ④ 안하무인   ⑤ 적반하장

07 (   )이/가 주제인 이 소설은 주인공이 꿈에서 깨어나며 인생의 허무함을 깨닫는 것으로 마무리된다.
① 괄목상대   ② 맥수지탄   ③ 연목구어   ④ 인과응보   ⑤ 일장춘몽

08 괄호 안에 공통으로 들어갈 단어로 알맞은 것은?

> • (   )(이)라고, 네가 먼저 건드렸으니 동생이 대드는 것 아니겠니?
> • 여러 사람에게 조언을 구하자 일이 술술 풀리는 것을 보며 (   )을/를 실감했다.

① 고장난명   ② 내우외환   ③ 언감생심   ④ 역지사지   ⑤ 표리부동

[09~12] 사다리타기에 따라, 빈칸에 들어갈 단어의 뜻을 〈보기〉에서 골라 그 기호를 쓰시오.

권토중래   주마가편   중과부적   풍수지탄

09   10   11   12

---- 보기 ----
㉠ 적은 수효로 많은 수효를 대적하지 못함.
㉡ 효도를 다하지 못한 채 어버이를 여읜 자식의 슬픔.
㉢ 달리는 말에 채찍질한다는 뜻으로, 잘하는 사람을 더욱 장려함을 이름.
㉣ 땅을 말아 일으킬 것 같은 기세로 다시 온다는 뜻으로, 한 번 실패하였으나 회복하여 다시 쳐들어옴을 이름.

[1~3] 다음을 읽고, 물음에 답하시오.

✎ 지문 이해

해제 여성 영웅인 (　　)이 나라의 위기를 해결하는 내용으로, 병자호란에서 패배한 역사적 사실을 허구적으로 재구성해 민족의 자긍심을 고취하고 있다.

주제 박씨 부인의 신이한 능력과 (　　)의 치욕에 대한 심리적 보상

화가 머리끝까지 치밀어 오른 용골대가 다시 군사를 몰아쳤다.

"모든 군사는 한꺼번에 화살을 쏘아라."

명령을 들은 군사들이 앞다투어 화살을 쏘았지만 역시 하나도 맞히지 못했다. 화살만 허비한 채 가슴이 막혀 어찌할 바를 모르고 있던 용골대는 황급히 김자점을 불렀다.

ⓐ"너희도 이제 우리나라의 백성이다. 얼른 도성의 군사들을 뽑아서 저 °팔문금사진(八門金蛇陣)을 깨뜨리고 박씨와 계화를 잡아들여라. 만일 거역한다면 군법에 따라 처벌할 것이다."

서릿발 같은 명령을 내리자 김자점이 겁먹은 소리로 대답했다.

ⓑ"어찌 장군의 명령을 거역하겠습니까?"

김자점은 급히 군사를 모아 대포 한 방을 쏜 뒤 팔문금사진을 에워쌌다. 그런데 갑자기 그 진이 변하여 백여 길이나 되는 늪이 되었다. 갑작스러운 일에 당황하던 용골대가 꾀를 내어, 군사들에게 팔문진 사면에 못을 파게 한 뒤 화약을 묻게 했다.

ⓒ"너희가 아무리 천 가지로 변화하는 술수를 가졌다고 한들 오늘에야 어찌 살기를 바랄까? 목숨이 아깝거든 바로 나와 몸을 던져라."

피화당을 향해 무수히 욕을 했지만 고요한 정적만 흐를 뿐 집 안에서는 아무 소리도 들리지 않았다. / 용골대가 군사들에게 명령하여 일시에 불을 지르니, 화약 터지는 소리가 산천을 무너뜨릴 것 같았다. 사면에서 불이 일어나 불빛이 하늘을 가득 메웠다.

이때, 박씨 부인이 옥으로 된 발을 걷고 나와 손에 °옥화선을 쥐고 불을 향해 부쳤다. 그러자 갑자기 큰 바람이 불면서 불기운이 오히려 오랑캐 진영을 덮쳤다. 오랑캐 장졸들이 불꽃 한가운데에서 천지를 분별하지 못한 채 넋을 잃고 허둥거리다가 무수히 짓밟혀 죽었다. 순식간에 피화당 근처는 아수라장이 되었다.

용골대는 크게 놀라 급히 물러났다. / ⓓ"한 번의 싸움에 이겨서 항복을 받았으니 이미 큰 공을 세웠거늘, 부질없이 조그마한 계집을 시험하다가 장졸들만 다 죽이게 되었구나. 이런 **절통(切痛)**하고 분한 일이 어디 있단 말인가?"

통곡을 하며 몸부림쳤지만 더 이상 어찌할 도리가 없었다. / ⓔ"우리 임금이 장졸을 전장에 보내시고 칠 년 가뭄에 비 기다리듯 기다리실 텐데, 무슨 면목으로 임금을 뵙는단 말인가? 우리 재주로는 도저히 감당을 못 할 듯하니 이제라도 그냥 돌아가는 것이 좋겠구나."

– 작자 미상, 〈박씨전〉 / 천재(노) 3-1

🗐 어휘력 넓히기

끊을 절(切)

● **절통(切痛)하다** 뼈에 사무치도록 원통하다.

● **절단(切斷)하다** 자르거나 베어서 끊다.

● **절박(切迫)하다** 어떤 일이나 때가 가까이 닥쳐서 몹시 급하다.

☑ 간단 확인

갇힌 동물을 구조하기 위해 그 물을 (　　).

● **팔문금사진** 제갈공명이 여덟 개의 문을 이용해 만들었다는 진.
● **옥화선** 옥으로 깎아 만든 불부채.

서술상의 특징 이해

1 이 글에 대한 설명으로 적절하지 <u>않은</u> 것은?

① 작품 밖의 서술자가 이야기를 전개하고 있다.

② 과장된 표현을 통해 상황의 심각성을 강조하고 있다.

③ 비유법을 활용해 인물의 감정을 실감 나게 묘사하고 있다.

④ 특정한 공간을 중심으로 인물의 비범한 능력을 부각하고 있다.

⑤ 액자식 구성을 통해 이야기의 전기성(傳奇性)을 강화하고 있다.

인물의 태도 이해

2 ⓐ~ⓔ에 대해 이해한 내용으로 적절한 것은?

① ⓐ: 조건을 붙임으로써 명령을 이행하도록 압력을 가하고 있다.

② ⓑ: 다른 인물의 의견을 물어 해결 방안을 모색하고 있다.

③ ⓒ: 감정을 숨김으로써 상황을 자신에게 유리하게 이끌고 있다.

④ ⓓ: 상대의 능력을 인정하며 결과에 승복하고 있다.

⑤ ⓔ: 다른 인물의 권위를 빌려 무리한 명령을 강행하고 있다.

한자성어

3 이 글의 상황에 가장 잘 어울리는 한자성어는?

① 결초보은(結草報恩)

② 괄목상대(刮目相對)

③ 면종복배(面從腹背)

④ 속수무책(束手無策)

⑤ 역지사지(易地思之)

 어법 클리닉

'대로', '만큼', '뿐'의 띄어쓰기

띄어쓰기	붙여쓰기
앞말이 용언인 경우, 의존 명사로 쓰인 것이므로 앞말과 띄어 써야 함. 예 말만 하지 않았을 뿐 다들 알고 있었다.	앞말이 체언인 경우, 조사로 쓰인 것이므로 앞말과 붙여 써야 함. 예 떡이 벽돌만큼 딱딱했다.

다음 중 밑줄 친 부분의 띄어쓰기가 잘못된 문장을 고르세요.

① 공부한 만큼 성적이 나왔다.

② 오늘 먹은 것이라고는 물뿐이다.

③ 생각하는대로 이루어지면 좋겠다.

정답과 해설 20쪽

특정 상황에 어울리는 한자성어나 속담을 찾는 유형이다. 문학 작품 속에서 인물이 처한 상황이나 인물의 심리를 나타내기에 적절한 표현을 찾는 문제가 자주 출제된다.

📖 개념 이해

- **한자성어** 두 자 이상의 한자로 이루어져 관용적으로 쓰이는, 교훈이나 유래를 담고 있는 말.
  ✎ 한자 네 자로 이루어진 성어를 사자성어, 옛이야기에서 유래한 한자성어를 고사성어라고 한다.

📖 기출문제 살펴보기

1 ㉠에 드러나는 '낭자'의 심리를 표현한 말로 가장 적절한 것은?

2019년 4월 고3 학력평가

> 낭자가 혼미한 가운데 겨우 정신을 차려 여쭙기를,
> "사실 그사이 낭군이 두 번 왔다 갔나이다. 낭군이 과거 보러 떠나던 날 겨우 삼십 리를 가서 숙소를 정했는데, 저를 생각하다 잠을 이루지 못하고 집으로 돌아왔거늘, 제가 이리저리 달래어 보냈나이다. 그런데 또 다음날 깊은 밤에 낭군이 돌아오셨기에 제가 억지로 내보냈나이다. 제가 이 일을 숨기고 즉시 아뢰지 못한 것은 부모님의 꾸중이 있을까 두려워서인데, 일이 이렇게 되었으니 누구를 원망하겠나이까? 귀신이 시기하고 조물주가 투기한 탓에 ㉠이렇게 누명을 쓰고 형벌을 받게 되었으니, 제가 무슨 면목으로 부모님께 말씀을 아뢰며, 또한 낭군의 얼굴을 어찌 마주할 수 있겠나이까? 차라리 죽어 모르고자 하나이다."
> 하고 스스로 목숨을 끊으려 하다가, 낭군과 자식을 생각하여 차마 죽지 못하고 땅에 엎어져 기절하더라.
>
> – 작자 미상, 〈숙영낭자전〉

① 각골통한(刻骨痛恨)
② 맥수지탄(麥秀之嘆)
③ 수구초심(首丘初心)
④ 이심전심(以心傳心)
⑤ 풍수지탄(風樹之嘆)

2 ⓐ의 상황을 나타내는 말로 가장 적절한 것은?

2014학년도 수능 A형

> 어머니는 조각마루 끝에 앉아 말이 없었다. 벽돌 공장의 높은 굴뚝 그림자가 시멘트 담에서 꺾어지며 좁은 마당을 덮었다. 동네 사람들이 골목으로 나와 뭐라고 소리치고 있었다. 통장은 그들 사이를 비집고 나와 방죽 쪽으로 걸음을 옮겼다. 어머니는 식사를 끝내지 않은 밥상을 들고 부엌으로 들어갔다. 어머니는 두 무릎을 곧추세우고 앉았다. 그리고, 손을 들어 부엌 바닥을 한 번 치고 가슴을 한 번 쳤다. 나는 동사무소로 갔다. 행복동 주민들이 잔뜩 몰려들어 자기의 의견들을 큰 소리로 말하고 있었다. ⓐ들을 사람은 두셋밖에 안 되는데 수십 명이 거의 동시에 떠들어 대고 있었다. 쓸데없는 짓이었다. 떠든다고 해결될 문제는 아니었다.
>
> – 조세희, 〈난장이가 쏘아 올린 작은 공〉

① 유구무언(有口無言)
② 일구이언(一口二言)
③ 중구난방(衆口難防)
④ 진퇴양난(進退兩難)
⑤ 횡설수설(橫說竪說)

📖 개념 이해

- **속담** 옛날부터 사람들 사이에서 전해져 오는 교훈이 담긴 짧은 말.

  🖊 속담은 대부분 문장 형태로, 삶의 교훈이나 풍자를 비유의 방법으로 전달한다.

📖 기출문제 살펴보기

3 ⓐ의 상황을 나타내기에 가장 적절한 것은?

2014학년도 6월 모의평가 A형

> [중략 줄거리] 영어 실력 덕에 미군 통역관이 된 방삼복은 권력을 얻는다. 친일 행위로 모은 재산을 해방 이후에 모두 빼앗긴 백 주사는 방삼복을 만나 자신의 재산을 되찾아 달라고 부탁한다.
>
> 옛날의 영화가 꿈이 되고, 일본에 몰락하여 가뜩이나 초상집 개처럼 초라한 자기가 또 한번 어깨가 옴츠러듦을 느끼지 아니치 못하였다. 그런데다 이 녀석이, 언제 적 저라고 무엄스럽게 굴어 심히 불쾌하였고, 그래서 엔간히 자리를 털고 일어설 생각이 몇 번이나 나지 아니한 것도 아니었다. 그러나 참았다.
>
> 보아 하니 큰 세도를 부리는 것이 분명하였다. 잘만 하면 그 힘을 빌려, 분풀이와 빼앗긴 재물을 도로 찾을 여망이 있을 듯싶었다. ⓐ분풀이를 하고, 더구나 재물을 도로 찾고 하는 것이라면야 코뻬뚤이 삼복이는 말고, 그보다 더한 놈한테라도 머리 숙이는 것쯤 상관할 바 아니었다.
>
> – 채만식, 〈미스터 방〉

① 꿩 먹고 알 먹는다.   ② 되로 주고 말로 받는다.

③ 소 잃고 외양간 고친다.   ④ 오는 말이 고와야 가는 말이 곱다.

⑤ 종로에서 뺨 맞고 한강에서 눈 흘긴다.

4 〈보기〉를 ⓐ에 대한 '남편'의 속말이라고 가정할 때, ⓑ에 들어갈 말로 가장 적절한 것은?

2016학년도 수능 A형

> "옥희도 씨 유작전이 있군."
> 남편도 지금 그 기사를 읽고 있는 모양이다.
> "죽은 후에 유작전이나 열어 주면 뭘 해. 살아서는 개인전 한 번 못 가져 본 분을."
> "…."
> "흥, 그분 그림이 외국 사람들 사이에 꽤 인기가 있는 모양인데 모를 일이야."
> '흥, 잡종의 상판을 헐값으로 그려 준 대가를 제법 받는 셈인가.'
> "죽은 후에 치켜세우는 것처럼 싱거운 건 없더라. 아마 어떤 ⓐ비평가의 농간이겠지…."
> '흥, 당신이 생각해 낼 만한 천박한 추측이군요.'
> "에이 모르겠다. 예술이니 나발이니. 살아서 잘 먹고 편히 사는 게 제일이지."
>
> – 박완서, 〈나목(裸木)〉

> #### ● 보기 ●
> 생전에는 주목하지 않던 옥희도를 사후에 높이 평가하는 것에는 원칙이 있다고 볼 수 없으니, [ⓑ](이)라는 말이 생각나는군.

① 모래 위에 쌓은 성   ② 고양이 쥐 사정 보듯

③ 까마귀 날자 배 떨어진다   ④ 귀에 걸면 귀걸이 코에 걸면 코걸이

⑤ 될성부른 나무는 떡잎부터 알아본다

어휘 찾아보기

해법 중학 국어
어휘 **DNA** 깨우기

정답과
해설

실력

I. 문학 필수 어휘-시

01 '헤아릴 수 없을 만큼 많다.'를 뜻하는 '무수하다'로 바꾸어 쓰기에 적절하다.
오답 풀이 ① 무고(無辜)하다: 아무런 잘못이나 허물이 없다.
③ 무심하다: 1. 아무런 생각이나 감정 따위가 없다. 2. 남의 일에 걱정하거나 관심을 두지 않다.
④ 무익하다: 이롭거나 도움이 될 만한 것이 없다.
⑤ 무정하다: 1. 따뜻한 정이 없이 쌀쌀맞고 인정이 없다. 2. 남의 사정에 아랑곳없다.

02 '몸과 마음을 다 바쳐 있는 힘을 다하는. 또는 그런 것.'이라는 뜻인 '헌신적'과 바꾸어 쓰기에 적절하다.
오답 풀이 ②: 맹목적: 주관이나 원칙이 없이 덮어놓고 행동하는. 또는 그런 것.
③ 이기적: 자기 자신의 이익만을 꾀하는. 또는 그런 것.
④ 조건적: 어떠한 제한이 붙는. 또는 그런 것.
⑤ 무비판적: 옳고 그름을 판단하지 않고 무조건 받아들이는. 또는 그런 것.

03 '남보다 두드러지게 뛰어나다.'를 뜻하는 '탁월하다'로 바꾸어 쓰기에 적절하다.
오답 풀이 ① 미흡하다: 아직 흡족하지 못하거나 만족스럽지 아니하다.
② 열등하다: 보통의 수준이나 등급보다 낮다.

③ 수월하다: 1. 까다롭거나 힘들지 않아 하기가 쉽다. 2. 말이나 태도 따위가 아주 예사롭다.
⑤ 특수(特殊)하다: 1. 특별히 다르다. 2. 평균 이상으로 뛰어나다.

04 괄호 안에 들어갈 말로는 '적막하다'가 적절하다. 첫 번째 문장에서는 '고요하고 쓸쓸하다.'라는 뜻으로, 두 번째 문장에서는 '의지할 데 없이 외롭다.'라는 뜻으로 사용되었다.
오답 풀이 ① 요란하다: 1. 시끄럽고 떠들썩하다. 2. 정도에 지나쳐 어수선하고 야단스럽다.
② 번잡하다: 번거롭게 뒤섞여 어수선하다.
③ 부산하다: 급하게 서두르거나 시끄럽게 떠들어 어수선하다.
⑤ 오롯하다: 모자람이 없이 온전하다.

08 '없던 현상이 생기다.'라는 뜻의 '일다'가 알맞다. '파문'은 '수면에 이는 물결'을 뜻하는 말로, 어떤 일이 다른 데에 미치는 영향을 비유적으로 표현할 때 쓰이곤 한다.
오답 풀이 '아리다'는 '1. 혀끝을 찌를 듯이 알알한 느낌이 있다. 2. 상처나 살갗 따위가 찌르는 듯이 아프다. 3. 마음이 몹시 고통스럽다.'는 의미이다.

09 '말이나 행동에 진실성이나 뚜렷한 목적이 없다.'라는 뜻의 '실없다'가 알맞다.
오답 풀이 '열없다'는 '좀 겸연쩍고 부끄럽다.'를 뜻하는 순우리말이다.

10 문맥상 '의지가 굳어서 끄떡없다.'라는 뜻의 '의연하다'가 알맞다.
오답 풀이 '의아하다'는 '의심스럽고 이상하다.'라는 의미이다.

11 ㉠에는 '껍질(물체의 겉을 싸고 있는 단단하지 않은 물질)', ㉡에는 '인적(사람의 발자취, 또는 사람의 왕래)', ㉢에는 '성마르다(참을성이 없고 성질이 조급하다.)'가 적절하다.

12

¹은		²자	아
³성	자		못
	⁴도	지	다
⁷아			⁵눈
름		⁶배	냇 짓

01 유배	**02** 야광명월	**03** 일편단심	**04** 섬기는
05 흥망	**06** 복위	**07** 회포	**08** 기원하고
09 무심한	**10** 애절하게	**11** 연군	**12** 홍진
13 여의었다	**14** 백골	**15** 무상한	**16** 생사

04 회　**문맥으로 소화하기**　32~33쪽

01 비평	**02** 내재적 관점	**03** 반영론적 관점
04 표현론적 관점		**05** 효용론적 관점
06 관조	**07** 초월	**08** 회의　**09** 심상
10 공감각적 심상		**11** 심미적 체험
12 골계미	**13** 점층법	**14** 대구법

복 습 하기　34~35쪽

01 섬겨야	**02** 의지	**03** 무심해서	**04** 여위고
05 ④	**06** 해설 참고	**07** ⓒ	**08** ⓐ
09 ⓒ	**10** ⓔ	**11** 영탄법	**12** 도치법
13 대구법	**14** 자조	**15** 초월	**16** 관조

01 문맥상 '신이나 윗사람을 잘 모시어 받들다.'라는 뜻의 '섬기다'가 적절하다.

　오답 풀이 ▶ 삼가다: 1. 몸가짐이나 언행을 조심하다. 2. 꺼리는 마음으로 양(量)이나 횟수가 지나치지 않도록 하다.

02 일이 이루어지게 하려는 상황이므로, '어떠한 일을 이루고자 하는 마음.'을 뜻하는 '의지'가 적절하다.

　오답 풀이 ▶ 회의(懷疑): 의심을 품음. 또는 마음속에 품고 있는 의심.

03 문맥상 '남의 일에 걱정하거나 관심을 두지 않다.'라는 뜻의 '무심하다'가 적절하다.

　오답 풀이 ▶ 무상하다: 1. 모든 것이 덧없다. 2. 일정하지 않고 늘 변하는 데가 있다.

04 병 때문에 얼굴 살이 빠졌다는 의미이므로 '몸의 살이 빠져 파리하게 되다.'라는 뜻의 '여위다'가 적절하다.

　오답 풀이 ▶ 여의다: 1. 부모나 사랑하는 사람이 죽어서 이별하다. 2. 딸을 시집보내다. 3. 멀리 떠나보내다.

05 ㉠에는 '털과 뼈를 아울러 이르는 말.'이라는 뜻의 '모골'이 적절하다. ㉡에는 '시골로 거처를 옮기거나 이사함.'을 뜻하는 '낙향'이 적절하다. ㉢에는 '희망을 버리고 아주 단념하다.'라는 뜻의 '체념하다'가 적절하다.

06

	²애			³연	⁴군
¹절	절	하	다		은
	하				
	다		⁵일	심	동	체
			편		
⁷회	포		단		
유			심		

11 영탄법은 정서를 감탄의 형태로 표현하여 강조하는 방법이다. 제시된 예문에는 '아아'라는 감탄사가 사용되었다.

12 도치법은 말의 차례를 바꾸어 쓰는 표현 방법이다. '나는 그대의 미소를 잊을 수 없어요.'가 일반적인 어순이지만, 제시된 문장에서는 순서를 바꾸어 '그대의 미소를'이 뒷부분에 놓였다.

13 대구법은 같거나 비슷한 문장 구조를 짝을 맞추어 나란히 배열하는 표현 방법이다. 제시된 문장에서도 유사한 문장 구조가 나타나고 있다.

[1~3]

가

· **해제** 고통을 이겨 낸 상처가 꽃보다 더 아름답다는 (역설)적인 발상이 드러나는 시이다.

· **주제** 꽃보다 더 아름답고 고귀한 (상처)

· **내용 요약**

1~3행	어린 매화나무와 고목을 보는 구경꾼들의 모습
4~11행	상처를 지닌 고목의 의연한 모습
12~19행	고목에서 상처의 향기를 맡는 사람들의 모습과 깨달음

나

· **해제** 왕위를 빼앗긴 단종을 향한 화자의 변치 않는 (충성심)을 표현한 시조이다.

· **주제** 임을 향한 (변함)없는 마음

· **내용 요약**

초장	흰 듯 보이지만 검은 까마귀
중장	밤에도 밝게 빛나는 야광명월
종장	임을 향한 일편단심

📖 **어휘력 넓히기** | 격동

1 (가)에 전달하고자 하는 뜻과 반대로 표현하는 반어법은 쓰이지 않았다. (가)는 역설법을 활용하여 고통을 이겨 낸 상처가 꽃보다 더 아름답다는 시인의 생각을 전달하고 있다. 역설법이란 이치에 맞지 않고 모순되는 표현처럼 보이지만 그 속에 진실을 담고 있는 표현 방법이다.

오답 풀이 ① 4~5행에서 확인할 수 있다.

② 18행의 '진동하겠지 상처의 향기'에서 말의 차례를 바꾸는 도치법을 사용하여 향기의 강렬함을 강조하고 있다.

③ (가)는 오랜 세월을 살아온 고목의 거친 모습을 시각적 심상을 통해 생생하게 묘사하고 있다.

④ 1~3행에서 어린 매화나무와 사백 년 고목의 모습을 대조하여 시적 대상의 특성을 부각하고 있다.

2 (나)의 '까마귀'는 눈비를 맞아 일시적으로 하얗게 보일 수 있지만 결국 검게 보일 수밖에 없는 부정적인 존재이다. 〈보기〉를 참고했을 때, '까마귀'는 세조의 편에 서서 세조의 왕위 찬

탈에 동조한 이들, 즉 간신을 상징한다고 볼 수 있다.

3 ④는 '아물다'의 의미이다. '도지다'는 '나아지거나 나았던 병이 도로 심해지다.'를 의미한다.

· '국한'의 사전적 의미는 '범위를 일정한 부분에 한정함.'이다. '알맞게 이용하거나 어떤 상황에 맞추어 씀.'은 '적용'의 의미이다.

II. 문학 필수 어휘 – 소설

05 회 문맥으로 소화하기 44~45쪽

01 신작로	02 징용	03 노상	04 타도하기
05 달포	06 수감된	07 꼬나풀	08 우유부단
09 피난	10 완연한	11 함구령	12 일도양단
13 관철하기	14 헤살	15 문책	16 공출
17 타개하기			

06 회 문맥으로 소화하기 50~51쪽

01 악착같이	02 곡절	03 노독	04 진배없이
05 의기양양	06 지청구	07 공염불	08 으름장
09 옥신각신	10 의아스러운	11 유야무야	12 살갑게
13 득달같이	14 텃세	15 데면데면하게	16 혼비백산

복 습 하기 52~53쪽

01 피난	02 수복되었지만	03 관철하려고
04 ⓔ, ⓑ	05 ⓒ, ⓓ	06 ⓛ, ⓐ	07 해설 참고
08 ①	09 ④	10 ②	11 한길
12 곡해	13 텃세		

01 문맥상 '재난을 피하여 멀리 옮겨 감.'을 뜻하는 '피난'이 적절하다.

오답 풀이 수난: 견디기 힘든 어려운 일을 당함.

02 문맥상 '잃었던 땅이나 권리 등이 되찾아지다.'라는 뜻의 '수복되다'가 적절하다.

오답 풀이 수감되다: 사람이 구치소나 교도소에 수용되다.

03 승호는 해외여행을 가겠다는 자신의 목적을 이루기 위해 부모님을 설득하는 것이므로, '어려움을 뚫고 나아가 목적을 기어이 이루다.'를 뜻하는 '관철하다'가 적절하다.

오답 풀이 관통하다: 1. 꿰뚫어서 통하다. 2. 처음부터 끝까지 일관하다.

07

¹득	²달	같	이		³앙	⁴살
	포					갑
		⁵득	⁶의	연	하	다
⁷우			기			
격			양			
다			양		⁸노	상
짐					독	

08 그가 소문이 사실인지 그렇지 않은지에 대해 아무 말도 하지 않았다는 것이므로, '어떤 일에 대하여 옳다느니 그르다느니 함.'을 뜻하는 '가타부타'가 적절하다.

오답 풀이 ② 두서없이: 일의 차례나 갈피를 잡을 수 없이.

③ 진배없이: 그보다 못하거나 다를 것이 없이.

④ 풍비박산: 사방으로 날아 흩어짐.

⑤ 혼비백산: 혼백이 어지러이 흩어진다는 뜻으로, 몹시 놀라 넋을 잃음을 이르는 말.

09 진희가 결정을 쉽게 내리지 못한다고 하였으므로 '어물어물 망설이기만 하고 결단성이 없음.'이라는 뜻의 '우유부단'이 적절하다.

오답 풀이 ① 걱실걱실: 성질이 너그러워 말과 행동을 시원스럽게 하는 모양.

② 데면데면: 사람을 대하는 태도가 친밀감이 없이 예사로운 모양.

③ 득의양양: 뜻한 바를 이루어 우쭐거리며 뽐냄.

⑤ 일도양단: 어떤 일을 머뭇거리지 아니하고 선뜻 결정함을 비유적으로 이르는 말.

10 ㉠에는 '매우 모질고 끈덕지게.'를 뜻하는 '악착같이'가 적절하다. ㉡에는 '자신의 결함이나 잘못에 대하여 스스로 깊이 뉘우치고 자신을 책망함.'을 뜻하는 '자책'이 적절하다. ㉢에는 '눈가림만 하는 일시적인 계책.'을 뜻하는 '미봉책'이 적절하다.

01 비통한	02 행적	03 속절없는	04 슬하
05 배포	06 영화로운	07 규중	08 고진감래
09 관아	10 박복한	11 비복	12 식견
13 박색	14 탄복하지	15 봉양하는	16 가없는
17 청천벽력			

01 사회·문화적 배경	02 간접 제시	03 서술
04 문체	05 개연성	06 허구성	07 묘사
08 역행적 구성	09 액자식 구성	10 우연성	11 전기성
12 영웅 소설	13 환몽 소설	14 서술자의 개입
15 판소리계 소설		16 해학

01 탄복하지	02 수양하기	03 행색	04 상서로운
05 ④	06 원통하다	07 문하	08 흥진비래
09 시비	10 ⓒ	11 ⑦	12 ⓒ
13 우화 소설	14 풍자	15 배경	16 묘사
17 ⓒ	18 ⓔ	19 ⑦	20 ⓛ

01 문맥상 '매우 감탄하여 따르다.'라는 뜻의 '탄복하다'가 적절하다.

오답 풀이 ▶ 박복하다: 복이 없다. 또는 팔자가 사납다.

02 문맥상 '몸과 마음을 갈고닦아 품성이나 지식, 도덕 등을 높은 경지로 끌어올리다.'라는 뜻의 '수양하다'가 적절하다.

오답 풀이 ▶ 봉양하다: 부모나 조부모와 같은 웃어른을 받들어 모시다.

03 이몽룡이 암행어사가 되어 지방 관리의 통치를 몰래 살피기 위해 거지 같은 차림새를 하고 왔다는 것이므로, '겉으로 드러나는 차림이나 태도.'를 뜻하는 '행색'이 적절하다.

오답 풀이 ▶ 행적: 1. 행위의 실적(實績)이나 자취. 2. 평생 동안 한 일이나 업적. 3. 나쁜 행실로 남긴 흔적.

04 까치가 좋은 일이 일어날 것이라는 소식을 전해 준다는 의미이므로, '복되고 길한 일이 일어날 조짐이 있다.'라는 뜻의 '상서롭다'가 적절하다.

오답 풀이 ▶ 영화롭다: 몸이 귀하게 되어 이름이 세상에 빛날 만하다.

05 '청천벽력'은 맑게 갠 하늘에서 치는 날벼락이라는 뜻으로, 뜻밖에 일어난 큰 변고나 사건을 비유적으로 이르는 말이

다. '청천벽력'은 문맥상 ⑦~ⓜ 어디에도 어울리지 않는다. ⑦에는 '한탄하여 한숨을 쉬다.'라는 뜻의 '탄식하다'가 적절하다. ⓛ에는 '정성을 들이지 않고 아무렇게나 대접을 하다.'라는 뜻의 '박대하다'가 적절하다. ⓒ에는 학식과 견문을 뜻하는 '식견'이 적절하다. ⓔ에는 천 년 동안 단 한 번 만난다는 뜻으로, 좀처럼 만나기 어려운 좋은 기회를 이르는 말인 '천재일우'가 적절하다. ⓜ에는 '예전에, 벼슬아치들이 모여 나랏일을 처리하던 곳.'이라는 뜻의 '관아'가 적절하다.

13 '우화 소설'이란 동식물이나 기타 사물을 의인화하여 쓴 소설로, 교훈적이고 풍자적인 성격을 띤다.

14 '풍자'란 서술자가 부정적으로 보는 대상을 우스꽝스럽게 표현함으로써 간접적으로 비판하는 서술 방식이다.

15 '배경'이란 사건이 전개되고 인물이 활동하는 시간적·공간적 환경을 뜻한다.

16 '묘사'란 배경, 인물, 사건 등을 그림 그리듯이 구체적으로 표현하는 방식이다.

1 ⑤   **2** ②   **3** ②

──────────────────────────

어법 클리닉   (1) 멀데   (2) 재미없대

[1~3]

• **해제** 6·25 전쟁 중 피란길에 홀로 남겨진 아이를 중심으로 (전쟁)의 비극성과 황폐해져 가는 사람들의 모습을 그린 소설이다.

• **주제** 전쟁의 비극성과 전쟁으로 인한 (인간성) 상실

• **문단 요약**

가	마을에 피란민이 끊임없이 오고 감.
나	피란민을 별로 달가워하지 않는 마을 어른들
다	어머니에게 금반지를 보여 주는 '녀석'
라	금반지를 받고 '녀석'을 집에 들인 어머니
마	명선이를 내쫓을 궁리를 하는 어머니

📖 **어휘력 넓히기** | 배타적

1 (나)에서 마을 어른들은 피란민들을 달가워하지 않았으며, 전쟁 속에서 마을 사람들의 인심이 날로 각박해지고 있음을 파악할 수 있다.

2 (다)에서 명선이에게 다른 집에나 가 보라고 야멸차게 대하던 어머니는 (라)에서 명선이가 내민 금반지를 받고 친절하게 태도를 바꾸어 명선이를 집으로 들인다. 그리고 (마)에서 어머니는 식량을 축내기만 하는 명선이를 내쫓을 방법을 궁리한다. 이와 같은 어머니의 탐욕스럽고 이해타산적인 모습은 전쟁으로 인해 먹고살기가 힘들어져 인심이 야박해진 것이라고 볼 수 있다.

3 ㉡의 '묵다'는 '일정한 곳에서 나그네로 머무르다.'의 의미로, '친구 집에서 며칠 묵다.'와 같은 문장에 사용할 수 있다. ②는 '일정한 때를 지나서 오래된 상태가 되다.'를 의미하는 동음이의어 '묵다'가 쓰인 문장이다.

오답 풀이 ➤ ① '대포를 쏠 때에 나는 소리.'의 뜻으로 사용되었으므로 적절하다.

③ '자기만 생각하고 남의 사정을 돌볼 마음이 거의 없다.'의 뜻으로 사용되었으므로 적절하다.

④ '뜻한 바를 이루어 만족한 마음이 얼굴에 나타난 모양.'의 뜻으로 사용되었으므로 적절하다.

⑤ '자세하고 빈틈이 없이.'의 뜻으로 사용되었으므로 적절하다.

• ②

• ⓑ와 ②의 '따르다'는 모두 '어떤 경우, 사실이나 기준 따위에 의거하다.'의 의미로 사용되었다.

오답 풀이 ➤ ① ⓐ는 '생각, 태도, 사상 따위를 마음에 품다.'의 의미로 사용되었으나, ①에서는 '모임을 치르다.'의 의미로 사용되었다.

③ ⓒ는 '대상을 평가하다.'의 의미로 사용되었으나, ③에서는 '맡아서 보살피거나 지키다.'의 의미로 사용되었다.

④ ⓓ는 '긍정적인 태도·반응·상태 따위를 가지거나 누리게 되다.'의 의미로 사용되었으나, ④에서는 '병을 앓게 되다.'의 의미로 사용되었다.

⑤ ⓔ는 '원래의 내용이나 상태를 다르게 고치다.'의 의미로 사용되었으나, ⑤에서는 '자기가 가진 물건을 다른 사람에게 주고 대신 그에 필적할 만한 다른 사람의 물건을 받다.'의 의미로 사용되었다.

01 '매우 짧은 시간'을 뜻하는 '찰나'로 바꾸어 쓰기에 적절하다.

오답 풀이 ② 영겁: 영원한 세월.
③ 억겁: 무한하게 오랜 시간.
④ 식경: 밥을 먹을 동안이라는 뜻으로, 잠깐 동안을 이르는 말.
⑤ 여삼추: 3년과 같이 길게 느껴진다는 뜻으로, 몹시 애타게 기다리는 마음을 이르는 말.

02 '쉰 살을 달리 이르는 말'인 '지천명'으로 바꾸어 쓰기에 적절하다.

오답 풀이 ① 약관: 1. 스무 살을 달리 이르는 말. 2. 젊은 나이
② 이립: 서른 살을 달리 이르는 말.
③ 불혹: 마흔 살을 달리 이르는 말.
⑤ 이순: 예순 살을 달리 이르는 말.

03 '꾸며서 하는 것이 두드러지게 눈에 띄는. 또는 그런 것.'을 뜻하는 '작위적'으로 바꾸어 쓰기에 적절하다.

오답 풀이 ① 당위적: 마땅히 그렇게 하거나 되어야 하는. 또는 그런 것.
② 위선적: 겉으로만 착한 체하는. 또는 그런 것.
④ 자연적: 사람의 손길이 가지 아니한 자연 그대로의 모습을 지닌. 또는 그런 것.

⑤ 궁극적: 더할 나위 없는 지경에 도달하는. 또는 그런 것.

04 ㉠에는 '경시하다(어떤 대상을 중요하게 보지 않고 하찮게 여기다.)', ㉡에는 '부재하다(그곳에 있지 아니하다.)', ㉢에는 '절대적(비교하거나 상대될 만한 것이 없는. 또는 그런 것)'이 적절하다.

09 '잘못이나 책임을 다른 사람에게 넘겨씌우다.'라는 뜻의 '전가하다'가 알맞다.

오답 풀이 ① 전파(傳播)하다: 전하여 널리 퍼뜨리다.
② 전달(傳達)하다: 지시, 명령, 물품 따위를 다른 사람이나 기관에 전하여 이르게 하다.
④ 전수(傳授)하다: 기술이나 지식 따위를 전하여 주다.
⑤ 전환(轉換)하다: 다른 방향이나 상태로 바꾸다.

10 '뱀을 다 그리고 나서 있지도 아니한 발을 덧붙여 그려 넣는다는 뜻으로, 쓸데없는 군짓을 하여 도리어 잘못되게 함을 이르는 말.'인 '사족'이 알맞다.

오답 풀이 ① 귀감(龜鑑): 거울로 삼아 본받을 만한 모범.
③ 계륵: 닭의 갈비라는 뜻으로, 그다지 큰 소용은 없으나 버리기에는 아까운 것을 이르는 말.
④ 첩경(捷徑): 1. 멀리 돌지 않고 가깝게 질러 통하는 길. 2. 가장 쉽고 빠른 방법을 비유적으로 이르는 말. 3. 어떤 일을 할 때 흔히 그렇게 되기가 쉬움을 이르는 말.
⑤ 백미(白眉): 흰 눈썹이라는 뜻으로, 여럿 가운데에서 가장 뛰어난 사람이나 훌륭한 물건을 비유적으로 이르는 말.

11 '사물을 분별하고 판단하여 알다.'라는 뜻의 '인식하다'가 알맞다.

오답 풀이 ① 인수(引受)하다: 물건이나 권리를 건네받다.
② 인출(引出)하다: 끌어서 빼내다. 예금 따위를 찾다.
③ 인용(引用)하다: 남의 말이나 글을 자신의 말이나 글 속에 끌어 쓰다.
④ 인고하다: 괴로움을 참다.

12 괄호 안에 들어갈 말로는 '투사'가 적절하다. 단어 '투사하다'는 첫 번째 문장에서는 '창이나 대포알 등을 내던지거나 쏘다.'라는 뜻으로, 두 번째 문장에서는 '빛이나 소리의 파동이 물체에 닿다.'라는 뜻으로, 세 번째 문장에서는 '자신의 성격, 감정, 행동 등을 스스로 받아들일 수 없거나 만족할 수 없는 욕구를 가지고 있을 경우에 그것을 다른 것의 탓이나 책임으로 돌림으로써 자신은 그렇지 않다고 생각하다.'라는 뜻으로 사용되었다.

13~16

자	극	인	식	하	다
¹⁴귀	의	식	적	¹⁵형	집
납	성	연	역	이	대
내	재	하	다	상	성
구	¹³경	험	론	학	하
¹⁶성	선	설	어	리	다

(격자: 귀납, 경험론, 형이상학, 성선설 등이 원으로 표시됨)

1 ④　　**2** ①　　**3** ⑤　　**4** ⑤
5 ⑤　　**6** ②

어법 클리닉　❶ (1) 먹던　(2) 하든지　(3) 오던지
　　　　　　　❷ (1) 돼　(2) 되면

[1~3]

· **해제** (존재)에 대한 고대 철학자들의 견해를 소개하고, 이와 관련한 니체의 견해를 설명하고 있다.

· **주제** 서양 철학의 주류적 입장을 (비판)하고 (예술)을 통한 허무의 극복을 강조한 니체

· **문단 요약**

1문단	서양 철학의 주류가 된 플라톤의 이성 중심 사유
2문단	플라톤의 견해를 비판하며 형이상학적 이원론을 부정한 니체
3문단	예술을 통한 허무의 극복을 강조한 니체

📚 **어휘력 넓히기** | 근절

1 2문단에서 '현실 너머의 이상 세계와 초월적 대상을 근원으로 설정'한 것은 니체가 아니라 '형이상학적 이원론'임을 알 수 있다. 니체는 이러한 형이상학적 이원론은 인간이 현실의 삶을 부정하게 만들고 허무에 직면하게 만든다며 비판적인 시각에서 바라보았다.

오답 풀이 ① 2문단의 세 번째 문장에서 확인할 수 있다.
② 2문단의 첫 번째, 두 번째 문장에서 알 수 있다.
③ 3문단의 첫 번째 문장에서 알 수 있다.
⑤ 3문단에서 확인할 수 있다.

2 1문단에서 헤라클레이토스는 존재가 변화의 과정 중에 있으며 끊임없이 생성과 소멸을 반복하는 것으로 보았음을 알 수 있다. 2문단에서 니체 또한 헤라클레이토스의 견해를 받아들여 영원히 변하지 않는 존재는 없다고 보았음을 알 수 있다.

오답 풀이 ② 1문단에서 파르메니데스는 존재를 영원하며 절대적이고 불변성을 가지는 것으로 보았음을 알 수 있다.
⑤ 1문단에서 플라톤은 존재의 근원인 이데아를 감각이 아닌 이성을 통해 인식할 수 있다고 보았음을 알 수 있다.

3 ⑤는 '실재(實在)'의 의미이다. '내재'는 '어떤 사물이나 범위의 안에 들어 있음. 또는 그런 존재'를 뜻한다.

- **해제** (휴리스틱)의 개념과 종류를 소개하면서, 휴리스틱이 판단 착오를 낳기도 하지만 인간의 판단을 (쉽게) 만들어 줌을 설명하고 있다.

- **주제** 판단 착오를 낳기도 하지만, 쉽게 판단을 내리게 해 주는 (휴리스틱)

- **문단 요약**

1문단	판단 과정에서 과거 경험을 바탕으로 하여 어림짐작하는 것을 의미하는 '휴리스틱'
2문단	대상이 가진 특정 집단의 전형적인 속성에 따라 대상을 판단하는 '대표성 휴리스틱'
3문단	쉽게 떠오르는 정보에 의존하여 판단하는 '회상 용이성 휴리스틱'
4문단	과거나 미래를 통해 장면을 상상해 보는 '시뮬레이션 휴리스틱'
5문단	인간의 판단을 쉽게 만들어 주는 '휴리스틱'

어휘력 넓히기 | 형용사

4 4문단에서 경찰관이 다른 사람 즉 용의자의 입장이 되어 가상적인 상황을 생각하는 예가 제시되었다. 그런데 이 경우, 상상이 반복될수록 상상한 장면이 사실처럼 느껴지게 된다. 그 결과 용의자를 섣불리 범인이라고 단정 짓는 오류를 범할 수도 있다. 따라서 가상적인 상황에 대해 생각함으로써 정확하고 객관적인 판단을 내린다고 볼 수 없다.

오답 풀이 ① 1문단에서 '과거 경험을 바탕으로 어림짐작'하는 것이 휴리스틱이라고 하였으므로 적절하다.

② 3문단에서 '충격적이거나 극적인 사례들을 더 쉽게 회상한다.'고 하였으므로 적절하다.

③ 5문단에서 '휴리스틱은 종종 판단 착오를 낳기도 하지만, 경험에 기반하여 답을 찾는 효율적인 방법'이라고 하였으며, 2문단, 3문단, 4문단에서 각각 대표성 휴리스틱과 회상 용이성 휴리스틱 그리고 시뮬레이션 휴리스틱이 판단 착오를 낳게 되는 경우에 대해 언급하였으므로 적절하다.

④ 4문단에서 '가상적 장면을 자꾸 머릿속에 떠올리다 보면, 그 용의자가 정말 범인인 것처럼 생각하게 된다.'고 하였으므로 적절하다.

5 5문단의 '휴리스틱은 우리가 쓰고 싶지 않아도 ~ 판단하기 쉽게 만들어 준다.'에서 인간은 늘 시간과 노력을 들여 합리적인 사고를 하는 것은 아니며, 휴리스틱에 따라 자동적으로 사고하며 인지적 노력을 절약하는 경향이 있음을 알 수 있다.

오답 풀이 ① 이 글에서 찾을 수 없는 내용이다.

② 5문단의 네 번째 문장에서, '휴리스틱은 우리가 쓰고 싶지 않아도

거의 자동적으로 작용한다.'라고 하였으므로 의식적으로 사용한다는 것은 적절하지 않다.

③ 5문단의 네 번째 문장에서, '휴리스틱은 우리가 쓰고 싶지 않아도 거의 자동적으로 작용한다.'라고 하였으므로 판단 착오를 줄이기 위해 의도적으로 사용했다고 하는 것은 적절하지 않다. 또한 이처럼 자동적으로 작용하는 휴리스틱은 2~4문단에서 보듯 종종 판단 착오를 낳기도 한다.

6 ⓐ는 '대상을 평가하다.'라는 의미로 사용되었다. 이와 가장 유사한 의미로 사용된 것은 '나는 그것이 가능하리라고 보고 있다.'의 '보고'이다.

오답 풀이 ① '남의 결점 따위를 들추어 말하다.'라는 의미로 사용되었다.

③ '어떤 일을 당하거나 겪거나 얻어 가지다.'라는 의미로 사용되었다.

④ '어떤 결과나 관계를 맺기에 이르다.'라는 의미로 사용되었다.

⑤ '음식 맛이나 간을 알기 위하여 시험 삼아 조금 먹다.'의 의미로 사용되었다.

01 법제화	02 박탈하였다	03 허위	04 부당하다는
05 민법	06 존엄성	07 표절	08 개정
09 피고	10 권고	11 준수	12 진위
13 형법	14 저작권	15 불가결하다	16 면책

01 격차	02 기하급수적	03 임대	04 수요
05 지수	06 실태	07 위축되었다	08 현저하게
09 서비스	10 전유물	11 자본주의	12 공급
13 인건비	14 사재기	15 삭감	16 지표

복습하기　102~103쪽

01 민법	02 원고	03 제정	04 ㉢, ㉤
05 ㉠, ㉢	06 ㉠, ⓐ	07 해설 참고	08 ④
09 ④	10 ③	11 ④	12 기하급수적
13 재화	14 사재기		

01 결혼 연령은 개인의 권리와 관련된 것이므로 '개인의 권리와 관련된 법규를 통틀어 이르는 말.'인 '민법'이 들어가는 것이 적절하다.

　오답 풀이 ▶ '형법'은 '범죄와 형벌에 관한 법률 체계.'를 의미한다.

02 배상을 청구한 자에게도 잘못이 있어 청구액의 일부만 지급하도록 하는 판결이 났다는 것이 자연스러우므로 '법원에 민사 소송을 제기한 사람.'을 의미하는 '원고'가 들어가는 것이 적절하다.

　오답 풀이 ▶ '피고'는 '민사 소송에서, 소송을 당한 측의 당사자.'를 의미한다.

03 새로운 법안을 마련하였다고 하였으므로 '제도나 법률 따위를 만들어서 정함.'을 의미하는 '제정'이 들어가는 것이 적절하다.

　오답 풀이 ▶ '개정'은 '주로 문서의 내용 따위를 고쳐 바르게 함.'을 의미한다.

07

¹불	가	결	하	다		³저
가						작
피			²초	상	권	
하		⁵부				
다	⁴정	당	하	다		
		하				⁸허
⁶박	탈	하	다	⁷진	위	

08 '아끼어 줄이다.'라는 의미의 '절감하다'와 바꿔 쓸 수 있다.

　오답 풀이 ▶ ① 경감하다: 부담이나 고통 따위를 덜어서 가볍게 하다.

② 삭감하다: 깎아서 줄이다.

③ 저감하다: 낮추어 줄이다.

⑤ 탕감하다: 빚이나 요금, 세금 따위의 물어야 할 것을 삭쳐 주다.

09 '어떤 힘에 눌려 졸아들고 기를 펴지 못하게 되다.'라는 의미의 '위축되다'와 바꿔 쓸 수 있다.

　오답 풀이 ▶ ① 감축되다: 덜리어 줄어들다.

② 단축되다: 시간이나 거리 따위가 짧게 줄어들다.

③ 수축되다: 1. 근육 따위가 오그라들다. 2. 부피나 규모가 줄어들다.

⑤ 응축되다: 1. 한데 엉겨 굳어서 줄어들게 되다. 2. 내용의 핵심이 어느 한곳에 집중되어 쌓여 있게 되다.

10 '있는 그대로의 상태. 또는 실제의 모양.'이라는 의미의 '실태'와 바꿔 쓸 수 있다.

　오답 풀이 ▶ ① 동태: 움직이거나 변하는 모습.

② 사태: 일이 되어 가는 형편이나 상황. 또는 벌어진 일의 상태.

④ 양태: 사물이 존재하는 모양이나 형편.

⑤ 행태: 행동하는 양상.

11 ㉠에는 '사회적 지위가 비슷한 사람들의 층.'이라는 의미의 '계층'이, ㉡에는 '돈을 내고 남의 물건을 빌려 씀.'이라는 의미의 '임차'가, ㉢에는 '교환하거나 판매하기 위하여 시장에 재화나 용역을 제공하는 일. 또는 그 제공된 상품의 양.'이라는 의미의 '공급'이 들어가는 것이 적절하다.

　오답 풀이 ▶ ㉠ 격차: 빈부, 임금, 기술 수준 따위가 서로 벌어져 다른 정도.

㉡ 임대: 돈을 받고 자기의 물건을 남에게 빌려줌.

㉢ 수요: 어떤 재화나 용역을 일정한 가격으로 사려고 하는 욕구.

| 1 ④ | 2 ③ | 3 ⑤ | 4 ② |
| 5 ① | 6 ② | | |

어법 클리닉 ❶ (1) 웬   (2) 왠지   (3) 웬일로
           ❷ ①, ④

[1~3]

• **해제** (제조물 책임법)에 관하여 도입 배경을 비롯해 적용 범위, 면책 사유 등 주요 내용을 설명하고 있다.

• **주제** (제조물 책임법)의 주요 내용

• **문단 요약**

1문단	소비자가 상품의 결함으로 피해를 입었을 경우 쉽게 구제받을 수 있도록 제정된 제조물 책임법
2문단	제조물 책임법이 적용되는 제조물과 제조업자의 범위
3문단	손해 배상 청구의 핵심이 되는 결함의 유형
4문단	손해 배상 책임을 면할 수 있는 제조업자의 면책 사유와 면책의 제한

어휘력 넓히기 | 자구책

1 4문단에서 손해 배상 책임을 면할 수 있는 제조업자의 면책 사유와 면책의 제한에 대해 제시하고 있으나, 관련 판례를 제시하고 있지는 않다.

오답 풀이 ▸ ① 1문단에서 확인할 수 있다.
② 3문단에서 확인할 수 있다.
③ 2문단에서 확인할 수 있다.
⑤ 4문단에서 확인할 수 있다.

2 '복숭아 통조림'은 복숭아를 원료로 가공된 물품이므로 제조물에 포함되고, 이를 제조한 자는 제조업자에 속한다. 그러나 미가공 농수축산물은 제조물에 속하지 않으므로(2문단) 복숭아를 생산한 자는 제조업자에 해당되지 않는다.

오답 풀이 ▸ ① '고등어'는 미가공 농수축산물에 해당하므로 제조물이 아니다.
② 2문단에 따르면 '중고 자동차'는 제조물에 포함되고 이를 수입한 자는 제조업자에 해당된다.
④ '부품'도 제조물에 해당하므로 결함이 있는 '자동차 부품'을 만든 자는 제조업자에 해당되고 손해 배상 책임이 있다.
⑤ 4문단에 제시된 제조업자의 면책 사유 중 두 번째에 해당한다.

3 ㉠은 '어떤 사실이나 존재, 상태에 대해 의식이나 감각으로 깨닫거나 느끼다.'의 의미로, '책을 읽느라고 누가 왔는지도 알지 못했다.'의 '알다'와 같은 의미이다.

오답 풀이 ▸ ① '어떤 일을 할 능력이나 소양이 있다.'의 의미로 사용되었다.
② '어떤 사람이나 사물에 대하여 소중히 생각하다.'의 의미로 사용되었다.
③ '다른 사람과 사귐이 있거나 안면이 있다.'의 의미로 사용되었다.
④ '어떤 사물이나 사람에 대하여 그것을 어떠한 성격을 가진 것으로 여기다.'의 의미로 사용되었다.

[4~6]

• **해제** (구독경제)의 개념과 유형을 밝히고, 최근 동향을 설명하는 이론을 소개하고 있다. 또한 그것을 이용할 때의 장단점을 설명하고 있다.

• **주제** (구독경제)의 확산과 그 양면성

• **문단 요약**

1문단	소비자가 정기적으로 상품을 배송 받거나 필요한 서비스를 이용할 수 있는 '구독경제'
2문단	세 가지 유형으로 구분되는 구독경제
3문단	구독경제의 확산 현상을 설명하는 '합리적 선택 이론'
4문단	소비자와 생산자가 구독경제를 이용할 때의 장점
5문단	소비자와 생산자 입장에서 구독경제가 부정적으로 작용할 수 있는 경우

어휘력 넓히기 | 무산

4 1문단에서 소비자가 구독경제를 이용하기 위해서는 회원 가입을 한다는 것을 확인할 수 있고, 4문단에서 생산자가 상품을 사용하는 고객들의 정보를 수집한다는 내용을 확인할 수 있다.

오답 풀이 ▸ ① 2문단에서 확인할 수 있다.
③ 5문단에서 확인할 수 있다.
④, ⑤ 3문단에서 확인할 수 있다.

5 매월 일정 금액을 지불하고 정수기를 사용하는 서비스는 ㉢에 해당한다.

6 '수립하다'는 '국가나 정부, 제도, 계획 따위를 이룩하여 세우다.'라는 뜻으로, '세우다'로 바꿔 쓰는 것이 가장 적절하다.

어법 클리닉 '개수(個數)'와 '전세방(傳貰房)'은 한자어이므로 사이시옷을 적지 않는다.

• ④

• ⓓ는 '원래대로 회복함.'의 의미로, ④의 '복원(復原)'과 의미
가 같다. 따라서 ⓓ와 ④의 '복원'은 동음이의어가 아니다.
오답 풀이 ▶ ① ⓐ는 '글이나 사진 따위를 전류나 전파를 이용하여
먼 곳에 보냄.'의 의미이다. ①의 '전송'은 '서운하여 잔치를 베풀고 보
낸다는 뜻으로, 예를 갖추어 떠나보냄을 이르는 말.'이다.
② ⓑ는 '어떠한 뜻을 나타내기 위하여 쓰이는 부호, 문자, 표지 따위
를 통틀어 이르는 말.'이다. ②의 '기호'는 '즐기고 좋아함.'의 의미이다.
③ ⓒ는 '일정한 뜻을 나타내기 위하여 따로 정하여 쓰는 기호.'를 의미
한다. ③의 '부호'는 '재산이 넉넉하고 세력이 있는 사람.'을 의미한다.
⑤ ⓔ는 '행동이나 태도를 분명하게 정함.'의 의미이다. ⑤의 '결정'은
'애써 노력하여 보람 있는 결과를 이루는 것이나 그 결과를 비유적으
로 이르는 말.'이다.

Ⅳ. 비문학 필수 어휘 – 과학, 기술, 예술

13회 문맥으로 **소화하기**   114~115쪽

01 방출하는	02 확산	03 부피	04 유체
05 밀도	06 관성	07 질량	08 저항
09 중력	10 속력	11 증발	12 전압
13 가속하기	14 도체	15 진동	

14회 문맥으로 **소화하기**   120~121쪽

01 유기체	02 바이러스	03 멸균	04 노화
05 민감하게	06 중독	07 변이	08 침투하여
09 개체	10 감염	11 결핍	12 동맥
13 면역	14 생육	15 수축	

복습하기   122~123쪽

01 ②	02 ②	03 ①	04 ④
05 절연체	06 도체	07 관성	08 탄성
09 정맥	10 이완	11 ㉠, ⓐ	12 ㉣, ⓑ
13 ㉢, ⓒ	14 ㉤	15 ㉠	16 ㉢
17 ㉣			

01 '전하가 연속적으로 이동하는 현상.'을 의미하는 '전류'가
들어가는 것이 적절하다.
오답 풀이 ▶ ① 저항: 도체에 전류가 흐르는 것을 방해하는 작용.
③ 전압: 전기장이나 도체 안에 있는 두 점 사이의 전기적인 위치 에
너지 차.
④ 전자: 음전하를 가지고 원자핵의 주위를 도는 소립자의 하나.
⑤ 전하: 물체가 띠고 있는 정전기의 양.

02 '공간적으로 떨어져 있는 물체끼리 서로 끌어당기는 힘.'인
'인력'이 들어가는 것이 적절하다.
오답 풀이 ▶ ① 응력: 원자, 분자 또는 이온 사이에 작용하여 고체나
액체 따위의 물체를 이루게 하는 인력(引力)을 통틀어 이르는 말.
③ 중력: 1. 지구 위의 물체가 지구로부터 받는 힘. 2. 질량을 가지고
있는 모든 물체가 서로 잡아당기는 힘.
④ 척력: 같은 종류의 전기나 자기를 가진 두 물체가 서로 밀어 내는 힘.
⑤ 탄력: 탄성체가 외부의 힘에 대항하여 본래의 형태로 돌아가려는 힘.

03 '면이 이차원의 공간을 차지하는 넓이의 크기.'를 의미하는
'면적'이 들어가는 것이 적절하다.
오답 풀이 ▶ ② 무게: 물건의 무거운 정도.
③ 밀도: 어떤 물질의 단위 부피만큼의 질량.

④ 부피: 1. 넓이와 높이를 가진 물건이 공간에서 차지하는 크기.
2. 입체가 차지하는 공간의 크기.
⑤ 질량: 물체의 고유한 역학적 기본량.

04 괄호 안에 공통으로 들어갈 수 있는 단어는 '진동'이다. 첫 번째 문장에서는 '흔들려 움직임.'의 의미로 사용되었으며, 두 번째 문장에서는 '냄새 따위가 아주 심하게 나는 상태.'의 의미로 사용되었다. 세 번째 문장에서는 '입자나 물체의 위치 혹은 장(場)이나 전류의 방향, 세기 따위의 물리량이 정하여진 범위에서 주기적으로 변화하는 현상.'의 의미로 사용되었다.

오답 풀이 ① 반동: 1. 어떤 작용에 대하여 그 반대로 작용함. 2. 물체 A가 물체 B에 힘을 작용시킬 때, B가 똑같은 크기의 반대 방향의 힘을 A에 미치는 작용.
② 요동: 흔들리어 움직임. 또는 흔들어 움직임.
③ 제동: 기계나 자동차 따위의 운동을 멈추게 함.
⑤ 파동: 1. 물결의 움직임. 2. 공간의 한 점에 생긴 물리적인 상태의 변화가 차츰 둘레에 퍼져 가는 현상.

09 살갗 겉으로 파랗게 드러나 있다고 하였으므로 '정맥혈을 심장으로 보내는 순환 계통의 하나.'인 '정맥'이 들어가는 것이 적절하다.

오답 풀이 '동맥'은 '심장에서 피를 신체 각 부분에 보내는 혈관.'을 의미한다.

10 긴장한 근육을 풀어 주어야 한다는 것이 자연스러우므로 '굳어서 뻣뻣하게 된 근육 따위가 원래의 상태로 풀어짐.'을 의미하는 '이완'이 들어가는 것이 적절하다.

오답 풀이 '수축'은 '근육 따위가 오그라듦.'을 의미한다.

독 해 **더하기** 124~127쪽

1 ②	2 ③	3 ③	4 ②
5 ②	6 ②		

어법 클리닉 ❶ (1) 어떡해 (2) 어떻게 (3) 어떻게
❷ (1) 안 (2) 안 (3) 않아

[1~3]

· **해제** 우주 탐사선이 (스윙바이)를 하는 이유와 그 원리를 설명하고 있다.
· **주제** 우주 탐사선이 (속도)를 얻는 방법인 스윙바이
· **문단 요약**

1문단	탐사선이 속도를 얻는 방법인 스윙바이
2문단	행성의 공전을 이용하여 속도를 얻는 스윙바이
3문단	스윙바이 후 탐사선의 속도 크기 변화에 행성의 중력은 영향을 미치지 못함.
4문단	스윙바이 후 행성의 공전 속도 변화는 미미함.

어휘력 넓히기 | 증진

1 스윙바이를 하는 동안 행성의 중력 변화에 대해서는 언급하고 있지 않다.

오답 풀이 ① 4문단에서 확인할 수 있다.
③, ⑤ 2문단에서 확인할 수 있다.
④ 1문단에서 확인할 수 있다.

2 스윙바이로 행성의 공전 속도를 '훔친다'고 하였는데 4문단을 보면 운동량 보존 법칙에 따라 탐사선과 행성이 주고받은 운동량이 같음을 알 수 있다.

3 ⓒ는 '조사하거나 살펴보다.'의 의미로, '우리는 여행에 대한 정보를 인터넷으로 알아보았다.'의 '알아보다'와 같은 의미이다.

오답 풀이 ① ⓐ는 '가능성이 거의 없다.'의 의미로 사용되었으나, ①에서는 '상대가 되는 사람이 거리감이 있어 행동하기가 조심스럽고 거북하다.'의 의미로 사용되었다.
② ⓑ는 '노력이나 기술 따위를 들여 목적하는 사물을 이루다.'의 의미로 사용되었으나, ②에서는 '말썽이나 일 따위를 일으키거나 꾸며 내다.'의 의미로 사용되었다.
④ ⓓ는 '생각이나 느낌 따위를 글, 그림, 음악 따위로 드러내다.'의 의미로 사용되었으나, ④에서는 '어떤 일의 결과나 징후를 겉으로 드러내다.'의 의미로 사용되었다.
⑤ ⓔ는 '어떤 모양을 일정하게 나타내다.'의 의미로 사용되었으나, ⑤에서는 '상상하거나 회상하다.'의 의미로 사용되었다.

14 어휘 DNA 깨우기

- **해제** 인체의 자연치유력의 개념을 정의하고, (오토파지)의 개념, 기능, 과정 등을 설명하고 있다.
- **주제** 우리 몸의 (자연치유력) 중 하나인 오토파지의 원리
- **문단 요약**

1문단	인체의 자연치유력 중 하나인 오토파지
2문단	스트레스를 받으면 활성화되는 오토파지
3문단	오토파고솜과 리소좀이 만나 오토파지가 일어남.
4문단	자연치유력에는 오토파지 이외에도 면역력, 아포토시스 등이 있음.

🔊 **어휘력 넓히기** | 환멸

4 이 글은 인체의 자연치유력의 개념을 정의하고 오토파지의 개념, 기능, 과정 등을 제시하며, 오토파지의 원리를 중심으로 인체의 자연치유력을 서술하고 있다.

5 오토파지는 세포 안에 쌓인 불필요한 단백질과 망가진 세포 소기관을 분해해 재활용하여 우리 몸의 항상성을 유지하는 현상이고, 아포토시스는 손상된 세포가 스스로 사멸함으로써 우리 몸의 항상성을 유지하는 현상이다.

오답 풀이 ① 4문단에서 아포토시스는 개체를 보호하기 위해 일어나는 현상이라는 내용을 확인할 수 있다.

③ 2문단에서 오토파지는 우리 몸에 영양 공급이 부족하거나 바이러스가 침투했을 때 발생한다는 내용을 확인할 수 있다.

④ 2문단에서 오토파지를 통해 생존에 필요한 아미노산과 에너지를 얻는다는 내용을 확인할 수 있다. 아포토시스가 마찬가지의 결과를 가져오는지는 지문에서 확인할 수 없다.

⑤ 3문단에서 오토파지는 세포의 일부를 분해하고, 분해된 조각들이 다른 세포 소기관을 만드는 재료로 활용된다는 내용을 확인할 수 있다. 4문단에서 아포토시스는 개체를 보호하기 위해 손상된 세포가 사멸하여 우리 몸을 건강한 상태로 유지한다고 했으므로 다른 세포 소기관을 만드는 데 활용된다는 설명은 부적절하다.

6 ⓐ는 '무엇이라고 가리켜 말하거나 이름을 붙이다.'의 의미로, '사람들은 그를 불운한 천재라고 부른다.'의 '부르다'와 같은 의미이다.

오답 풀이 ① '어떤 행동이나 말이 관련된 다른 일이나 상황을 초래하다.'의 의미이다.

③ '이름이나 명단을 소리 내어 읽으며 대상을 확인하다.'의 의미이다.

④ '말이나 행동 따위로 다른 사람의 주의를 끌거나 오라고 하다.'의 의미이다.

⑤ '청하여 오게 하다.'의 의미이다.

15회 문맥으로 소화하기 132~133쪽

01 관측하여	**02** 해수	**03** 여과	**04** 용매
05 퇴적물	**06** 자전	**07** 부패	**08** 분자
09 유성	**10** 방부	**11** 위성	**12** 용해도
13 지평선	**14** 포화	**15** 밀폐	

16회 문맥으로 소화하기 138~139쪽

01 설비	**02** 미의식	**03** 내구성	**04** 영감
05 원근법	**06** 공정	**07** 인상주의	**08** 진보
09 용접해서	**10** 혁신	**11** 산수화	**12** 패러다임
13 피사체	**14** 냉각	**15** 모티프	**16** 메커니즘

복습 하기 140~141쪽

01 ③	**02** ①	**03** ④	**04** ③
05 방부	**06** 부패	**07** 공전	**08** 자전
09 ①	**10** ③	**11** ㉠, ⓓ	**12** ㉢, ⓒ
13 ㉢, ⓑ	**14** 감흥	**15** 미학	**16** 모티프
17 풍속화	**18** 가열		

01 '물질의 기본적 구성 단위.'를 의미하는 '원자'가 들어가는 것이 적절하다. 원자는 하나의 핵과 이를 둘러싼 여러 개의 전자로 구성되어 있다. 원자의 핵이 붕괴될 때 방출되는 에너지를 동력 자원으로 이용하는 것이 원자력이다.

오답 풀이 ① 분자(分子): 물질에서 화학적 형태와 성질을 잃지 않고 분리될 수 있는 최소의 입자.

② 양자(陽子): 중성자와 함께 원자핵의 구성 요소가 되는 소립자의 하나.

④ 입자(粒子): 물질을 구성하는 미세한 크기의 물체.

⑤ 전자(電子): 음전하를 가지고 원자핵의 주위를 도는 소립자의 하나.

02 '행성의 인력에 의하여 그 둘레를 도는 천체.'를 의미하는 '위성'이 들어가는 것이 적절하다.

오답 풀이 ② 유성(流星): 지구의 대기권 안으로 들어와 빛을 내며 떨어지는 작은 물체.

③ 항성(恒星): 천구 위에서 서로의 상대 위치를 바꾸지 아니하고 별자리를 구성하는 별.

④ 행성(行星): 중심 별의 강한 인력의 영향으로 타원 궤도를 그리며 중심 별의 주위를 도는 천체.

⑤ 혜성(彗星): 가스 상태의 빛나는 긴 꼬리를 끌고 태양을 초점으로 긴 타원이나 포물선에 가까운 궤도를 그리며 운행하는 천체.

03 '용액에 녹아 있는 물질.'을 의미하는 '용질'이 들어가는 것이 적절하다.

오답 풀이 ① 용매: 어떤 액체에 물질을 녹여서 용액을 만들 때 그 액체를 가리키는 말.

② 용액: 두 가지 이상의 물질이 균일하게 혼합된 액체.

③ 용융: 고체에 열을 가했을 때 액체로 되는 현상.

⑤ 용해: 물질이 액체 속에서 균일하게 녹아 용액이 만들어지는 일. 또는 용액을 만드는 일.

04 ㉠에는 '육안이나 기계로 자연 현상 특히 천체나 기상의 상태, 추이, 변화 따위를 관찰하여 측정하는 일.'이라는 의미의 '관측'이, ㉡에는 '거름종이나 여과기를 써서 액체 속에 들어 있는 침전물이나 입자를 걸러 내는 일.'이라는 의미의 '여과'가, ㉢에는 '물질이 전혀 존재하지 아니하는 공간.'이라는 의미의 '진공'이 들어가는 것이 적절하다.

오답 풀이 ㉠ 측량: 기기를 써서 물건의 높이, 깊이, 넓이, 방향 따위를 잼.

㉡ 삼투: 농도가 다른 두 액체를 반투막으로 막아 놓았을 때에, 농도가 낮은 쪽에서 농도가 높은 쪽으로 용매가 옮겨 가는 현상.

㉢ 밀폐: 샐 틈이 없이 꼭 막거나 닫음.

09 '한 제품이 완성되기까지 거쳐야 하는 하나하나의 작업 단계.'라는 의미의 '공정'과 바꿔 쓸 수 있다.

오답 풀이 ② 노정: 1. 목적지까지의 거리. 또는 목적지까지 걸리는 시간. 2. 거쳐 지나가는 길이나 과정.

③ 여정: 여행의 과정이나 일정.

④ 원정: 1. 먼 곳으로 싸우러 나감. 2. 먼 곳으로 운동 경기 따위를 하러 감. 3. 연구, 탐험, 조사 따위를 위하여 먼 곳으로 떠남.

⑤ 일정: 1. 일정한 기간 동안 해야 할 일의 계획을 날짜별로 짜 놓은 것. 또는 그 계획. 2. 그날 해야 할 일. 또는 그것의 분량이나 순서. 3. 그날 하루에 가야 할 길. 또는 그 길의 분량이나 순서.

10 '정도나 수준이 이제까지의 상태보다 뒤떨어지거나 못하게 되다.'라는 의미의 '퇴보하다'와 바꿔 쓸 수 있다.

오답 풀이 ① 답보하다: 상태가 나아가지 못하고 한자리에 머무르다.

② 진보하다: 정도나 수준이 나아지거나 높아지다.

④ 행보하다: 어떤 목표를 향하여 나아가다.

⑤ 활보하다: 힘차고 당당하게 행동하거나 제멋대로 마구 행동하다.

독해 더하기 142~145쪽

1 ③	2 ③	3 ②	4 ①
5 ②	6 ③		

어법 클리닉 (1) 몸에 (2) 불후의 (3) 나의

[1~3]

- **해제** 전기레인지를 (가열) 방식에 따라 두 가지로 나누고, 각각의 가열 원리를 설명하고 있다.
- **주제** (전기레인지)의 가열 원리
- **문단 요약**

1문단	전기레인지는 가열 방식에 따라 하이라이트 레인지와 인덕션 레인지로 나눌 수 있음.
2문단	하이라이트 레인지는 열선의 열을 통해 상판을 직접 가열함.
3문단	인덕션 레인지는 맴돌이전류를 이용하여 용기에 열을 발생시킴.
4문단	인덕션 레인지의 가열 원리는 강자성체의 자기 이력 현상과도 관련이 있음
5문단	인덕션 레인지는 사용 용기에 제약이 있지만, 조리가 빠르고 안전하다는 장점이 있음.

어휘력 넓히기 | 배제

1 ㉡은 ㉠보다 에너지 효율이 높기 때문에 용기를 더 빨리 가열할 수 있다.

오답 풀이 ① 1문단에서 확인할 수 있다.

② 3문단에서 ㉡은 유도 전류인 맴돌이전류를 이용하여 용기에 열을 발생시키는 방식이라는 내용을 확인할 수 있다.

④ 5문단에서 ㉡은 상판을 직접 가열하지 않기 때문에 상대적으로 ㉠보다 화상의 위험이 적다는 내용을 확인할 수 있다.

⑤ 5문단에서 ㉡은 전자기유도 현상을 이용하기 때문에 저항이 크고 강자성체인 소재의 용기를 사용해야 한다는 점에서 ㉠보다 사용할 수 있는 용기의 소재에 제약이 많다는 내용을 확인할 수 있다.

2 〈보기〉의 전기레인지는 인덕션 레인지이다. 인덕션 레인지에 전원이 켜지면 코일(ⓐ)에 고주파 전류가 흐르면서 그 주변으로 교류 자기장(ⓑ)이 만들어진다. 이때 도체인 냄비(ⓒ)에 유도 전류인 맴돌이전류(ⓓ)가 발생하게 되고 냄비 소재의 저항에 의해 열이 발생하여 물이 끓게 된다. 그러므로 전원이 켜지면 발생하는 교류 자기장(ⓑ)이 냄비(ⓒ)의 바닥에 폐회로를 형성하게 만드는 것이지 냄비(ⓒ) 소재의 저항에 따라 교류 자기장(ⓑ)의 세기가 변하는 것이 아니다.

3 '나누다'는 '여러 가지가 섞인 것을 구분하여 분류하다.'라는 뜻으로, '분류하다'로 바꿔 쓸 수 있다. '분류하다'는 '종류에 따라서 가르다.'의 의미이다.

오답 풀이 ① 분담하다: 나누어서 맡다.

③ 분리하다: 서로 나누어 떨어지게 하다.

④ 분배하다: 몫몫이 별러 나누다.

⑤ 분할하다: 나누어 쪼개다.

[4~6]

• 해제 (미래주의) 운동을 소개하면서 등장 배경과 활용 기법, 의의 등을 설명하고 있다.

• 주제 (미래주의) 회화의 정의와 활용 기법

• 문단 요약

1문단	20세기 초 이탈리아에서 시작된 미래주의 운동
2문단	미래주의 화가들은 분할주의 기법을 사용하여 산업 사회의 역동적인 모습을 표현함.
3문단	분할주의 기법에는 이미지의 겹침, 역선, 상호 침투 등이 있음.
4문단	미래주의 회화는 새로운 미의식을 제시했다는 점에서 의의가 있음.

어휘력 넓히기 | 투시

4 이 글은 미래주의 회화의 정의와 등장 배경, 활용 기법, 의의 등을 설명하고 있다. 그러나 미래주의 회화의 전망에 관한 언급은 찾아볼 수 없다.

오답 풀이 ②, ③ 1문단에서 확인할 수 있다.

④ 4문단에서 확인할 수 있다.

⑤ 2, 3문단에서 확인할 수 있다.

5 4문단을 통해 움직이는 대상의 속도와 운동에 미적 가치를 부여한 미래주의 회화는 이후 입체적 조형물의 운동을 보여 주는 키네틱 아트가 등장하는 데 영향을 미쳤음을 확인할 수 있다. 따라서 '영감'의 구체적인 내용이 기존의 방식과 달리 미적 가치를 3차원에서 실제로 움직이는 대상을 통해 구현하려는 생각이라고 추론할 수 있다.

오답 풀이 ① 움직이는 대상이 주는 아름다움을 최초로 작품화한 것이 키네틱 아트라고 보기 어렵다.

③ 사진 촬영 기법을 회화에 접목시킨 것은 키네틱 아트와 관련이 없다.

④ 미래주의는 산업화를 긍정적으로 인식하였으므로, 산업 사회의 역동적인 모습에서 벗어나려 했다는 것은 영감의 내용이 될 수 없다.

⑤ 키네틱 아트가 예술적 대상의 범위를 추상적인 대상으로 확대하려 한다는 것을 확인할 수 없다.

---

6 '지향'은 '어떤 목표로 뜻이 쏠리어 향함. 또는 그 방향이나 그쪽으로 쏠리는 의지.'를 의미한다. ③은 '지양'의 의미이다.

수능 맛보기 146쪽

• ②

• '고안하다'는 '연구하여 새로운 안을 생각해 내다.'라는 의미로, ⓑ와 바꿔 쓰기에 적절하다.

오답 풀이 ① '진작하다'는 '떨쳐 일어나다. 또는 떨쳐 일으키다.'의 의미이다. '어떤 사태나 일을 벌이거나 터뜨리다.'의 의미로 쓰인 ⓐ와 바꿔 쓰기에는 '야기하다' 등의 말이 적절하다.

③ '소지하다'는 '물건을 지니고 있다.'의 의미로, '본래의 모양을 그대로 간직하다.'의 의미로 쓰인 ⓒ와 바꿔 쓰기에는 적절하지 않다.

④ '설정하다'는 '새로 만들어 정해 두다.'의 의미이다. '마음속으로 그러하다고 인정하거나 생각하다.'의 의미로 쓰인 ⓓ와 바꿔 쓰기에는 '간주하다' 등의 말이 적절하다.

⑤ '시사되다'는 '어떤 것을 미리 간접적으로 표현해 주다.'라는 의미를 지닌 '시사하다'의 피동 표현으로, '있어야 할 것을 가지거나 차리다.'의 의미를 지닌 '갖추다'의 피동 표현인 ⓔ와 바꿔 쓰기에는 적절하지 않다.

Ⅴ. 문법 필수 개념어 & 한자성어

04 홍길동이 마음대로 나타나고 사라질 수 있다고 하였으므로 ㉠에는 '그 움직임을 쉽게 알 수 없을 만큼 자유자재로 나타나고 사라짐.'을 이르는 '신출귀몰(神出鬼沒)'이, 자식이 아버지를 지극정성으로 모시는 것은 효심과 관련된 것이므로 ㉡에는 '자식이 자란 후에 어버이의 은혜를 갚는 효성.'을 이르는 '반포지효(反哺之孝)'가, 간을 육지에 두고 다니는 것은 불가능한 일이므로 ㉢에는 '이치에 맞지 않는 말을 억지로 끌어 붙여 자기에게 유리하게 함.'을 이르는 '견강부회(牽强附會)'가 들어가기에 적절하다.

오답 풀이 ㉠ 두문불출(杜門不出): 집에만 있고 바깥출입을 하지 않음.

㉡ 관포지교(管鮑之交): 관중과 포숙의 사귐이라는 뜻으로, 우정이 아주 돈독한 친구 관계를 이름.

㉢ 견리사의(見利思義): 눈앞의 이익을 보면 의리를 먼저 생각함.

05

		¹사	필	귀	⁶정
					저
			²새	옹	지	마
⁵수					와
³주	객	전	도		
대					
⁴토	사	구	팽		

06 은혜를 갚는다고 하였으므로 '죽은 뒤에라도 은혜를 잊지 않고 갚음.'을 이르는 '결초보은(結草報恩)'이 들어가기에 적절하다.

오답 풀이 ② 구밀복검(口蜜腹劍): 입에는 꿀이 있고 배 속에는 칼이 있다는 뜻으로, 말로는 친한 듯하나 속으로는 해칠 생각이 있음을 이름.
③ 배은망덕(背恩忘德): 남에게 입은 은덕을 저버리고 배신하는 태도가 있음.
④ 안하무인(眼下無人): 눈 아래에 사람이 없다는 뜻으로, 방자하고 교만하여 다른 사람을 업신여김을 이름.
⑤ 적반하장(賊反荷杖): 도둑이 도리어 매를 든다는 뜻으로. 잘못한 사람이 아무 잘못도 없는 사람을 나무람을 이름.

07 주인공이 인생의 허무함을 깨닫는다고 하였으므로 '헛된 영화나 덧없는 일.'을 이르는 '일장춘몽(一場春夢)'이 들어가기에 적절하다.

오답 풀이 ① 괄목상대(刮目相對): 눈을 비비고 상대편을 본다는 뜻으로, 남의 학식이나 재주가 놀랄 만큼 부쩍 늚을 이름.
② 맥수지탄(麥秀之嘆): 고국의 멸망을 한탄함.
③ 연목구어(緣木求魚): 나무에 올라가서 물고기를 구한다는 뜻으로, 도저히 불가능한 일을 굳이 하려 함을 이름.
④ 인과응보(因果應報): 이전에 행한 선악에 따라 현재의 행복이나 불행이 결정됨.

08 괄호 안에 공통으로 들어갈 수 있는 한자성어는 '고장난명(孤掌難鳴)'이다. 첫 번째 문장에서는 '맞서는 사람이 없으면 싸움이 일어나지 않음.'이라는 의미로, 두 번째 문장에서는 '혼자의 힘만으로 어떤 일을 이루기 어려움.'이라는 의미로 쓰였다.

오답 풀이 ② 내우외환(內憂外患): 나라 안팎의 여러 가지 어려움.
③ 언감생심(焉敢生心): 어찌 감히 그런 마음을 품을 수 있겠냐는 뜻으로, 전혀 그런 마음이 없었음을 이름.
④ 역지사지(易地思之): 처지를 바꾸어 생각하여 봄.
⑤ 표리부동(表裏不同): 겉으로 드러나는 언행과 속으로 가지는 생각이 다름.

독해 더하기 176~177쪽

1 ⑤   2 ①   3 ④

어법 클리닉 ③

[1~3]

• **해제** 여성 영웅인 (박씨 부인)이 나라의 위기를 해결하는 내용으로, 병자호란에서 패배한 역사적 사실을 허구적으로 재구성해 민족의 자긍심을 고취하고 있다.

• **주제** 박씨 부인의 신이한 능력과 (병자호란)의 치욕에 대한 심리적 보상

어휘력 넓히기 | 절단하다

1 팔문금사진이 늪으로 변하거나 박씨 부인이 옥화선으로 불을 자유자재로 조절하는 등 전기성이 강하게 나타나는 것은 사실이지만, 액자식 구성을 취하고 있지는 않다.

오답 풀이 ② "그런데 갑자기 그 진이 변하여 백여 길이나 되는 늪이 되었다."나 "용골대가 군사들에게 명령하여 일시에 불을 지르니, 화약 터지는 소리가 산천을 무너뜨릴 것 같았다."와 같은 구절에서 과장된 표현을 통해 상황의 심각성을 강조하고 있음을 확인할 수 있다.
③ 용골대가 '서릿발 같은 명령'을 내린다고 비유함으로써 용골대가 화가 머리끝까지 치밀어 오른 상태임을 실감 나게 묘사하고 있다.
④ 용골대 무리가 공격을 거듭하고 있으나 계속해서 실패하는 까닭은 박씨 부인이 자신의 비범한 능력을 활용해 피화당을 지키고 있기 때문이다. 따라서 특정한 공간을 중심으로 인물의 비범한 능력을 부각하고 있다는 설명은 적절하다.

2 ⓐ에서 용골대는 명령을 거역할 경우 처벌할 것이라는 조건을 붙임으로써 김자점이 겁을 먹고 명령에 따르게 하고 있다.

오답 풀이 ② ⓑ에서 김자점은 장군의 명령을 거역하지 않겠다는 의지를 의문문의 형태로 표현한 것이지 다른 인물의 의견을 묻고 있는 것은 아니다.
③ ⓒ에서 용골대는 몹시 분노하고 있다. 바로 뒤의 "피화당을 향해 무수히 욕을 했지만"과 같은 문장을 통해서도 용골대가 자신의 감정을 숨기지 못하고 있음을 확인할 수 있다.
④ ⓓ에서 용골대는 공격에 연이어 실패했음에도 불구하고 박씨 부인을 '조그마한 계집'이라고 얕잡아 부르며 자신이 패배한 것을 몹시 분하게 여기고 있다. 따라서 용골대가 상대의 능력을 인정하며 결과에 승복하고 있다는 설명은 적절하지 않다.
⑤ ⓔ에서 용골대가 권위 있는 인물인 임금의 입장을 추측해 이를 자신이 판단을 내리는 데에 근거로 삼은 것은 사실이지만, 더 큰 피해

를 줄이기 위해 물러서기로 결정했으므로 무리한 명령을 강행하고
있다고 보기는 어렵다.

3 '속수무책(束手無策)'은 손을 묶은 것처럼 어찌할 도리가
없어 꼼짝 못한다는 의미로, 용골대를 필두로 한 청나라 군
사들이 박씨 부인을 당해 내지 못해 아수라장이 된 상황을
표현하기에 적절한 한자성어이다.

(오답 풀이) ① 결초보은(結草報恩): 죽은 뒤에라도 은혜를 잊지 않
고 갚음.
② 괄목상대(刮目相對): 눈을 비비고 상대편을 본다는 뜻으로, 남의
학식이나 재주가 놀랄 만큼 부쩍 늚을 이름.
③ 면종복배(面從腹背): 겉으로는 복종하는 체하면서 내심으로는 배
반함.
⑤ 역지사지(易地思之): 처지를 바꾸어 생각하여 봄.

(어법 클리닉) 앞말인 '생각하는'이 용언이므로 ③에서 '대로'는
의존 명사로 쓰인 것을 알 수 있다. 의존 명사로 쓰일 경우 앞말
과 띄어 써야 하기 때문에 '생각하는 대로 이루어지면 좋겠다.'
로 고쳐야 바른 문장이 된다.

1 ㉠은 낭자가 잘못이 없음에도 상공에게 문초를 당하며 억
울하고 원통한 마음을 호소하는 말이다. 따라서 '뼈에 사
무치게 맺힌 원한.'을 뜻하는 '각골통한(刻骨痛恨)'이 적절
하다.

(오답 풀이) ② 맥수지탄(麥秀之嘆): 고국의 멸망을 한탄함을 이르
는 말.
③ 수구초심(首丘初心): 여우가 죽을 때에 머리를 자기가 살던 굴 쪽
으로 둔다는 뜻으로, 고향을 그리워하는 마음을 이르는 말.
④ 이심전심(以心傳心): 마음과 마음으로 서로 뜻이 통함.
⑤ 풍수지탄(風樹之嘆): 효도를 다하지 못한 채 어버이를 여읜 자식
의 슬픔을 이르는 말.

2 ⓐ는 여러 사람이 질서가 없이 동시에 마구 떠드는 상황이
다. 따라서 '막기 어려울 정도로 여럿이 마구 지껄임을 이
르는 말.'인 '중구난방(衆口難防)'이 가장 적절하다.

(오답 풀이) ① 유구무언(有口無言): 입은 있어도 말은 없다는 뜻으
로, 변명할 말이 없거나 변명을 못함을 이르는 말.
② 일구이언(一口二言): 한 입으로 두 말을 한다는 뜻으로, 한 가지
일에 대하여 말을 이랬다저랬다 함을 이르는 말.
④ 진퇴양난(進退兩難): 이러지도 저러지도 못하는 어려운 처지.
⑤ 횡설수설(橫說竪說): 조리가 없이 말을 이러쿵저러쿵 지껄임.

3 ⓐ는 백 주사가 방삼복을 통해 자신의 재산을 빼앗아 간 대
상에게 분풀이를 하고 동시에 재산을 다시 찾을 수 있기를
기대하는 상황이다. 따라서 '한 가지 일을 하여 두 가지 이
상의 이익을 보게 됨을 비유적으로 이르는 말.'인 '꿩 먹고
알 먹는다.'가 적절하다.

(오답 풀이) ② 되로 주고 말로 받는다: 조금 주고 그 대가로 몇 곱
절이나 많이 받는 경우를 비유적으로 이르는 말.
③ 소 잃고 외양간 고친다: 소를 도둑맞은 다음에서야 빈 외양간의
허물어진 데를 고치느라 수선을 떤다는 뜻으로, 일이 이미 잘못된 뒤
에는 손을 써도 소용이 없음을 비꼬는 말.
④ 오는 말이 고와야 가는 말이 곱다: 상대편이 자기에게 말이나 행
동을 좋게 하여야 자기도 상대편에게 좋게 한다는 말.
⑤ 종로에서 뺨 맞고 한강에서 눈 흘긴다: 욕을 당한 자리에서는 아
무 말도 못 하고 뒤에 가서 불평함을 비유적으로 이르는 말.

4 남편은 특별한 원칙 없이 화가를 평가하는 비평가들에 대
해 부정적인 인식을 드러내고 있다. 따라서 ⓑ에는 '어떤
원칙이 정해져 있는 것이 아니라 둘러대기에 따라 이렇게

도 되고 저렇게도 될 수 있음을 비유적으로 이르는 말.'인 '귀에 걸면 귀걸이 코에 걸면 코걸이'가 들어가는 것이 가장 적절하다.

오답 풀이 ① 모래 위에 쌓은 성: 기초가 튼튼하지 못하여 곧 허물어질 수 있는 물건이나 일을 비유적으로 이르는 말.
② 고양이 쥐 사정 보듯: 속으로는 해칠 마음을 품고 있으면서, 겉으로는 생각해 주는 척함을 이르는 말.
③ 까마귀 날자 배 떨어진다: 아무 관계 없이 한 일이 공교롭게도 때가 같아 어떤 관계가 있는 것처럼 의심을 받게 됨을 비유적으로 이르는 말.
⑤ 될성부른 나무는 떡잎부터 알아본다: 잘될 사람은 어려서부터 남달리 장래성이 엿보인다는 말.

Memo

Memo

Memo